财智睿读

U0499841

绿色消费发展
典型案例

本书编写组 ◎ 编著

中国财经出版传媒集团

经济科学出版社
Economic Science Press

·北 京·

图书在版编目（CIP）数据

绿色消费发展典型案例/本书编写组编著 . -- 北京：
经济科学出版社，2024.4

ISBN 978 - 7 - 5218 - 5827 - 3

Ⅰ. ①绿… Ⅱ. ①本… Ⅲ. ①绿色消费 - 发展 - 案例
- 中国 Ⅳ. ①F126.1

中国国家版本馆 CIP 数据核字（2024）第 079899 号

责任编辑：李一心
责任校对：刘　昕
责任印制：范　艳

绿色消费发展典型案例

本书编写组　编著

经济科学出版社出版、发行　新华书店经销

社址：北京市海淀区阜成路甲 28 号　邮编：100142

总编部电话：010 - 88191217　发行部电话：010 - 88191522

网址：www. esp. com. cn

电子邮箱：esp@ esp. com. cn

天猫网店：经济科学出版社旗舰店

网址：http：//jjkxcbs. tmall. com

北京季蜂印刷有限公司印装

787 × 1092　16 开　22.75 印张　420000 字

2024 年 4 月第 1 版　2024 年 4 月第 1 次印刷

ISBN 978 - 7 - 5218 - 5827 - 3　定价：115.00 元

前 言
PREFACE

  党的二十大报告提出，倡导绿色消费，推动形成绿色低碳的生产方式和生活方式。绿色消费是绿色生活方式的重要组成部分，是绿色低碳发展的必然选择。党中央高度重视发展绿色消费，2011 年，《"十二五"规划纲要》中首次提出"推广绿色消费模式"。2015 年，中共中央和国务院在《生态文明体制改革总体方案》中进一步指出要建立统一的绿色产品体系，完善对绿色产品研发生产、运输配送、购买使用的财税金融支持等政策举措。2016 年，国家发展改革委等十部门在《关于促进绿色消费的指导意见》（发改环资〔2016〕353 号，以下简称《意见》）中首次明确了绿色消费的定义，并为绿色产品消费、绿色服务供给、金融扶持等进行了细致部署。2022 年，国家发展改革委等七部门印发《促进绿色消费实施方案》（发改就业〔2022〕107 号，以下简称《实施方案》）在促进消费各领域全周期全链条全体系深度融入绿色理念方面作出详细部署，全面推动吃、穿、住、行、用、游等各领域消费绿色转型，推动绿色消费再上新台阶。

  总体来看，目前绿色消费理念正在全社会逐步普及，绿色低碳产品市场占有率不断提升，绿色出行方式逐渐成为公众自觉。外出就餐，大家争点小份菜，纷纷以"光盘"为荣；商场购物，绿色、低碳的标识随处可见，节能、环保产品更多了；收拾旧物，不用再"一扔了之"，二手衣服、老旧家电等分门别类，在电商平台上下个单，就有专人上门回收……随着我国经济发展和消费水平的提高，人们的消费习惯不断"迭代"，绿色低碳的消费方式正在加速"升温"，成为新的潮流。《公民生态环境行为调查报告（2022）》显示，在践行绿色消费方面，2020 年能经常做到购买绿色产品的人数占比为三到四成，但到 2022 年人数占比已超过六成。

  为深入贯彻落实《中共中央、国务院关于完整准确全面贯彻新发展理念做好碳达峰碳中和工作的意见》和《实施方案》，全面总结推广各地绿色消费发展的好经验好做法，推动绿色消费更好更快发展，国家发展改革委就业收入分配和消费司委托生态环境部环境发展中心对绿色消费发展典型案例开展课题研究。课题组在全国范围内征集了一批绿色消费发展典型案例，编写形成了本报告，以期达成以下目的：一是总结经验。在全国范围内广泛征集并遴选各地推动绿色消费发展的典型案例，归纳提炼各地促进绿色消费发展的经验做法，为全国绿色消费发展提供示范。二是提炼模式。进一步提炼绿色消费典型案例背后的行为逻辑、原则和特色，深刻总结绿色消费典型案例背后的特色亮点，以形成一批可复制可推广的有效模式。三是答疑解惑。针对绿色消费领域以及营商环境塑造过程中出现的新问题，结合实际案例展开分析，提出针对性意见和建议。

目 录
CONTENTS

第三篇　绿色消费发展典型案例：企业篇

第四篇　绿色消费发展典型案例：公共机构篇

第一篇

绿色消费发展典型案例综述

第一部分 绿色消费基本内涵

绿色消费是各类消费主体在消费活动全过程贯彻绿色低碳理念的消费行为[①]。1992 年，联合国环境与发展大会通过的《21 世纪议程》首次提出，"不适当的消费和生产模式所导致的环境恶化、贫困加剧和发展失衡是地球所面临的一个严重问题，所有国家均应全力促进可持续的消费形态[②]。绿色消费理念自此开始在全球范围内得到倡导和传播。1994 年联合国环境规划署《可持续消费的政策因素》报告提出可持续性消费的概念，即"提供服务以及相关产品以满足人类的基本需求，提高生活质量，同时使自然资源和有毒材料的使用量减少，使服务或产品的生命周期中所产生的废物和污染物最少，从而不危及后代的需求"[③]。

2012 年，里约 +20 联合国可持续发展大会制定了《可持续消费和生产模式十年方案框架》，为各国各地区向持续消费和生产模式转型提供支持，重点向发展中国家提供持续和额外支持，促进不超过生态系统承载能力的社会和经济发展，提高资源使用和生产过程的效率和可持续性，并减少资源退化、污染和浪费。

2015 年 9 月，联合国可持续发展峰会成功举行。峰会通过了 2030 年可持续发展议程，制定了 17 项可持续发展目标，其中第 12 项为"可持续的消费与生产模式"（包括 8 项具体目标），以便促进资源和能源的高效利用，建造可持续的基础设施，以及让所有人有机会获得基本公共服务、从事绿色和体面的工作和改善生活质量。当前国际上普遍认可的原则是，绿色消费的本质特征直接体现在 5R 上：Reduce（节约资源、减少污染）、Reevaluate（绿色生活、环保选购）、Reuse（重复使用、多次利用）、Recycle（分类回收、循环再生）、Rescue（保护自然、万物共存）[④]。

[①] 发改委等七部门. 促进绿色消费实施方案. 2022.

[②] 国家环境保护局. 21 世纪议程 [M]. 北京：中国环境科学出版社，1993.

[③] 联合国环境规划署. 可持续消费的政策因素 [R]. 内罗毕：联合国环境规划署，1994.

[④] 俞海，王勇，李继峰等. 中国"十四五"绿色消费衡量指标体系构建与战略展望 [J]. 中国环境管理，2020，12（06）：73 - 81.

以 1994 年建立的环境标志制度为代表，中国的可持续消费相关理念与实践基本与国际相关进程同步。特别是近年来，中国政府表现出推动绿色消费的强烈政治意愿和积极的政策实践。

2001 年，中国消费者协会将绿色消费概括了三层含义：一是消费内容（消费者选择未被污染或有益于公众健康的绿色产品）；二是消费过程（尽量减少环境污染，注意垃圾处置）；三是消费观念（在追求生活舒适的同时，注意环境保护、节约能源和资源，实现可持续消费）①。2016 年，中国发布《关于促进绿色消费的指导意见的通知》，明确绿色消费是"以节约资源和保护环境为特征的消费行为，主要表现为崇尚勤俭节约，减少损失浪费，选择高效、环保的产品和服务，降低消费过程中的资源消耗和污染排放"②。

2016 年，第十二届全国人民代表大会第四次会议审议通过了"十三五"规划纲要，将可持续发展议程与中国国家中长期发展规划进行有机结合。2016 年 9 月，中国制定发布《中国落实 2030 年可持续发展议程国别方案》，全面对标可持续发展目标。

2017 年，中央政治局就推动形成绿色发展方式和生活方式问题，专题进行集体学习。同年召开的中共十九大，对推动绿色生产和消费问题作出专门部署。总体上，可以从五个维度理解中国的绿色消费内涵与外延：一是在理念上，绿色消费鼓励消费的可持续和绿色化；二是在数量上，绿色消费体现消费的适度性和减量化；三是在结构上，绿色消费体现消费的合理性和平衡性；四是在内容上，目前首先关注的是吃、住和行等日常生活的主要方面；五是在方法上，以消费环节带动生产、流通及处置全过程绿色化。

党的二十大报告明确，到 2035 年，广泛形成绿色生产生活方式；要求加快发展方式绿色转型，倡导绿色消费，推动形成绿色低碳的生产方式和生活方式。《中华人民共和国国民经济和社会发展第十四个五年规划和 2035 年远景目标纲要》提出培育新型消费，发展信息消费、数字消费、绿色消费，深入开展绿色生活创建行动，推动经济社会发展全面绿色转型。

2022 年，《促进绿色消费实施方案》（以下简称《实施方案》）正式印发，强调"促进绿色消费是消费领域的一场深刻变革"，明确了促进绿色消费的实现路径，即在消费各领域全周期全链条全体系深度融入绿色理念，全面促进消费绿色低碳转型升级，重点实施四个方面的重点任务和政策措施：一是全面促进重点领域消

---

① 2001 年主题 绿色消费，中国消费者协会网，https：//www.cca.org.cn/#/index.
② 发改委等十部委. 关于促进绿色消费的指导意见. 2016.

费绿色转型；二是强化绿色消费科技和服务支撑；三是建立健全绿色消费制度保障体系；四是完善绿色消费激励约束政策。其中，全面促进重点领域消费绿色转型是关键，科技和服务、制度保障、激励约束这三方面是重要支撑，整体构成了当前和今后一个时期促进绿色消费的完整制度政策体系。

第二部分 绿色消费发展概况

一、典型城市案例

从本次案例汇编的典型城市经验来看，大部分城市能够以实现碳达峰、碳中和目标为引领，推动空间、产业、交通、能源结构调整，促进城市绿色低碳发展。当前我国城市发展绿色消费的整体情况如下：

顶层设计、协调推进是保障。多个典型城市的案例表明，地方政府的顶层设计是促进绿色消费发展的制度保障。大部分城市从强化绿色消费政策支持和要素保障、扩大绿色低碳产品供给和消费、推进消费结构绿色转型升级、增强全民节约意识等多方面、多环节入手，有效指导市属部门加快促进绿色消费的制度政策体系和体制机制完善，在消费各领域全周期、全链条、全体系强化绿色理念，改善绿色消费环境。

因地制宜、项目带动是关键。典型城市的做法表明，目前我国消费能够从传统消费模式逐渐向绿色消费模式转变，不仅是由国内国外经济社会环境的变化推动，更是通过当地重点项目的带动，最终实现以点带面，全面推进。很多城市在促进绿色消费发展的过程中，以典型项目为抓手，坚持个性化、特色化、差异化发展方向，全方位助推绿色消费发展升级。

技术引领、场景突破是抓手。绿色消费理念的形成、绿色产品需求规模的增长，能有力推动绿色低碳技术的大规模应用和迭代升级，在推动传统产业绿色低碳转型的同时催生更多新产业、新业态、新模式，技术引领成为城市发力绿色消费的抓手。多个典型城市积极调整产业结构，促进传统产业绿色改造和绿色产业发展，推动互联网、大数据、人工智能等新兴数字技术与绿色低碳产业深度融合，加快构建高效、绿色、低碳循环的现代产业体系，为绿色消费发展提供优良的"土壤"。

加强宣传、营造氛围是手段。典型城市的做法表明，加强生态文明宣传教育，以绿色消费倒逼绿色生产，从而实现绿色发展是重要路径。多个城市积极倡导和推广绿色消费，强化公民环境意识，引导公众从绿色消费、绿色出行、垃圾分类、光盘行动等多方面践行绿色低碳的生活方式和消费模式，形成全社会共同参与的良好风尚。

二、典型企业案例

从本次案例汇编的典型企业案例来看，大部分企业能够结合各自资源禀赋、技术特色、能力结构等，分别聚焦绿色食品、绿色衣着、绿色居住、绿色交通、绿色用品、绿色文旅、绿色电力以及提供绿色消费科技和服务支撑等领域，全面促进消费绿色转型升级。当前我国绿色消费典型企业发展的整体情况如下：

衣、食、住、行、用等生存型消费，成为绿色消费增长的主力军。从全国各省、自治区、直辖市推荐的企业案例整体情况来看，涉及衣食住行用方面的绿色消费，成为这些行业实现较快增长的新动能。越来越多的企业逐步调整产品和服务供给方向，绿色衣着领域的"三绿制造"模式、绿色食品领域的"绿色工厂""绿色基地"、绿色居住领域的"绿色客房""绿色餐厅"、绿色交通领域的电动汽车生态园、绿色用品领域的再循环产业体系等创新实践，推动形成新型绿色产业链供应链，带动我国经济全面绿色转型升级。

绿色电力消费潜力加速释放。典型企业案例表明，进一步激发全社会绿电消费潜力，一方面是通过提高高耗能企业能源资源利用效率，加快传统产业的"高端化、智能化、绿色化"改造，促进工业绿色新型电力系统建设；另一方面是通过大力发展新能源产业，加强光伏发电、智能电网、储能、制氢等关键技术研发与示范，不断提高可再生能源的技术水平、装备制造、装机规模和利用水平，为能源绿色低碳转型注入澎湃动能。

文化和旅游领域绿色消费有序推进。多个典型企业积极探索"绿色 + 文旅"新模式，开发"绿色生态游"等多元化旅游产品，鼓励引导游客采取低碳出行方式；强化绿色低碳运营，将绿色设计、节能管理、绿色服务等理念融入景区运营，实现景区资源高效、循环利用；积极利用各类宣传途径、形式，多视角、多层次、多渠道营造浓厚的绿色旅游氛围，规范引导绿色旅游消费实践。

绿色消费科技和服务支撑能力提升，强化科技创新应用。典型企业案例表明，在相关政策的激励下，企业从供给侧发力，大力提升绿色创新水平，加快推行绿色设计和绿色制造，加强低碳零碳负碳技术、智能技术、数字技术等研发推广和转化应用等，扩大绿色低碳产品的供给规模。

三、典型公共机构案例

　　从本次案例汇编的典型公共机构案例来看，公共机构积极推行绿色办公，一方面，加快推进节约型机关建设，实施规范化、精细化、人性化管理，最大限度地推动能源资源节约利用；另一方面，利用"互联网＋"技术，加快推动公共机构垃圾分类和资源回收"两网融合"，构建公共机构废旧物品循环利用模式。

第三部分 典型案例分析逻辑和启示

本报告对近年来绿色消费领域涌现出来的典型城市、典型企业和典型公共机构进行汇编和分析。

第一，对于16个典型城市案例，主要梳理、汇总和提炼各地城市在促进绿色消费方面的主要做法、典型经验以及取得的突出成果，从在消费各领域全周期、全链条、全体系深度融入绿色理念、增强全民节约意识、扩大绿色低碳产品供给和消费、强化绿色消费政策支持和要素保障、推进消费结构绿色转型升级等方面进行分析。

第二，对于43个典型企业案例，主要梳理、提炼和分析重点领域消费以及提供绿色消费科技和服务支撑领域具有代表性的企业的主要做法、典型经验和取得的突出成果。考虑到企业实践模式的多样性，为便于研究和归纳，本书分10类汇编如下：绿色食品消费、绿色衣着消费、绿色居住消费、绿色交通消费、绿色用品消费、文化和旅游领域绿色消费、绿色电力消费、先进绿色低碳技术应用、产供销全链条衔接畅通、拓宽闲置资源共享利用和二手交易渠道。

第三，对于3个典型公共机构案例，主要梳理、归纳和分析消费绿色转型工作较好、成效明显的公共机构，在促进绿色消费方面的主要做法、典型经验以及取得的突出成果，从推行绿色办公、厉行节约反对浪费等方面进行分析。

其中，对取得成效的梳理和分析不仅关注了经济效益和社会效益，还重点关注了环境效益。从整体可以发现，近年来绿色消费快速发展，取得了较好的经济、社会和环境效益。案例研究可以用于指导下一步的理论和实践，提升绿色消费对经济高质量发展的支撑作用，将我国绿色消费需求激发和释放出来。

此外，从本次汇编的典型案例来看，当前绿色消费不仅服务和激发着消费者的潜在需求，成为扩大内需的重要力量；更为重要的是，绿色消费的发展还将潜在的绿色消费需求传导至产业链上游，推动着大中小企业协同联动、上下游全链条一体发展，成为产业绿色转型升级和经济高质量发展的基础和先导。典型案例的主要启示如下。

一、绿色商品和体验消费双主线是核心

目前，我国绿色消费内涵逐渐从以绿色商品消费为核心的单主线，拓展至以绿色商品消费和绿色体验消费为核心的双主线。一方面，绿色商品消费规模快速增长，绿色食品、绿色家电、新能源汽车等领域蓬勃发展，消费者绿色消费、共享消费理念逐渐形成。另一方面，绿色体验服务开始崭露头角，体验型绿色消费场景逐渐丰富。通过布局运动健身、文化创意、休闲娱乐等设施，搭载亲子互动、公共艺术、户外游憩、田园生态旅居、乡村体验等业态，以生态资源为基础的绿道经济、露营经济、公园赛事经济等多种经济形态快速发展。

二、推动力、 拉动力、 行动力是关键

绿色消费发展的驱动力来自三个方面：推动力、拉动力、行动力。所谓"推动力"，是指由政府来实施管制性的政策。比如，控制二氧化碳总量的排放实际上就是一种由政府推行的社会公共管理的行为。所谓"拉动力"，是指通过市场来提供激励性、引导性的政策。比如，绿色产业投资，是由政府制定投资指南，设立投资基金。所谓"行动力"，是指增强社会的行动能力这一类的政策。比如，通过广泛的宣传教育，动员公众积极参与，形成绿色发展和绿色生活理念。三者合一，构成了绿色消费发展的总驱动力。

三、生产生活方式绿色转型是目标

绿色消费的目标导向是实现生产方式和生活方式绿色转型。绿色消费是可持续发展的实现机制，绿色消费的普及不仅需要消费主体形成绿色低碳消费理念，还需底层技术支撑生产、生活方式变革。推动生产方式绿色化，重点是解决发展中产生的环境污染和生态破坏等问题，加快建立健全绿色低碳循环发展经济体系；推动生活方式绿色化，重点在思想观念、消费模式、社会治理等方面进行深刻变革，促使全社会自觉参与生态环境保护、切实践行绿色发展理念。推动生产生活方式绿色转型，关键是打通绿色生产方式与绿色生活方式之间的联系，推动生产方式绿色转型是贯彻落实绿色发展理念的主要载体和重要支撑，生活方式的绿色转型倒逼生产方式的绿色转型。

四、数字化技术融入绿色消费是手段

绿色消费的广泛普及离不开数字化手段。数字化是社会生产力发展的必然趋势，合理运用数字化技术并辅以先进的环境政策、管理机制、劳动力支持，长远来看有助于实现经济效率和绿色消费共同发展。从企业端来看，数字化能够优化劳动力技能结构和任务安排，提高企业的绿色创新能力，在逐利动机的驱使下，新技术替代成本高、效率低的生产工艺，从而减少单位产出所需的自然资源，提高能源使用效率；并通过技术外溢、产业升级等途径，促进整体绿色消费。从居民端来看，数字化可以通过提升居民主观绿色认知、绿色情感和绿色素养正向影响绿色消费行为；客观上，数字化通过提升对餐饮业、电商平台等消费场景的渗透率，提高绿色产品信息匹配丰富度，提供更高端优质的服务，引导居民形成绿色消费行为。

第四部分 绿色消费现存问题
和政策建议

近年来，我国积极推进绿色消费，取得了一定进展，但仍然面临诸多挑战，现阶段面临的主要问题如下。

一、绿色消费法规政策管理体系尚需完善

近年来，尽管我国已出台了不少有关促进绿色消费的政策法规和标准，但可操作性、相互间配套性不够完善并缺乏有效监管。从政策体系看，与发达国家相比，我国促进绿色消费的政策多数为管理办法、通知、指导意见等规范性文件，缺乏有力的激励性和法律层面的强制性，相关政策及管理碎片化问题较突出。如日本的《绿色消费法》《家用电器循环法》，德国的《可再生能源优先法》等。从标准规范体系看，绿色产品标准不一、种类繁多，缺乏统一的绿色产品认证体系和标识体系，导致公众无法准确识别绿色产品。如德国的"蓝天天使"标志是目前世界上最严格、最成功的绿色标志制度之一，对产品性能和环境绩效均有较高要求；新加坡将耗电量较大的电冰箱和空调强制纳入"能源标签计划"；日本的"生态标志"要求在商品的全生命周期内使用该产品带来的环境负荷必须小于同类商品。从市场监管体系看，国内绿色产品市场监管制度尚不完善，缺乏有效监管和强有力的惩罚约束，存在绿色产品性能虚标现象，产品质量缺乏保证。

二、产业绿色发展水平与绿色消费需求匹配度不足

目前，国内绿色消费市场对公众多层次多样化的消费需求还不能有效满足，无论是衣、食、用还是住、行领域绿色产业规模都需扩大，尚不能有效应对绿色消费增长的态势。一方面，国内企业在关键绿色技术、生产工艺和管理方面核心竞争力

不强，绿色产品研发生产成本较高，企业研发投入动力和意愿不足导致产业发展滞后，中高端优质绿色产品有效供给不足，绿色消费市场供需存在结构性不匹配现象。另一方面，虽然部分企业自身注重绿色设计、生产，但未形成类似国际大企业的全供应链绿色管理体系，影响了绿色产品质量。此外，部分企业单纯炒作"绿色"概念，资金投入主要用于绿色营销而非产品研发、设计和制造，绿色产品的价格和价值相背离。

三、公众绿色消费的践行度有待提高

近年来，绿色消费理念日益深入人心，但公众践行绿色消费的程度不高，绿色消费群体的比重仍然较低，过度型、浪费型等不合理消费方式仍普遍存在。《公民生态环境行为调查报告（2020 年）》数据显示，93.3％的受访公众认可绿色消费的重要性，但只有 57.6％的受访公众能践行绿色消费，公众绿色消费意识和行为存在较大差距，且在具体绿色消费实践中，公众各类绿色消费行为均不太理想，其中减少一次性用品购买在践行绿色消费行为中公众表现相对较好，而愿意为绿色产品和服务支付溢价的公众相对较少。《公民生态环境行为调查报告（2022）》显示，我国公众普遍具备较强环境行为意愿，约八成以上受访者愿意践行各类绿色生活行为，但在践行绿色消费方面表现一般。此外，公众绿色消费多以购买绿色食品、节能家电、绿色建材等实物产品，而践行循环型生活方式程度较低。

为进一步解决上述问题，促进绿色低碳消费的健康持续发展，本书提出如下对策建议。

（一）完善政策激励和法规约束机制，挖掘和刺激绿色消费市场和潜力

一是建议在财政、税收、金融等政策上优先向绿色产业和促进绿色消费方面倾斜，对研发、采用和推广绿色材料、绿色生产技术的企业给予奖励和金融扶持，对践行绿色消费的公众给予一定的消费补贴。二是加快建立健全促进绿色消费的相关法律法规，优先推进《中华人民共和国政府采购法》的修订，要求在政府采购中推广使用绿色产品；建议尽快启动促进绿色消费专项法律法规的基础研究工作。三是加快完善绿色产品标准体系，提高市场准入门槛，制定全品类绿色产品的绿色评价与认证机制，加大相关标识认证制度实施力度。四是规范绿色产品市场，建立完善的信息公开制度和通畅的信息公开平台，依托互联网技术披露绿色产品生产企业信用和绿色产品质量信息，实现监督管理网络化、公开化。

（二）提升绿色产品有效供给，精准对接多层次市场需求

一是积极应对当前国际环境，加强绿色技术的基础研究和应用研究，鼓励和支持企业加大绿色设计、绿色制造、绿色回收、再生原料利用等共性关键技术研发，确保产品在生产和消费过程中的绿色和健康，强化绿色产品自主供给的基础和实力。二是鼓励企业向中高端绿色产品方向发力，多元化布局开拓绿色消费市场，辐射多元化消费群体。重视多领域全产业链绿色产品品质管控网建设，从原材料采购、生产制造过程到终端全产业链保障绿色产品品质。三是引导企业利用大数据、云计算等新技术洞察公众的深层次绿色消费需求，实现所生产和提供的绿色产品与绿色消费需求有效匹配。

（三）优化绿色消费环境，引导公众践行绿色消费

一是推进绿色产品生产、物流、品牌等信息的数字化建设，强化区块链、大数据、5G、射频识别等技术在绿色产品信息采集、传输、处理技术与设备中的推广与应用，加快建立完善的绿色产品信息追溯体系，并通过扫码等便民化追溯系统，全面准确查看绿色产品从源头到终端的相关信息，提升公众对绿色产品品质的认可度。二是加强绿色产品品牌培育、评价、服务与引导，明确绿色产品的品牌定位，打造一批市场信誉度高、国内外影响力大的绿色产品品牌。三是合理制定各领域绿色产品定价机制和价格监管机制，防范绿色产品价格虚高，抑制公众消费意愿。

第二篇

绿色消费发展典型案例：城市篇

案例 01　杭州市：科技支撑　数字赋能打造绿色消费之城

一、基本情况

杭州市是浙江省省会和经济、文化、科教中心城市，也是长三角乃至全国中心城市之一，市域面积 1.68 万平方公里，常住人口 1200 多万。城市经济实力强劲，2023 年，杭州市实现地区生产总值 2.01 万亿元，位居全国前 10；民营企业全国 500 强数量连续 20 年蝉联全国第 1；上市企业数量位居全国第 4。创新驱动活力迸发，作为中国自主创新示范区、新一代人工智能创新发展试验区，杭州在 2023 年全球创新指数城市排名中位居第 14。数字经济引领发展，2022 年杭州数字经济增加值总量达 5076 亿元，占全市 GDP 比重达 27.1%；积极打造全国"数字经济第一城"，电子商务服务、人工智能、云计算、数据治理、第三方支付能力居中国首位。

杭州是一座绿色消费之城。近年来，杭州市从经济增长、能源安全、碳排放、居民生活"四个维度"构建绿色消费政策体系，强化科技、服务、制度、政策等全方位支撑，持续加快推进重点领域低碳转型，把绿色理念融入消费各领域全周期全链条全体系，有力践行绿色消费推动绿色低碳循环发展。2023 年，杭州成功入围国家碳达峰试点城市。

二、主要做法

杭州市一直秉持绿色消费理念，完善促进绿色消费的制度政策体系和体制机制，加快形成简约适度、绿色低碳、文明健康的绿色生活方式和消费模式，为推动高质量发展和创造高品质生活提供重要支撑。

（一）加强顶层设计，构建绿色消费政策体系及考核机制

一是建立完善"1＋N＋X"绿色消费政策体系，出台碳达峰实施方案和居民

生活、交通、建筑、农业、能源等 6 大领域子方案，针对绿色金融、科技创新、重点产业等绿色发展领域制定出台专项扶持引导政策和地方性法规共 11 项。二是建立清单化管理、月度调度和考核机制，设定城乡生活垃圾回收利用率、"双碳"平台、"双碳"核心技术攻关、绿色出行比、光伏装机容量等 19 个核心指标，明确 105 项重点攻坚任务，并将重点工作、核心指标纳入年度"美丽杭州"综合目标考核。

（二）聚焦绿色亚运，引领重点领域低碳转型

杭州市以亚运会为契机，将绿色、可持续理念贯穿全过程、各领域，把筹办"零碳亚运""绿色亚运"与加快完善城市功能、增进民生福祉紧密结合，全面推动各领域消费绿色转型。一是建设绿色场馆。坚持场馆"能改不建、能修不换"，设备"能租不买、能借不租"原则，56 个竞赛场馆中有 44 个为改建或临建，且临建场馆优先使用装配式建筑及可循环、可再生材料。65 个场馆及相关设施实现 100％绿色电能供应，"双碳大脑"实时排查精准控碳，杭州亚运绿电成交量已达 2.2 亿千瓦时，可减少碳排放 11.54 万吨。二是强化绿色运营。倡导餐饮绿色节俭，优先选用绿色食品、绿色食材及可重复使用的餐具、可降解的一次性餐具，减少餐厨垃圾。推动大型活动低碳简约，在亚运会开闭幕式表演、倒计时仪式等大型活动中不燃放烟花，积极采用绿色低碳技术，选用环保材料、节能设备。大力开展绿色生活创建行动，协同推进无废城市、垃圾分类、塑料污染治理等工作。三是大力发展绿色交通消费。提供绿色通勤服务，推进亚运村、主要比赛场馆内部车辆新能源化，其他通勤和物流配送等亚运保障车辆优先选用新能源车，建成配套公共充（换）电桩设施。开辟出行服务专线，优选组建新能源出租车服务车队，实施统一的服务标准，完善车队旅客服务体系，开通公交专线联通综合客运枢纽、主要地铁站、亚运会场馆等，为绿色、便利出行提供保障。

（三）深化机制创新，开拓绿色发展新路径

一是建立生活垃圾回收利用碳减排体系。前端全面实施"撤桶并点"，基本实现"定时定点"投放全覆盖；中端优化作业服务流程，布局减量综合体，重塑"直运＋转运"的城市固废综合收运系统。推动生活垃圾清运与再生资源回收"两网融合"，培育虎哥、家宝兔等代表性再生资源回收企业。全市生活垃圾处置实现从"填埋为主"到"全量焚烧和生物处置"的历史跨越。二是深化绿色认证集成改革。加大绿色认证应用推广，全面开展绿色认证示范区创建、绿色产品（服务）

认证领跑者遴选活动，推进民宿、养老、美丽乡村、公共机构"零碳"评价认证试点。积极争取国家"双碳"认证试点、省级"碳足迹标识"认证试点。三是打造绿色低碳高速服务区（见图1）。西湖服务区开发应用智能无人酒店、无人便利店、智能停车、能耗监测等智能 App 管理系统；利用建筑屋顶和光伏车棚打造光伏发电系统，每年可产生44万千瓦时清洁环保能源；服务区双侧布局49个智能超级充电桩，整体实现污水零排放。

图1　杭州西湖绿色低碳高速服务区

三、典型经验

（一）以科技创新支撑推动消费绿色低碳转型

一是开展"碳达峰碳中和"项目攻关。杭州支持可再生能源、储能、氢能等"双碳"领域科研攻关项目20个，资助金额共计5653万元。鼓励高等院校、科研院所与六大领域的企业合作研发新技术、新工艺和新产品。开展双碳领域软科学研究，建立"双碳"相关信息数据库。二是支持科研平台开展绿色低碳科技创新。成立全国首个国家绿色技术交易中心，聚焦我国低碳转型中的关键技术，开展绿色技术发布、咨询、洽谈和交易活动，引导绿色技术创新，加速成果转化应用。成立白马湖实验室（能源与碳中和浙江省实验室），聚焦绿色能源的能质转化与传递，围绕太阳能转化与催化、零碳能源转化与存储、能源低碳转化与多能耦合等方向展开研究。三是加强双碳科技企业培育。引进双碳领域领军型创业团体 2 个，培育国家高新技术企业、雏鹰计划企业等科技型企业 36 家。

（二）以数字平台赋能促进消费绿色低碳转型

一是建立绿色出行积分平台。制定《杭州市公共交通绿色出行积分实施方案（试行）》，建立并不断优化迭代公共交通 App 功能，打造绿色出行积分平台。出台公共交通月票优惠政策，探索推行绿色出行积分兑换政策，包括乘车优惠、本地商家权益、公益物品等，并加入普惠场景行为界定、碳减排量计算、绿色出行积分展示等功能，积极探索碳普惠实践。累计注册用户 199 万人、享受优惠政策人数 99 万人，累计使用 1.51 亿笔、优惠金额 2.11 亿元，公共交通"一码通"日均使用量 88.7 万次。二是建立能源双碳数智平台。将全市用电量 100 万度以上的公共建筑单位、大型交通运输企业和年能耗 1000 吨标准煤以上的工业企业全部纳入预算化、实时化、精准化管控，实现能源预算全链式封闭管理。三是建立电动汽车"安心充电"数治平台。传统充电桩采用电能表加分流器组合计量方式，分流器发热量大，导致充电桩无法铅封，防作弊功能缺失，计量数据易被篡改，且采用实负荷检定方式进行监管，每台充电桩检定需 50 至 60 分钟，检定经费 1500 元，耗电 10 千瓦时。杭州首创线下虚负荷检定方法，开发"远程在线＋双重铅封＋虚荷检定"三位一体充电桩智能管理系统，实现了"实时感知、远程监控"，仅虚负荷全自动检定一项每年可为市财政节约资金 2000 余万元、节电 10 万千瓦时。

（三）以试点工程示范带动消费绿色低碳转型

杭州全面开展"521"示范引领创建行动。一是开展五大层级试点。全力打造国家试点城市、省级试点县（2 个）、试点乡镇（街道、园区，12 个）、试点村（社区，67 个）、6 大领域试点以及先进脱碳技术试点等在内的五大层级零（低）碳试点体系。二是打造示范引领工程 20 项以上。开展"光伏＋"、绿色云、低碳富美乡村、绿色物流、碳普惠、绿色亚运等 22 项示范引领工程建设。每年开展"杭州市十大低碳应用场景"（见图 2）评选，全面推广复制一批经验模式。三是建立百个重点项目库。大力推动 100 个"双碳"重点项目，总投资超 3700 亿元。

图 2　杭州市十大低碳应用场景

四、取得成效

在绿色理念的引领下，杭州绿色消费不断扩容升级。2023 年，全市社会消费品零售总额实现 7671 亿元，网络零售额实现 12321.9 亿元；消费结构持续升级，交通通信、教育文化娱乐和医疗保健消费支出占总消费支出 1/3 以上；全市单位GDP 能耗下降至 0.25 吨标准煤/万元，全省第 1、全国领先，以全省 17% 左右的能耗和不到 15% 的碳排放贡献了全省 25% 左右的 GDP。

（一）全社会绿色低碳生活方式逐渐形成

2023 年，杭州创建绿色家庭 200 家、绿色学校 50 个，50% 以上的大型商场达到绿色商场创建要求。建筑低碳化转型全面推进，完成既有公共建筑节能改造39.6 万方，既有居住建筑节能改造 22.8 万方，创建高星级绿色建筑 17 个，近零能耗建筑 3 个。城乡生活垃圾分类覆盖率、无害化处理率、资源化利用率均达100%。成功创建国家废旧物资循环利用体系试点城市。成功举办亚运会历史上首届碳中和赛事。

（二）绿色交通体系逐渐显现

2023 年，新增和更新新能源公交车共计 1185 辆，主城区新能源公交车占比持续保持 100%。推进巡游出租车"油改电"3118 辆，提前淘汰国四及以下排放标准运营柴油车 4604 辆。新建改造绿道 250 公里，累计完成美丽航道建设近 500 公里。成功创建国家绿色出行城市，率先在全国建设"城市大脑"推进交通治堵，绿色出行网络"免费单车"体系全球最大。

（三）能源保供稳价能力不断增强

新开工建德乌龙山抽水蓄能电站等 9 个重大能源项目，天然气储气能力扩容至 7200 万立方米，成品油储备能力达 23 万立方米，新增变电容量 305 万千伏安，新增光伏装机并网 59 万千瓦。累计建成新型储能项目 18 个，完成储能装机容量 9 万千瓦。在浙江省率先推动"光伏＋公共建筑"试点。

案例 02　深圳市：全链条强化绿色消费支撑保障体系

一、基本情况

深圳市是广东省辖地级市、副省级市、国家计划单列市，超大城市，国务院批复确定的经济特区、全国性经济中心城市和国家创新型城市，粤港澳大湾区核心引擎城市之一。截至 2022 年末，全市下辖 "10 + 1" 个区，总面积 1997. 47 平方千米，常住人口 1766. 18 万人。深圳正全力建设中国特色社会主义先行示范区、综合性国家科学中心和全球海洋中心城市。2022 年，深圳市实现地区生产总值 32387. 68 亿元，按常住人口计算，人均地区生产总值 183274 元，居民人均可支配收入 72718 元，居民人均消费支出 44793 元。

深圳市在推动经济高质量发展的同时，在绿色低碳发展上也取得了显著的成绩，能源绿色低碳转型成效显著，清洁能源装机占比达 78%，高于全国平均水平 20 多个百分点。截至 2022 年底，深圳市单位 GDP 能耗 0. 152 吨标准煤/万元，单位 GDP 碳排放 0. 192 吨/万元，单位 GDP 水耗 6. 81 立方米/万元，分别为全国平均水平的 1/3、1/5 和 1/8 左右，位居全国领先水平。党的二十大报告指出，要推动绿色发展，倡导绿色消费，促进人与自然和谐共生。近年来，深圳市促进绿色消费工作取得积极进展，在营造绿色低碳生活消费环境方面主动作为、积极探索，构建了从生产环节到流通环节到消费环节再到回收资源再利用环节的全链条绿色消费支撑保障体系。

二、主要做法

（一）积极构建绿色制造体系，开展绿色产品认证，扩大绿色产品供给

一是积极构建市级绿色制造体系。印发《深圳市 2020 年绿色制造体系建设实施方案》《深圳市绿色制造试点示范管理暂行办法》，统一规范深圳绿色制造相关

指标，建立深圳绿色制造评价体系，加大节能低碳技术推广运用，开展绿色制造试点示范。二是积极推广绿色产品认证。相继出台《深圳市人民政府办公厅关于印发建立统一的绿色产品标准、认证、标识体系意见的实施方案的通知》《关于开展质量提升行动推动高质量发展的实施方案（2019—2021 年）》《创建粤港澳大湾区碳足迹标识认证 推动绿色低碳发展的工作方案（2023—2025 年）》等系列工作文件，提升绿色产品供给质量的工作要求。三是设置绿色低碳产品专区。支持电商平台扩大节能、环保、绿色等产品销售，设立绿色低碳产品销售专区。推动电商平台树立绿色经营理念，在大型促销活动中设置绿色低碳产品专场，积极推广绿色低碳产品。

（二）加快构建绿色物流体系，大力推广新能源汽车，建设世界一流超充之城

一是持续打造绿色配送、绿色快递的城市典范。持续以"集约、绿色、智慧、畅通、高效"的城市配送服务体系为导向，全方位推广新能源物流车应用，在全国率先实行新能源物流车运营补贴，划定"绿色物流园区"等政策推广轻型物流配送车辆纯电动化，获评全国首批绿色货运示范城市。组织主要品牌快递企业签订《深圳市快递行业绿色联盟公约》，进一步推动实现快递包装"减量化、绿色化、可循环"，深入推进过度包装和塑料污染两项治理。二是大力推广新能源汽车。印发《深圳市加快打造"新一代世界一流汽车城"三年行动计划（2023—2025 年）》，紧跟汽车绿色化、数字化、无人化、平台化发展趋势，以新能源汽车和智能网联汽车为核心，培育壮大领军企业，以深圳为枢纽节点，立足双循环打造"全球买、全球卖"现代化汽车产业体系。三是大力提升新型新能源汽车充电桩设施供给。制定《深圳市新能源汽车充电设施专项规划》《深圳市新能源汽车超级充电设施专项规划》，开展世界一流超充之城建设。

（三）积极构建全民绿色消费机制，推广碳普惠应用，加强绿色理念教育宣传

一是出台促进绿色消费激励政策，印发《深圳市践行绿色消费工作方案》《深圳市关于加快建设国际消费中心城市的若干措施》，配套推出系列专项资金补贴政策，大力促进绿色汽车消费，通过"以旧换新"购置补贴、支持新能源汽车新锐品牌在深发展，加快存量老旧车淘汰。大力发展绿色家装消费，推出两轮消费电子和家用电器购置补贴政策，支持消费者购买智能数码、节能灯具、节能环保灶具、

节水马桶、高效照明等节能节水家电产品。二是打造碳普惠机制，聚焦公众消费和生活领域节能减排，构建全民参与、可持续运营的碳普惠体系，以碳普惠机制推进全民低碳行动（见图1），先后发布《深圳碳普惠体系建设工作方案》和《深圳市碳普惠管理办法》。三是构建有特色的低碳教育体系，积极开展绿色创建行动，印发《深圳市绿色生活创建行动实施方案》，累计创建命名绿色单位1238个。累计创建自然学校、环境教育基地、环保设施向公众开放单位等公众环境教育设施52个，培养环保志愿教师3800余名，每年开展公众环境教育活动超2000场，开展"绿韵悠扬"环保艺术节、节能宣传周等绿色公益宣传活动。创建"国家级绿色学校""国际生态学校"。

图1　深圳碳普惠平台"低碳星球"，让广大市民朋友们积极参与到减碳行动中

（四）加快构建废弃物资循环利用体系，打造二手商品交易中心，推动动力电池梯次循环利用

一是高效推进废旧物资循环利用体系建设。印发《深圳市废旧物资循环利用体系建设实施方案（2023—2025年)》，配套印发《可回收物回收指导目录》《深圳市再生资源回收网点建设指引》等政策文件，为资源回收规范和网点建设标准提供翔实指引。启动《深圳市再生资源分拣技术规范》《纸塑铝复合包装物分类回收利用规范》《废玻璃分类回收利用规范》《再生资源回收扶持政策》等政策的制定工作。计划到2023年底，全市各区将完成所有回收点、中转站、绿色分拣中心的建设及验收工作，加快构建废旧物资三级回收网络体系。二是二手商品政策标准

体系更加健全。为完善二手商品交易管理制度，推动二手商品交易，市商务局创新制定《二手手机交易规范》，聚焦推动二手手机流通秩序和交易行为规范化发展，在国内率先填补二手商品交易的政策标准领域空白，为其他城市提供具有深圳特色的重要经验。三是动力电池梯次循环利用不断完善。建成动力电池信息管理平台，形成了全市动力电池来源可查、去向可追、节点可控的溯源机制，实现动力电池全生命周期信息追踪，新能源动力电池监管能力持续提升。明确实施动力电池信息登记制度，建立新能源汽车生产企业、维保网点、报废汽车回收拆解企业、梯次利用企业和再生利用企业等单位流转信息协同上报制度。

三、典型经验

（一）全链条构建绿色消费政策支撑体系

深圳市构建从生产端到流通端到消费端再到回收端的全方位政策支撑，形成对绿色消费的全方位促进。在生产端，扩大绿色制造，开展绿色产品认证，扩大绿色产品供给；在流通端，大力发展绿色物流，开展绿色配送；在消费端，制定绿色消费补贴政策，宣传绿色消费理念，引导全民绿色消费；在回收端，推进资源循环再利用，促进二手商品交易。

（二）坚持系统推进与重点突破相结合

深圳市既全面推动吃、穿、住、行、用、游等各领域消费绿色转型，又精准施策突出重点，鼓励构建汽车消费生态体系：在产品端，大力培育比亚迪等新能源汽车龙头企业，开展新能源汽车促消费补贴；在服务端，打造良好的新能源汽车消费环境，加快建设"超充之城"（见图2），加快建设便捷高效的充电网络。此外，支持开展新能源汽车换电模式试点，鼓励社会资本投资运营新能源汽车通用型换电示范站，在用地、审批、运营等方面予以支持。

（三）线上线下协同发力促进绿色消费

在线上适应新一代年轻人消费习惯，依托电商平台设置绿色产品专区，通过线上满减等活动，改善年轻群体的消费体验。在线下同时举办促进绿色消费的各种体验活动，营造绿色消费的浓厚氛围。"互联网＋回收"模式被推荐至国家发展改革委的家电更新消费经验做法和典型模式。

图 2　全面推进世界一流超充之城建设，单枪充电功率最大 600 千瓦

四、取得成效

（一）绿色制造体系和绿色产品认证趋于完善

截至 2022 年底，深圳市共创建国家级绿色工厂 79 家，绿色供应链 14 家，绿色园区 2 个，绿色产品 92 种，工业产品绿色设计示范企业 13 家，居全国地级市前列。截至 2023 年 8 月底，深圳市现有国推绿色产品认证机构 6 家，约占全省 50%，企业获得绿色产品认证证书约 1800 张，占广东省的 26%。

（二）新能源汽车发展引领全球

新能源汽车推广量全球第一。截至 2023 年上半年，全市新能源汽车保有量超 86 万辆，新车渗透率超 60%，纯电动货车推广规模已达 11.1 万辆，其中纯电动物流配送车辆 10.7 万辆，纯电动泥头车 0.4 万辆。充电基础设施网络建设全国领先。截至 2023 年 6 月底，全市建成充电站超过 7600 座，充电设施超 19.3 万个，其中快充设施 3.7 万个、慢充设施 15.6 万个；建成超充站 34 座、V2G 站 16 座。

（三）绿色消费活动精彩纷呈

开展"双品网购节""网上年货节""深圳购物季"等系列促消费活动，鼓励天虹、分期乐等电商平台设立绿色家电专区、二手专区等，通过线上满减、低能耗产品购买优惠等形式倡导绿色消费。开展绿色智能家电以旧换新系列活动，以"智慧深圳 绿色生活"为活动主题，吸引苏宁、国美、顺电、海尔、创维、TCL、美的、海信等多家知名品牌商家参加，以免费收旧、旧机回收、新机补贴等方式推广低碳、智能、绿色、时尚的新型生活理念。

（四）绿色消费理念深入人心

2021 年，共创建命名绿色单位 772 个。2022 年创建命名绿色单位 466 个，其中包括绿色学校 9 个、节约型机关 127 个、绿色社区 263 个、绿色建筑 5 个、绿色家庭 22 个、绿色商场 9 个，绿色酒店 4 个，绿色医院 3 个，绿色企业 14 个，环境教育基地 10 个。

案例 03　青岛市：向"绿"而行，打造绿色消费先行城市

一、基本情况

青岛地处黄海之滨、山东半岛南部，是一座自然禀赋优越、富有人文魅力的沿海开放城市，总面积 11293 平方千米，截至 2022 年末，常住人口约 1034 万人。2022 年，青岛实现地区生产总值 14920.75 亿元，同比增长 3.9%，经济总量位居北方城市第三位、山东省第一位。作为沿海重要中心城市，青岛产业基础深厚、工业门类齐全，拥有全部 31 个制造业大类，孕育了以海尔、海信、青啤等为代表的国际著名品牌，被誉为中国"品牌之都"，是国家级综合型信息消费示范城市、国家文化和旅游消费示范城市、国家体育消费试点城市。

近年来，青岛市抢抓山东绿色低碳高质量发展先行区建设重大机遇，全面提升产业发展能级，大力发展绿色产业、倡导绿色消费，加速形成绿色低碳生产生活方式，是全国首个绿色城市建设发展试点城市，获评全国低碳试点城市、国家循环经济示范试点城市等，"绿色"已经成为青岛经济强劲发展的"底色"。

二、主要做法

青岛市围绕生产、流通、回收、再利用等消费全周期全链条，聚焦消费关键领域和关键环节，实现绿色消费集成化、体系化、规模化发展。

（一）推动消费品生产制造绿色化发展

积极引导企业依托工业互联网平台，加快消费品生产"数字化＋绿色化"专项提升。发布青岛市节能降碳技术目录，开展单位能耗产出效益评价，每年为 20 家以上企业提供节能诊断服务，重点推动家电、食品、轮胎等传统消费品制造行业开展节能降碳改造：海信集团通过自适应背光控制算法等技术，实现每台电视能耗降低 30%，年减少二氧化碳排放 5.67 万吨；青岛啤酒借助高效热泵、废水价值共

享等手段，实现单位产品综合能耗降低 26%；赛轮集团研制"液体黄金"新一代绿色轮胎，实现工厂制造端能耗降低 36%，每百公里可节油 2—7 升。强化绿色制造项目支撑，推动即发集团"无水印染"等 6 个项目入选国家绿色制造系统集成项目，累计培育国家级绿色工业园区 1 个、绿色工厂 30 个、绿色设计产品 181 款、绿色供应链管理企业 3 家。布局西海岸零碳先行区、中德生态园零碳园区，建成500 万吨建筑废弃物资源化利用"零碳工厂"，在全国率先实现零固废、零废水、零废气等"五零"生产循环体系。

（二）推动居住消费绿色化发展

制定《青岛市绿色城市建设发展专项规划》等 7 个规划，发布《青岛市推进装配式建筑发展若干政策措施》等政策文件 64 个，编制《青岛市绿色生态城区建设技术导则》等标准导则 12 个。大力推动绿色建筑标准实施和既有建筑节能改造，新建建筑要求 100% 执行绿色建筑标准，将绿色建筑星级、装配式建筑比例等要求纳入土地出让条件，形成 15 项在全国复制推广的经验做法。全市已累计建成绿色建筑 1 亿平方米，实施既有居住建筑节能改造 4200 万平方米，培育装配式建筑产业基地 16 个，完成建筑废弃物资源化利用 2.6 亿吨，均为全国领先水平。充分利用工业余热、潮汐能、太阳能等清洁能源，在奥帆中心社区打造全国首个既有社区改造"零碳社区"项目（见图 1）。

图 1　青岛奥帆中心"零碳社区"项目

（三）推动交通运输体系绿色化发展

一是加快推广绿色低碳交通运输装备，科学编制交通领域碳达峰工作方案，开展绿色出行达标城市三年创建行动。全市绿色出行比例达 71.3%、公共交通机动化出行分担率达 60.4%、绿色出行服务满意率达 86.6%。二是建立市级新能源汽车推广应用联席会议机制，统筹推进电动汽车充电基础设施建设，市区公共充电站服务半径仅为 0.83 千米。2022 年，全市公交车、巡游出租车清洁能源和新能源占比分别达 94%、92%。三是全面打造"东方氢岛"，开设全国首条 5G 氢燃料车示范线，运营 90 台氢能公交车，累积运行里程超过 400 万公里。四是持续优化调整运输结构，发展公转铁、公转水、公转管等多式联运，提升清洁运输占比。五是建设"绿色港口"（见图 2），推进港口清洁能源应用，建成全国首座港口加氢站，引进 3 台氢能集卡试点应用，船舶岸电配备率、港区道路堆场绿色照明率均达到 100%，获评全国绿色出行创建考核达标城市。

图 2　青岛港建设"绿色港口"

（四）推动食品消费绿色化发展

在全国率先出台《青岛市禁止销售和使用高毒高残留农药规定》和《青岛市农业废弃物管理暂行办法》，实施投入品市场主体约谈和"黑名单"制度。全市化肥农药施用量连续 3 年实现负增长，从田头上保障食品原材料质量品质。制定农业地方标准 270 项，以全面推行食用农产品合格证为抓手，建立严格的产地准入、市场准入和风险评估制度，建成市、区、镇、村四级农产品质量监管体系，将 5459 家生产企业纳入"智慧农安"监管追溯系统，食品合格率稳定在 99% 以上。大力实施食品工业企业"三品"战略，全市已累计培育农产品品牌 2.2 万余个、中国驰名商标 20 个；形成国家地理标志农产品 54 个。

（五）加强废旧消费品回收利用

获评全国首批废旧物资循环利用体系建设重点城市，构建"1+3+5+N"废旧物资循环利用体系，全面打造"无废城市"。建立健全回收网络，全市各级正常运转废旧物资回收企业、站点超过 900 个，创建 1 家省级再生资源分拣中心，再生资源回收总量达 250 余万吨，7 家企业入选国家资源综合利用规范企业名单。突出数智赋能，依托国家级再循环产业数字化平台，建成国内首家家电绿色再循环互联工厂，年拆解能力可达 300 万台，再生能力达 3 万吨。加强加工利用水平，建成全国最大二手商品智能质检和履约服务中心。推动家电生产企业开展回收目标责任制行动，对家电企业生产、销售节能绿色机型，由市级财政给予每台不低于 200 元补贴。

（六）积极倡导绿色生活方式

多部门联合开展节能减排"进校园、进社区、进公交、进机关"活动，向全民宣传节能低碳知识，大力倡导勤俭节约、绿色低碳的社会新风尚。印发《青岛市低碳出行碳普惠方法学》，搭建碳普惠信息平台、建立碳积分兑换机制，通过区块链分布式账本记录居民低碳出行减排量，并以数字人民币支付方式为居民提供低碳出行奖励，激发公众参与积极性。创新实施公共机构"六大绿色引领行动"，全市县级以上 587 家党政机关全部建成节约型机关，市机关事务服务中心等 3 家单位获评国家级公共机构生活垃圾分类和资源循环利用工作重点单位，"倡导绿色公务出行"被评为全国公共机构能源资源节约优秀示范案例。

三、典型经验

（一）完善政策制度是坚实保障

聚力当好山东省绿色低碳高质量发展先行区建设"强龙头"，不断完善政策制度保障体系。印发《青岛市碳达峰工作方案》，出台全国首个"双碳"地方标准体系，深入实施节能降碳增效、绿色低碳全民工程等"十大工程"，将碳达峰目标要求贯穿于经济社会发展全领域、全过程；出台《青岛市废旧物资循环利用体系建设实施方案》《青岛市"无废园区""无废工厂"创建方案》等政策，通过新能源汽车购置税减免、新能源汽车下乡、发放消费券等形式，全面鼓励居民绿色消费。

（二）推动技术革新是第一动力

深入实施"工赋青岛"行动，每年推动1000家以上工业企业实施数字化、智能化、绿色化改造升级。着力建设绿色低碳技术创新体系，设立碳达峰碳中和关键技术攻关和科技惠民示范等重点专项，"揭榜挂帅"开展关键核心技术攻关打造绿色工厂，推动企业开展用地集约化、原料无害化、生产清洁化、废物资源化、能源低碳化改造。加强创新平台建设，推进山东能源研究院和新能源山东省实验室建设，打造国家级能源创新平台。全市绿色技术领域已建成7家省级重点实验室、9家省级技术创新中心、1家省级创新创业共同体。

（三）发展绿色金融是有力支撑

创新绿色消费金融产品，发行全国首单"建筑减碳贷""减碳保"和全国首款"碳中和"理财产品，落地全国首单"湿地碳汇贷""茶园碳汇贷"、全省首单"碳中和"债券。完善绿色税收体系，创建"绿税贷"绿色融资新模式，有效发挥绿色税费和绿色金融政策叠加效应；在全国率先构建绿色低碳循环发展税收评价指数，推出绿色税费落实、税收共治等18项措施。在全国率先开展气候投融资试点，挂牌运营青岛国际能源交易中心，交易额超360亿元。2022年，全市绿色贷款余额3452亿元，同比增长44.74%，绿色贷款占贷款余额比重达12.58%，居全国领先水平。

（四）优化能源结构是重要基础

加快构建清洁低碳、安全高效的现代能源体系，推动总投资超过100亿元的海上光伏和屋顶分布式光伏重点项目建设。全市新能源发电总装机达449.21万千瓦，占全市发电总装机的49.63%，每年可发绿电60亿度以上、减碳290万吨。建成国内容积最大的液化天然气（LNG）接收站，有序推进煤电机组实施节能降碳改造、灵活性改造、供热改造"三改联动"。在全省率先实施市场主体间用能权交易，2023年以来完成企业间用能权交易80余万吨，拉动投资超过400亿元、企业收益超过1亿元，实现经济效益和社会效益双赢。

四、取得成效

（一）消费需求不断释放

随着能源消费结构调整、新能源消费支持政策出台和市民环保意识提高，青岛市绿色升级类消费需求持续释放，2022年全市限额以上单位新能源汽车、能效等级为1级和2级的家用电器和音像器材类商品零售额分别增长123.6%和10.3%。

（二）环境质量不断改善

2022年，青岛市空气质量优良率达88.5%，同比提升3.6%，PM2.5、PM10、二氧化氮、一氧化碳等污染物浓度为近10年来最低。全市近岸海域水质优良面积比例达99%，入选中国最具生态竞争力城市。灵山湾获评全国美丽海湾优秀案例第一名，灵山岛成为全国首个"负碳海岛"。

（三）生产能耗不断降低

"十四五"以来，青岛市能耗强度累计下降5.3%，煤炭消费占比从2015年37%降至2022年27.5%，远优于全国平均水平；单位GDP二氧化碳排放量约为0.5吨/万元，仅为山东省的一半。6家企业入选国家级能耗、水效"领跑者"，降碳工作全省领先，跻身全国低碳城市前列。

（四）幸福指数不断提高

社会公众持续通过公共出行、垃圾分类、植树造林等低碳行为获得收益，形成广泛参与绿色行为的良性循环。2022年，全市完成60个山头公园整治，新建城市绿道100公里，建成区绿化覆盖率达43.3%，浮山森林公园（见图3）、太平山中央公园等城市更新项目陆续建成，催生一批自带流量的新晋"打卡地"，带来绿色消费新体验、新场景。市民幸福指数不断提高，青岛市连续三年上榜中国最具幸福感城市。

图 3　青岛浮山森林公园建设整治项目

案例 04 柳州市：政企联动 大力推动新能源车发展

一、基本情况

柳州市位于广西中部，是以工业为主、综合发展的区域性中心城市和交通枢纽。2022 年地区生产总值 3109.09 亿元，规模以上工业总产值 4199.9 亿元，新增规模以上工业企业 161 家，社会消费品零售总额 1303.6 亿元。柳州是西南地区的工业重镇，柳州工业经济总量约占广西的 1/4，已形成以汽车、机械、冶金为支柱，化工、制糖、造纸、制药、建材、日化等产业并存的工业体系。柳州市近年来全面贯彻落实习近平生态文明思想，全方位、全地域、全过程加强生态环境保护，在绿色、循环、低碳发展上迈出坚实步伐，先后被评为国家园林城市、国家循环经济示范城市、第三批国家低碳试点城市，是广西首个在生态环境领域获国务院督查激励的城市。

柳州作为区域中心城市，全面加强创新和产业联动，推动产业向高端化、智能化、绿色化转型发展，推出上汽通用五菱"一二五"工程，全市"总动员"，共同推进国际新能源汽车产业高地头号工程建设。2022 年柳州新能源汽车产量达到 66.6 万辆，同比增长 38%，占全国比重近 1/10，新能源汽车渗透率突破 50%，新能源汽车推广应用"柳州模式"上升为"广西模式"。

二、主要做法

（一）政企联动，推出"一二五"支持政策

全力建设国际新能源汽车产业高地，印发《柳州市推进上汽通用五菱"一二五"工程的实施方案》，成立由市委、市政府、上汽通用五菱主要领导担任总指挥的联合指挥部，全面推进"一二五"工程实施，推动汽车产业加快由传统燃油车向新能源汽车转型；指导编制《东风柳汽新能源"龙行工程"实施方案》，全力支

持东风柳汽向新能源方向加快发展；推动广西汽车集团、一汽解放柳州分公司等企业制定新能源汽车发展实施方案。同时，编制《柳州市打造国际新能源汽车产业高地实施方案》，以上汽通用五菱"一二五"工程内容为主，将东风柳汽、广西汽车集团、一汽解放柳州分公司、重汽运力等整车企业的新能源发展内容进行整合，形成整车企业新能源战略发展合力，推动"一二五"工程稳步实施。

（二）精心组织，推动新能源车销售推广

一是组织策划系列新能源汽车促销活动。先后组织开展"春暖八桂　欢乐迎新　五菱汽车广西消费节暨一季度柳产汽车惠民活动""约惠鹿寨·乐享消费""33 消费节汽车购车专项补贴活动""致敬人民公仆的你专属优惠购车活动""2023 年广西精品汽车展暨柳州大型汽车展销活动""2023 柳州美好生活消费购物节"等大型促消费活动，通过发放消费券、开展"惠民送惊喜"抽奖等形式让购车消费者享受最大幅度的优惠，帮助上汽通用五菱等企业实现汽车销售超 3 万台，完成汽车销售额超 17 亿元。

二是支持新能源车销售下沉县区。鼓励县区通过发放汽车消费券、发动乡镇积极宣传新能源汽车等形式支持新能源车销售，全力推动新能源车下乡，在县区带动超过 1 亿元的汽车消费。协调推动上汽通用五菱开展县域新能源车销售工作，在柳州、南宁、桂林 3 个城市中已深入 11 县，完成 82 次展销活动。

三是支持新能源汽车经销商进商圈。充分利用公共资源，支持新能源汽车经销商进入柳州市 18 处公共开放商圈开展促销活动，通过主题车展、新能源车尾厢集市、汽车音乐节等类型多样、形式丰富的活动，对各类优惠活动汽车进行现场展示，进一步繁荣新能源汽车消费及商圈经济。2023 年以来，举办了"柳州年货一条街""2023 年广西'33 消费节'之柳州全民乐购季活动""'爱尚柳州　玩转夜肆'柳州缤纷夜 YOU 嘉年华市集活动""2023 柳州美好生活消费购物节"等活动，组织新能源汽车经销商在活动现场开设展销专区，摆放新能源汽车进行展示。

（三）推进公共领域车辆应用新能源化

柳州市不断拓展新能源车应用领域，推进公共领域车辆应用新能源化。柳州已有纯电动出租车 2384 辆，油气混合出租车 482 辆，新能源化率由 2021 年的 30% 跃升至 2022 年的 83.18%，网约车新能源化率超过 70%，柳州市出租汽车行业新能源渗透率迈入全国前列。柳州市油电混合公交车 389 辆，纯电动公交车 400 辆，新

能源化率为 64%。

（四）充电基础设施布局逐步完善

柳州市区"十分钟充电圈"基本形成，以上汽通用五菱为主导的公共和个人充电插座建设，带动了全市充电基础设施的全面启动，各公共机构、企事业单位、学校、医院等根据需要相应配置安装了充电设施。截至 2023 年 10 月底，共建设公共充电站点 1767 个、充电枪 18833 个，帮助个人建设充电设施 25058 个。2023 年 1—10 月，新增新能源公共充电枪 3234 个，个人充电桩 6651 个，建成换电站 11 个。

（五）借助 RCEP，大力开展经贸交流

组织上汽通用五菱与 RCEP（《区域全面经济伙伴关系协定》）区域、中南美、"一带一路"沿线等区域重点国家开展经贸交流，寻求新的合作机会，构建多元化国际市场新格局。2023 年 4 月，上汽通用五菱与印度尼西亚政府正式签署新能源项目投资谅解备忘录，向印度尼西亚政府交付了一批五菱新能源首款全球车五菱 Air ev，作为 2023 年东盟峰会会务用车。6 月，海外 N300P[①] 越南 CKD 项目公告件完成 COP（生产一致性）审核，4 家供应商已全部顺利通过越南 COP 审核，向项目的正式投产迈出关键一步。

三、典型经验

（一）结合柳州特色推动上汽通用五菱新能源车品牌建设

开展"2023 年柳州紫荆花盛典""三月三""文博旅游艺术月""打卡惊奇柳州""'荆'艳柳州　中国五菱"等主题活动，充分运用紫荆花季大量游客来柳旅游的有利契机，结合上通五潮创文化，展出紫荆花五菱汽车等文创产品，将柳州特色产品、景点等文旅资源与上汽通用五菱汽车联合宣传，将上汽通用五菱汽车作为城市名片之一"一辆车"进行城市整体形象推介，合力助推"一二五"工程，提升上汽通用五菱品牌知名度。

---

① 五菱车的一种型号。

（二）制定多项便民政策，方便市民使用新能源汽车出行

行车方面，修订和完善《柳州市新能源汽车道路交通管理有关措施》，准许悬挂新能源专用号牌汽车使用公交车专用道，可不限行不限号行驶指定路段；停车方面，利用人行道、小区边角等空闲场地施划新能源汽车专用泊位，对新能源汽车停车费用给予减免；充电方面，对新能源充电桩建设及充电里程进行补贴。

（三）推动新能源车电池综合利用处置，完善循环产业链

构建汽车行业"零部件制造—整车生产—销售—回收—拆解—再生资源/零部件再制造/动力电池回收利用"全产业循环产业链。推动新能源汽车锂电池回收利用项目建设，柳州赛克科技发展有限公司的电池梯次利用项目已建成投产。

（四）组织柳州市汽车产业对外开拓市场

市领导带队上汽通用五菱等企业到东南亚开展"柳州产品东南亚行"专题招商推介活动，对汽车及零部件进行推介，助力新能源车企开拓东南亚国际市场。

四、取得成效

（一）新能源汽车销售延续良好增势

2023 年前三季度，柳州市实现社会消费品零售总额 931.53 亿元，零售业销售额 867.19 亿元，同比增长 5.4%，其中限额以上单位新能源汽车零售额同比增长 4.8%，占汽车类商品零售额的比重为 42.4%。

（二）新能源汽车产业链整体提升

上汽通用五菱"一二五"工程、东风柳汽"龙行工程"、广西汽车集团新能源专用车提升工程进入实施阶段，柳州新能源汽车产业朝着年产 300 万辆目标迈进，柳州已成为国内重要的新能源汽车研发生产基地。随着柳州新能源汽车产业的快速发展，一批电池、电驱、电控等"三电"配套项目落地投产，新能源汽车零部件配套体系能力基本建成。动力电池方面，拥有柳州国轩电池、瑞浦赛克电池、华霆动力电池、科易动力电池等一批动力和储能电池企业，电池电芯在建产能达 90 吉

瓦时，已形成规模产能 40.5 吉瓦时，预计 2023 年底产能达 45 吉瓦时。电驱动方面，拥有中车时代、中车尚驰、联合电子、柳州旺林、五菱柳机等一批电机、电驱企业，具备年产 135 万台套电桥、12 万台套电机的能力。控制器方面，拥有联合电子、柳州赛克科技等企业，具备年产 85 万套控制器的能力。新能源汽车产业本地配套率超 60%。

案例 05　合肥市：提高绿色产品供给，
　　　　引导汽车消费低碳升级

一、基本情况

党的十八大以来，习近平总书记两次考察安徽、亲临合肥，称赞合肥是"养人的地方""创新的天地"。合肥市土地面积 1.14 万平方公里，2022 年全市常住人口 963.4 万人，全年生产总值 12013.1 亿元。2023 年前三季度生产总值 9218.6 亿元、居全国第 19 位，较上年同期上升 3 位。近年来，合肥市大力推进绿色低碳转型工作，特别是在新能源汽车方面，不断扩大绿色低碳产品供给，促进绿色消费，引导汽车消费绿色低碳升级。合肥是国家新能源汽车推广首批双试点城市，并于 2021 年、2022 年先后获批新能源汽车换电试点城市、智慧城市基础设施与智能网联汽车协同发展试点城市、新能源汽车产业链供应链生态体系建设试点。

二、主要做法

（一）政策引领，夯实产业新供给

市委市政府明确将新能源汽车产业作为全市重点产业链之首，聚焦研发、制造、关键技术、后市场、消费、场景应用全领域，先后出台《关于支持新能源汽车发展若干意见》《新能源汽车绿色出行实施方案（2017—2020 年)》《关于进一步做好新能源汽车推广应用工作的通知》《打赢蓝天保卫战三年行动计划实施方案》《关于加快新能源汽车产业发展实施意见》《"十四五"新能源汽车产业发展规划》等多项文件，系统推进新能源汽车产业高质量发展。2023 年陆续出台《合肥市进一步促进新能源汽车和智能网联汽车推广应用若干政策》《合肥市"提信心拼经济"若干政策措施》《合肥市加快建设具有国际影响力的新能源汽车之都行动计划》，从充换电设施建设及运营、新能源汽车推广应用、新能源汽车下乡、氢燃料电池汽车示范推广、智能网联测试应用等方面提出具体政策，支持和促进新能源汽车生产和消费，2023 年投入政策资金 5.28 亿元。

（二）整车带动，抢抓产业制高点

顶格推进比亚迪合肥制造基地、大众全球第二研发中心、蔚来新桥产业园等重大项目建设，鼓励企业"接二连三"增资扩产，着力打造下塘、新桥、新港三大"百万辆"整车生产基地。目前，大众、蔚来、比亚迪"三高"龙头企业齐聚合肥（大众全球销量最高，蔚来新势力市值最高，比亚迪国内市值最高）。2023 年，全市新能源汽车产量 74.6 万辆，新能源和智能网联汽车产业链产值近 1800 亿元。预计到 2025 年，新能源汽车整车产能超 300 万辆，到 2027 年，产业规模迈上"万亿级"。

（三）延链补链，磁吸产业上下游

持续完善新能源汽车产业链"三图"（产业全景图、区域分布图、招商施工图），不断推进延链补链强链。常态化开展"整零协同""芯车协同""智车协同"等供需对接，开好重点企业负责人商会、产业链供应商大会、项目要素保障会等。同时，携手省内兄弟城市，建设一批"百亿级"零部件园区，培育融合集群的产业生态。目前，已在合肥高新区、包河区、庐江县、肥东县、巢湖市和安巢经开区等地布局了多个汽车产业零部件园区。推动建立企业、科研院所与高等院校三层复合产学研体系，依托合肥工业大学、中国科学技术大学、合工大智能制造技术研究院等，联合整车和关键零部件企业搭建产学研合作平台，开展科技创新项目攻关。

（四）多管齐下，促进新能源汽车消费

一是加大对新能源汽车的财政补贴和税收优惠，鼓励公共交通、物流配送、出租车等领域使用新能源汽车，明确除特殊专用车辆外，党政机关和市属企事业单位公务用车全部采购新能源汽车。二是在适度超前配套基础设施上，一体推进市、县、乡三级充换电基础设施建设，规模位居全国前列。2023 年，建成各类充电设施 9.68 万个，其中公共充电站超 1200 座，公共充电设施 2.42 万个。三是持续开展新能源汽车促消费活动，在全省率先启动新能源车以旧换新消费补贴、新能源汽车下乡活动，2023 年发放汽车消费券 2.96 亿元、带动销售额 91 亿元。四是积极筹办各类新能源汽车展会。2023 年世界制造业大会期间举办新能源汽车产业供应链大会暨展览，集聚 65 家参展企业，全方位展示全产业链前沿技术和最新成果。9 月 29 日—10 月 4 日，举办以"绿动未来智领世界"为主题的合肥国际新能源汽

展览会，是迄今为止国内规模最大的新能源汽车展（见图1），总规模达20万平方米，集聚95个新能源汽车品牌参展，涵盖国内主流在销的新能源品牌车企，参展车辆达1000余辆。2023年，全市新能源汽车零售额195.6亿元，同比增长58.2%（新能源汽车销售额占汽车销售额达29.8%）。

图1　合肥国际新能源汽车展览会

三、典型经验

（一）高站位谋深产业发展

将新能源汽车产业作为全市产业"首位"，对标万亿发展目标，主动担当产业布局"核心"责任。成立由市委、市政府主要负责同志任组长的领导小组，组建了1个专班+5个工作组的专职工作队伍，实行月度监测、季度通报、年度考核。推进整车、零部件、后市场全产业链发展，打造"制造基地+研发中心、销售中心、上市主体、供应商集群、配套产业基金"产业生态。构建"3+N"产业发展格局，即下塘、新桥、新港三大百万辆整车生产基地，高新区、新站区、包河区等多个零部件园区。强化资本运作，引进蔚来等头部企业，不断探索并形成"基金+产业""基金+基地""基金+项目"驱动模式，设立16支汽车产业相关基金，总规模超600亿元。

（二）精准化服务供给企业

一企一策做好整车企业贴身服务，谋划落地接续项目，全力发展壮大整车制造。加快蔚来新桥基地建设，推进新车型研发导入，帮助企业渡过阶段性困难，2023 年蔚来累计交付 16 万辆新车，同比增长 30.7%。加快大众安徽供应商园区建设，签约落地大众汽车科技公司，推动出口车型年内量产交付。加强合肥比亚迪项目要素保障，推动产能加快释放，项目从谈判到签约仅用时 23 天，从签约到开工用时 42 天，从开工建设到整车下线仅 10 个月，彰显"合肥速度"。

（三）链条式构建消费产业生态

围绕龙头企业需求，推进延链补链强链，加快提升近地配套率。聚力攻克核心技术，支持长鑫加大车规级动态随机存取存储器（DRAM）芯片研发力度，依托晶合集成组建安徽省汽车芯片联盟，目前新获批电磁信息控制、电能高效高质转化等汽车相关全国重点实验室。优化整零供需对接，推进国家新能源汽车产业链供应链生态体系试点，依托羚羊工业互联网等拓宽整零供需对接渠道，在场景创新峰会发布新能源汽车 9 项场景清单，举办 5 场"整零协同""芯车协同"供需对接会，近百家产业链企业与 6 家整车企业建立沟通机制。健全电池回收体系，支持巡鹰新能源在新能源材料领域形成了电池"资源—材料—应用—回收—梯次利用—再生利用"的闭环技术体系，实现动力电池全生命周期管理。通过举办中国大学生方程式等品牌赛事，进一步集聚新能源汽车专业人才。

四、取得成效

（一）产业规模持续壮大，扩大影响力

近年来，合肥高度重视新能源汽车和智能网联汽车产业发展，产业规模和技术水平不断提升，加快打造具有世界影响力的"新能源汽车之都"。2023 年，全市新能源汽车产量突破 74.6 万辆，同比增长 1.4 倍，产量居全国城市前 5 位、占全国比重超 8%。已培育、引进大众、比亚迪、蔚来、江淮、长安、安凯 6 家新能源汽车整车企业，集聚国轩高科、中创新航、巨一科技等 500 多家配套企业。其中，蔚来加速布局欧洲新能源市场，目前已设立四个研发中心；国轩高科在国内已布局 10 大生产基地，并确定在美国投资 20 亿美元建设电池超级工厂。截至 2023 年 8 月底，合肥新能源汽车产业链新增投产、开工、签约项目共 74 个，总投资额 1681 亿元。

（二）产业链更趋完善，提升吸引力

集聚产业链企业 500 余家，形成涵盖整车、关键零部件（电池、电机、电控、雷达、摄像头、域控制器等）、应用（公交、物流、出行服务等）、配套（充电基础设施、电池回收、智能网联汽车示范运行等）的完整产业链。大力招引配套企业，坚持以整车找总成、以总成找部件，精准招引优质零部件项目，通过大众安徽供应链大会引入 37 家供应商，赴日本、德国等海外招引项目 7 个、协议投资额 372 亿元，汽车产业相关基金已投资重点项目 20 多个。

（三）配套服务日臻完善，激发购买力

为进一步释放新能源汽车消费潜力，在城市主要道路周边、重要交通枢纽、公园绿地地下、便民场所、旅游景区等停车场广泛布局充换电设施，建设规模位于全国前列。已初步形成市区 2 公里充电服务圈，日均可服务约 45 万辆新能源汽车充电需求。2023 年 8 月 28 日，安徽首座、国内领先的"油气电氢服"一体化综合能源港（下塘梧桐大道站）正式投产运营（见图 2）。与传统加油站相比，每年可减排二氧化碳约 16647 吨，折合标煤约 6658 吨，相当于减少 7230 辆油车一年的二氧化碳排放量。

图 2　皖能综合能源港鸟瞰图

案例 06 烟台市：绿色驱动 产业革新

一、基本情况

烟台市位于山东半岛东部，濒临黄海、渤海，陆域面积1.4万平方公里，海域面积1.2万平方公里，常住人口708万，是我国首批沿海开放城市、国家低碳试点、山东省首批全域生态产品价值实现机制试点。近年来，烟台市深入贯彻习近平生态文明思想，抢抓山东绿色低碳高质量发展先行区建设机遇，协同推进降碳、减污、扩绿、增长，促进经济社会发展全面绿色转型；依托良好的清洁能源产业基础，积极培育绿色低碳产业，绿色消费理念深度融入产业发展全链条、各领域。2022年，全市实现地区生产总值9516亿元、增长5.1%，增幅和增量均居山东省第一；2023年前三季度，全市实现地区生产总值7260.1亿元、增长6.7%，社会消费品零售总额2542.3亿元，同比增长8.5%。

二、主要做法

（一）以增加绿色消费供给引领高质量发展

一是强化绿色能源供给。大力发展清洁能源，依托海阳核电、招远核电等项目建设，形成中国北方完整的核电基地和核电装备制造产业集群；丰富的绿色能源为产业发展提供清洁电力、工业蒸汽等，有力解决碳关税等发展障碍，同时也将带动研发成果转化、装备制造、施工运维等全产业链绿色发展。二是加快产业绿色转型。突出高端化、智能化、绿色化发展，实施制造业绿色低碳转型行动，严格落实能耗双控制度，动态分析企业能源消费情况，差别化配置能耗要素，倒逼高耗能低产出企业提高单位能耗产出效益。尤其在绿色石化行业，通过一揽子环保管理制度体系建设"看不见跑冒滴漏、听不见任何噪音、闻不见任何异味"的"三不见"绿色园区，采用废热回收、优化分离等工艺深挖节能潜力，规划建设超低能耗建筑群打造"零碳园区"样板，积极探索绿色低碳发展路径。三是打造低碳示范场景。建设城市级虚拟电厂，搭建绿色云智慧能源管理平台，打造一批具有示范引领作用的智能低碳应用场景。建成海阳核电"暖核一号"核能供热项目（见图1），开创了国内核能综合利用先河，书写了煤炭供暖向核能供暖转变的新篇章；利用大型工厂工业余热构建新型供热体系，逐步实现主城区清洁供暖全覆盖。

图1　海阳核电核能供暖示范工程

（二）以扩大绿色消费需求引领高品质生活

一是发挥市级机关绿色消费的带头作用。出台《烟台市公共机构节能管理办法》等规定，进一步规范用能管理，健全用水、用电、用油、办公用品等能耗管理长效机制。重点加强全市行政办公区域节能管理，通过实行规范化管理、加强检查考核、对高耗能设施设备进行节能改造、加强节能宣传等方式，不断提高能源利用效率。二是全面推广绿色建筑标准。系统推进城市更新、新城建、海绵城市三大国家级试点，加快城市基础设施数字化、网络化、智能化改造，新建民用建筑全部执行绿色建筑标准。万华化学人才中心采用万华自主研发的低碳节能技术和环保产品，打造"零碳社区"，实现超低能耗甚至"近零能耗"。三是促进城市绿色出行。广泛开展绿色出行宣传活动，实行"公共交通引领带状组团滨海旅游城市绿色便捷出行"。加快充电桩布局建设，年内建设新能源充电桩1万个，超前研究布局换电站、加氢站等配套设施。加快推进慢行系统建设，市区累计建设绿道243公里，改造慢行系统56公里。

（三）以提升绿色消费品质推动高水平保护

一是全面增强全民节能低碳意识。联合中核集团、国家电投集团、中国广核集团共同建设"双碳"科普馆，开展全民节能低碳教育，培养全民绿色低碳意识。深入实施节能降碳全民行动，开展节能宣传周、科普活动周、低碳日、环境日等主题宣传活动，推动生态文明理念更加深入人心。二是打造零碳示范载体。在黄海北岸丁字湾区域规划了596平方公里的"丁字湾国际绿色低碳开放合作先行区"，已布局3大核电项目、3大海上风电项目、3大海上光伏项目，清洁能源总装机容量达到2800多万千瓦，到2025年绿色电力装机容量将达到3000万千瓦。三是深入探索生态产品价值实现机制。积极探索生态产品由自然价值转化为经济价值和社会价值的新路径、新模式，促进地区生态优势转化为经济优势。特别是聚焦农业领域，在农业消费品减量增效、废弃物资源化利用、农业资源集约利用、产业链低碳循环方面持续发力，形成了与资源环境承载力相匹配、与生产生活生态相协调的现代高效农业消费品发展格局。

三、典型经验

（一）"产业"绿色发展是推动绿色消费的坚实基础

烟台市深入实施"9+N"产业集群培育工程和制造业绿色低碳转型行动，构建"四城一区"制造业发展新格局，为绿色消费奠定坚实基础。一是打造世界级绿色石化城。建设总面积超过100平方公里的裕龙石化产业园、烟台化工产业园、万华新材料低碳产业园三大千亿级园区，对标行业最高环保标准，全部采用绿色工艺，积极推行绿氢等清洁能源替代，努力实现"零排放"目标。二是打造中国海工装备名城。正在规划建设中国海上风电国际母港、海工研发及总装基地、海工装备配套产业园等，打造海上风电全产业链零碳园区。三是打造绿色能源汽车产业城。依托现有的上汽通用东岳基地、亚洲最大的轮胎试验场、400多家汽车零部件企业，抢抓新能源汽车风口，加快布局建设总投资50亿元的上汽通用东岳2款纯电中高级轿车及电池电驱、100亿元的力华储能电池和60亿元的潍柴新能源产业园项目。四是打造国际生命科学城。以科技创新为动力，以绿色生态为底线，布局创新药物、医用同位素、细胞与基因治疗、合成生物学等产业，打造全产业链垂直生态体系，实现绿色低碳高质量发展。

（二）"城市"绿色发展是推动绿色消费的有力保障

烟台市高标准打造"一岛链、一廊道、一山脉、一新城、N 个场景"。"一岛链"，是串联海岛资源，构建养马岛—崆峒岛—芝罘岛—长岛的近海旅游岛链，正在打造长岛国际零碳岛，为有人岛的零碳、负碳发展探索路径。"一廊道"，是以提升滨海一线景观带和服务功能为重点，统筹布局海上世界、马山寨世界设计公园等文旅项目，打造千里海岸观光廊道。"一山脉"，是沿城区绿色山脉打造城市山体公园，系统建设昆嵛山城市郊野公园、大南山城市中央山体公园，是集绿色低碳生态、功能配套完善、亲民便民利民、文化特色彰显、登山瞰海览城、健步慢跑乐氧、亲子踏青打卡为一体的综合性特色山体步道。"一新城"，是规划建设 53 平方公里的夹河·幸福新城，在主城区空间发展的中轴位置布局企业科创总部、城市会客厅、工业创智园、品质社区等，建设生息之城、未来城市。"N 个场景"就是搭建清洁供暖、虚拟电厂等一批智能低碳示范应用场景，打造零碳园区、零碳港区、零碳校区、零碳社区。

（三）"能源"绿色发展是推动绿色消费的不竭动力

烟台市推进能源转型的"四个千万"：一是千万千瓦级核电基地，三大核集团（国家核电技术公司、中国广核集团有限公司、中国核工业集团公司）在烟台规划布局了四个核电基地，总装机容量 2970 万千瓦。二是千万千瓦级风电基地，已建成 370 万千瓦陆上风电项目，海上风电装机容量达到 620 万千瓦。三是千万千瓦级光伏基地，获批海上光伏装机容量 1235 万千瓦，叠加 665 万千瓦陆上光伏，光伏总装机容量达到 1900 万千瓦。四是千万吨级 LNG（液化天然气）基地，已核准开建 3 个 LNG 基地，2024 年全部达产后，可形成 1650 万吨接卸能力，成为我国北方最大的 LNG 供应储运基地。四个千万级基地总投资近 7000 亿元，到 2025 年，烟台清洁能源装机容量将突破 1400 万千瓦，到 2030 年接近 4000 万千瓦，到 2035 年突破 6000 万千瓦，届时年可生产清洁电力 2900 亿度。

四、取得成效

（一）绿色生产方式全面构建

一是产业绿色低碳转型闯出新路。通过实施"9 + N"产业集群培育工程和制造业绿色低碳转型行动，近 2 年有 29 家企业购买绿电 1.9 亿度，全市单位 GDP 能耗较"十三五"末下降 11%，连续 17 年完成能耗"双控"考核目标，355 个项目入选山东省绿色低碳高质量发展三年行动计划项目库，数量占全省 1/10、总投资占全省 1/6、年度计划投资占全省 1/8，均居全省第一。二是能源绿色低碳转型走在全国前列。实现了"四个第一"：发出了山东第一度核电、第一度海上风电，形成了山东第一的清洁能源装机容量，烟台海阳成为全国第一个"零碳"供暖城市。全市清洁能源装机容量已达到 1200 万千瓦，占比达到 54.3%，占全省的 14.3%。

（二）绿色生活方式全面推广

通过打造绿色低碳城市，烟台市先后获批城市更新、新城建、海绵城市三大国家级试点。一是垃圾分类成为风尚。市区 1157 个社区全部设置垃圾分类和宣传设施，为 83400 户居民家庭发放了专门收集厨余垃圾的"小绿桶"（见图 2），配套智能化分类设备 447 套，布设厨余垃圾收集容器 10902 个，垃圾分类投放点升级改造率达到 31.4%。二是绿色出行方式更加普及。坚持公交优先，累计投入 10.1 亿元用于新能源公交车辆购置，常规公交线路新购置运营车辆新能源比例达 100%，绿色公共交通车辆比率达到 91.4%。建设"光伏发电 + 智能充电桩 + 综合能源管理平台"，每年可节约标准煤约 782 吨，年减排二氧化碳 3321 吨、氮氧化合物 56.7 吨、PM2.5 4.9 吨、PM10 5.1 吨。三是节约型机关成效明显。对市委市政府办公楼用电系统进行节能改造并将照明灯全部更换 LED 灯后，大楼综合节电率可达 20%。每年可节省 30 多万度电，仅电费一项，就可节省 20 多万元。

图 2 "小绿桶"，让垃圾分类成为新风尚

（三）生态产品价值更加突显

获批福山大樱桃、栖霞苹果、长岛海参等 24 个国家级地理标志证明商标。打造"福山大樱桃"区域公用品牌，价值 23.21 亿元，荣获"中国大樱桃之乡"称号；"栖霞苹果"品牌价值 66 亿元，栽培面积 100 万亩，年产量 210 万吨，深加工企业 21 家，深加工能力 200 万吨，荣获"中国苹果之都"等称号；大力培育"长岛海珍"等区域公用品牌，年产海参约 7000 吨，产值约 20 亿元。

案例07 娄底市：坚持绿色消费理念助推城乡高质量发展

一、基本情况

娄底，相传因28星宿中的娄星、氐星在此交相辉映而得名，是湖南省最年轻的地级市，是全国文明城市、国家园林城市、中国优秀旅游城市、国家产业转型升级示范区优秀城市。2022年，全市总面积8110平方公里、户籍人口446.7万、地区生产总值1929亿元。娄底资源丰富，享有"世界锑都""江南煤海""现代钢城""有色金属之乡"等美誉，被誉为"蚩尤故里、湘中明珠"。长期以来，娄底依托能源矿产资源的开发利用，成为我国重要的老工业基地城市，然而，随着资源的逐渐枯竭和生态环境刚性约束的不断强化，资源枯竭型城市的发展瓶颈不断凸显，成为制约娄底城乡建设实现高质发展的重要因素。近年来，娄底坚持绿色低碳转型消费理念，在城乡建设领域积极推广节能减排、绿色低碳新技术、新设备、新材料、新工艺，不断提升能源资源利用效率，提高建筑环境品质，取得了良好成效。

二、主要做法

（一）做优顶层设计，统筹推动城乡建设绿色低碳发展

一是规划引领，建立市、县、乡镇三级以及总体规划、详细规划、专项规划三类共同构成的国土空间规划体系，从源头精准管控和引导"减污""降碳""扩绿"等专项规划内容实施落地。二是政策支撑，先后出台了《娄底市民用建筑节能管理办法》《娄底市人民政府办公室关于加快推进装配式建筑发展的通知》《娄底市住房和城乡建设局（市人民防空办公室）等11部门关于印发娄底市绿色建筑创建行动实施方案（2021—2025年）的通知》《娄底市人民政府关于印发〈娄底市碳达峰实施方案〉的通知》《关于印发〈娄底市城乡建设领域碳达峰实施方案〉

的通知》等系列政策文件，编制了《娄底市装配式建筑发展规划（2019—2025）》《娄底市中心城区绿色建筑中长期（2022—2035）发展规划》等专项规划，对城乡建设绿色低碳发展给予了强有力的政策支撑。三是高位推动，成立了由市政府主要领导担任组长、相关部门主要负责人为成员的娄底市绿色低碳转型发展工作领导小组，明确了部门职责、总体目标和推进路径。

（二）推广绿色装配式建造，全面提升建筑能效水平

以国家大力推进装配式建筑为契机，充分发挥作为湖南省钢结构住宅试点城市的引领作用，从项目立项、土地出让、施工图审查、竣工验收备案等阶段严格把关，大力推广绿色装配式建造方式（见图1、图2），引导传统建筑向建筑工业化方向转型升级。全面执行建筑节能强制性标准，持续开展绿色建筑创建行动，稳步提升民用建筑节能与能效水平。建筑面积3000平方米以上的政府投资、政府投资为主的公共建筑、建筑面积2万平方米以上的公共建筑，严格执行绿色建筑一星级及以上标准建设。制定了公共建筑能耗限额管理措施，持续推进既有建筑绿色节能改造，社区公共环境、基础设施和建筑使用功能得到极大提升。

图1　娄底市妇幼保健院（装配式混凝土结构）

图 2　涟钢电磁材料智控中心

（三）开展"海绵城市"示范，着力打造城市更新示范

结合新城区建设、老旧小区改造、棚户区改造、道路建设与改造等，系统化全域推进海绵城市建设，成功创建湖南省"海绵城市"示范城市（见图 3）。同时，坚持问题导向和目标导向，以海绵城市理念为引领，整合城市防洪排涝、黑臭水体治理、污水处理提质增效、老旧小区改造、生态修复、水资源利用等治理，着力构建"灰绿蓝耦合的现代化排水防涝体系""绿色低碳、集约高效的水资源循环利用体系""厂网河湖一体化的水环境治理体系"三个体系，重点打造"丘陵盆地区域构建水安全体系示范""衡邵干旱走廊雨水资源综合利用示范""以海绵城市理念统筹涉水综合治理示范""用城市更新方式提升城市人居环境示范"四大城市更新示范。

图 3　海绵设施分布

三、典型经验

（一）践行绿色发展理念

牢固树立"绿水青山就是金山银山"的绿色发展理念，将"生态＋""绿色＋"理念融入城乡发展全过程、全领域，积极推广节能减排、绿色低碳新技术、新设备、新材料、新工艺，不断提升能源资源利用效率，提高建筑环境品质，建设人与自然和谐共生的高品质绿色低碳建筑，推动城乡建设提质增效高质量发展。

（二）坚持以人为本

坚持以人民为中心的发展思想，构建绿色低碳思维理念。将推动城乡建设领域碳达峰工作任务与提高人民生活质量紧密结合，创建美丽低碳城市、打造碳中和居住社区、建设高品质绿色低碳建筑、倡导绿色低碳生活方式。在满足人民群众对建筑舒适性、健康性、功能性要求的前提下，提高建筑绿色低碳水平，改善建筑空间环境品质，增进人民福祉。鼓励人民群众积极参与监督，让人民群众在城乡建设低碳发展中有更多获得感、幸福感、安全感。

（三）坚持创新驱动，改革引领

推动构建市场导向的绿色低碳建筑技术研究及创新体系，以体制机制创新激发市场和社会活力。深入贯彻"放管服"改革精神，全面实施"多审合一""多图联审"工作制度，全面推进涉企审批服务"一照通"改革，优化营商发展环境，严格落实"全国一张清单"管理模式，完善一站式政务服务。用改革的方法、创新的思维完善体制机制，破解制度障碍，全面推动建筑绿色低碳高质量发展，提高建筑碳排放治理水平和运行管理与维护能力。

四、取得成效

（一）取得了良好节能减排效果

新建民用建筑全面执行65%建筑节能标准，新开工绿色建筑面积占新开工民用建筑面积比达 100%，竣工绿色建筑面积占竣工面积比达 87.7%；一星级绿色建筑项目 67 个，总绿建面积 435.6 万平方米；二星级项目 8 个，总建筑面积 56.8 万平方米。绿色建材使用比例达 65% 以上。至 2023 年 9 月，娄底市新开工装配式建筑面积累计达 450 多万平方米，占新建建筑总面积比达 36.5%，减少建筑垃圾 10 万多吨，建筑垃圾资源化利用率达 70%。

（二）切实改善了城市人居环境

成功创建湖南省海绵城市试点示范城市，完成海绵城市建设面积 18.37 平方公里；路网完善及道路提质改造 36.33 公里；黑臭水体全部消除，基本实现长治久清；完成老旧小区改造 74284 户，棚户区改造 4257 户，加装电梯 300 多台，累计受益群众约 20 万人；为资江、湘江下游输送优质水量超过 52.12 亿立方米，森林覆盖率超过 50.8%。通过城市更新行动，完善了城市功能，改善了人居环境，优化了产业结构，传承了历史文化，创造了一个宜业、宜居、宜游的良好环境。

（三）促进和带动了经济发展

装配式建筑产业被纳入娄底市十大工业新兴优势产业链及"十四五工业发展规划"重点发展的十大产业链之一。链上原材料供应、部品部件生产、设计、施工等装配式建筑企业共 132 家，年产值超 100 亿元，既带动了当地居民的就业，促进了当地经济的发展，也为当地政府带来可观税收。

案例08 洛阳市：构建绿色消费场景 打造幸福宜居城市

一、基本情况

洛阳是国家区域性中心城市、中原城市群副中心城市，现辖7县7区、2个国家级开发区，总面积1.52万平方公里，常住人口706.9万。城市自然生态基底优越、环境宜居，森林覆盖率达45.8%，经济林总面积224.34万亩，森林康养、森林旅游、林下经济等绿色产业快速发展，省级以上森林康养基地数量达到24个，数量保持全省首位。洛阳现有世界文化遗产3项6处，是国务院首批公布的国家历史文化名城，入选国家"十四五"重点旅游城市、国家文化和旅游消费示范城市名单，先后荣获全国文明城市、国家卫生城市、中国优秀旅游城市、国家森林城市、国家园林城市、全国双拥模范城等称号。

此外，洛阳先进制造业蓬勃发展，拥有全省唯一的国家级制造业创新中心——国家农机装备创新中心，省级智能工厂（车间）79个、省级以上绿色工厂（园区）37家，上云企业突破万家，成功入选国家产业转型升级示范区、国家产融合作试点城市、国家工业资源综合利用基地等名单，连续四年受到国务院督查激励表彰。

二、主要做法

洛阳市深入贯彻习近平生态文明思想，牢固树立、坚定践行"绿水青山就是金山银山"理念，充分利用城市历史文化和自然山水等文旅资源优势，因地制宜构建绿色消费场景体系，打造宜居公园型城市，全面推进美丽中国建设的战略举措。

（一）市政建设"微改造"，打造绿色低碳生态宜居城市

全面贯彻落实"创新、协调、绿色、开放、共享"发展理念，以"规划见绿、见缝插绿、提质优绿、协力植绿"为原则，推动城市园林绿化水平和公园功能品质提升（见图1）。截至2022年10月，城市建成区绿地面积由2012年的5710公

顷增加至 11322 公顷，建成城市游园 328 处、绿道 1200 公里，人均公园绿地面积由 6.94 平方米增至 16.29 平方米，形成了"开窗见绿、出门进园、四季有绿、三季有花"的"15 分钟生态休闲圈"（见图 2）生态城市，连续 20 年荣膺国家园林城市。按照"微改造"理念，从微小处入手，实施了一批"微改造"工程，加快停车充电设施、慢行道路、公厕建设，优化布局口袋公园、文化长廊、小广场，大力改造背街小巷、农贸市场、断头路，以"小投入"换来居民"大幸福"，积极打造一刻钟便民生活圈，不断增加居民生活的舒适度、方便度和满意度。为市民群众享受高品质的城市空间带来便利，城市居住空间生态环境品质明显提升。

图 1　中心城区城市游园

图 2　持续打造 15 分钟生态休闲圈

（二）大力发展新文旅产业，加快培育绿色低碳消费新业态

洛阳是中国历史文化名城，拥有悠久的历史文化积淀，深厚的文化底蕴，旅游资源丰富多样，是中国著名的旅游胜地之一。近年来，洛阳市紧紧围绕"颠覆性创意、沉浸式体验、年轻化消费、移动端传播"新文旅发展理念，积极构建绿色消费体验新场景，促进文旅消费深度融合发展，持续释放绿色消费潜力。深入开展新技术应用，创新推动新文旅发展，在洛邑古城、隋唐洛阳城、王府竹海、花果山景区持续推出"梦里隋唐·尽在洛邑"、《无字梵行》、《唐宫乐宴》、《隋唐风云传》、《山海秘境剧本游戏》等沉浸式演出，为游客带来沉浸式绿色文旅体验。在汉服体验火爆"出圈"后，积极探索创新，推出"异地还衣"和"共享汉服"服务，与中国邮政合作开通定制化同城速递，游客仅需将汉服投放入"汉服专用快递柜"，即可实现快速还衣，实现"低碳还衣"。

（三）倡导节约集约的绿色生活方式，做好消费结构加减法

一是洛阳市紧紧抓住城市公共交通建设发展的重要机遇，大力推进城市绿色出行消费体制机制体系，不断提高城市公共交通服务水平，城市区 4227 台巡游出租汽车全部更新为新能源车辆（见图 3）；万人公交保有量 13.74 万人/标台，超出《河南省城市公共汽电车客运服务规范》要求的 12 标台/万人标准，所有参与营运的公交车均为新能源充电车，以绿色公共出行，践行绿色低碳行动，助力实现碳达峰碳中和目标，2022 年洛阳荣获"国家公交都市建设示范城市"称号。

图 3　在运的新能源绿色公交车

二是积极推广应用绿色建材，将科技创新作为绿色建筑发展的重要抓手，全力开展绿色建筑创建行动，鼓励各方积极推进超低能耗建筑、近零能耗建筑、零能耗建筑建设；认真贯彻执行新型墙体材料革新和推广建筑节能工作的方针政策，全面推行新建居住建筑执行"75%"节能标准、公共建筑执行"72%"节能标准；率先在豫西地区实施超低能耗被动式建筑项目，实现降低建筑能耗水平降低50%以上，为使用者提供四季如春，温度、湿度恒定的高品质科技的绿色消费住宅。

三是深入开展节约型机关、绿色家庭、绿色学校、绿色社区、绿色商场等创建行动，建立健全居民绿色消费品供应体系，倡导居民使用节能环保家具，探索建立社区垃圾分类回收利用体系，鼓励表彰绿色消费个人和绿色消费家庭，积极打造人人倡导、人人践行的绿色消费氛围和环境。

三、典型经验

在推动绿色消费发展的过程中，洛阳市结合本地实际，不断探索创新，取得了一些好的经验。

（一）制度先行，多措并举，完善绿色消费优先政策体系

制定出台了《洛阳市加快建立健全绿色低碳循环发展经济体系实施方案》，明确提出健全绿色低碳循环发展的消费体系，促进绿色产品消费，倡导绿色低碳生活方式。印发《洛阳市中心城区"北国花城"建设三年行动方案》，实施"花路""花墙""花境""花廊""花海""花市"六大专项行动，和进机关、进社区、进学校、进企业、进公共服务场所、进家庭六大专项行动，全面丰富绿色消费场景，打造公园型城市。在绿色出行方面出台了《关于优先发展公共交通的实施意见》《洛阳市城市区公共交通补贴补偿办法》《洛阳市公共交通运营成本规制办法》《洛阳市公共交通服务质量绩效考核办法》《洛阳市新能源出租汽车推广应用工作实施方案》，建立涵盖规范和支持各领域公共交通发展的法律法规，强化顶层保障；注重规划引导优先，编制了公交、轨道、停车、乐道等专项规划，注重规划在低碳出行消费长远布局中的引领地位。

（二）大力发展文旅休闲等绿色环保产业，提升绿色消费供给数量和水平

主动融入全国、全省文旅产业大格局，建设城市游园、建设绿色低碳景区，因

地制宜打造新文旅产业。聚焦"文旅文创成支柱"的发展目标，围绕"颠覆性创意、沉浸式体验、年轻化消费、移动端传播"，突出深体验、夜经济、可重复、绿色化等特点，树立"汉服融城"理念，深入挖掘自身文化特色，打好"黄河文化""盛世隋唐""伏牛山水""国花牡丹""工业遗产"五张牌，通过现代艺术形式加强对传统 IP 的内容再创作，讲好洛阳故事，打好城市品牌，倾力打造绿色低碳环保消费特征明显的全国沉浸式文旅目的地和国际文化旅游名城。

（三）注重宣传引导，倡导绿色低碳生活方式

市委市政府将绿色发展理念贯穿于洛阳经济社会发展的全过程，纳入公共决策和行政管理的各个环节，充分发挥政府的引导作用。通过网络、报纸、电视、电台等媒体及大型文化体育活动，宣传普及绿色消费理念，推进"光盘"行动，杜绝餐饮浪费。积极引导和鼓励全市企事业单位、市民，尤其是广大青年、学生认识绿色发展，共同践行绿色低碳消费方式。积极培育消费端的绿色消费意识，推广绿色低碳的生活方式和生产方式，加强绿色产品的宣传，使消费者将绿色低碳作为消费的重要考量因素，提升公众绿色消费的意识水平，引导消费者选择更加健康、低碳、环保的产品。

四、取得成效

近年来，洛阳市通过切实贯彻绿色发展理念，不断增强市民和游客节约低碳、生态环保意识，逐步在全社会推动形成节约适度、绿色低碳、文明健康的生活方式和消费模式，在促进绿色消费发展，打造公园型宜居城市方面也取得了一定的进展。

以城市游园建设和人文自然景区景点绿色低碳化建设运营为抓手，绿色低碳出行供给为支撑，城市经济和社会发展及时适应了居民和游客对绿色健康消费升级的需要，地铁通车总里程 43.3 公里；城市公交线路 149 条、线网长度 760 公里，运营公交车 100% 为新能源汽车，城市绿色出行比率达 80.87%。

完善绿色产品供给体系，建立完善绿色消费场景体系，为城市居民提供践行绿色消费的平台载体，全市新建建筑执行建筑节能强制性标准 100%，执行绿色建筑标准 100%；建成区达到海绵城市建设标准面积为 79.25 平方公里，占中心城区面积的 30.6%。

引导加快形成简约适度、绿色低碳、文明健康的生活方式和消费模式，建成区

绿地率达到 39.25%，绿化覆盖率达到 44.65%，达到了居民出行"300 米见绿、500 米见园"的标准，满足了"大游园提升城市形象、小游园方便群众生活"的要求，既让城市发展更有温度、市民生活更有质感，提高了市民的获得感和幸福感，也为提升城市形象和品质品位提供了重要支撑。

案例09　重庆大渡口区：推动"工业锈带"迈向"生活秀带"

一、基本情况

大渡口区地处重庆市主城区西南部，濒临长江，东临巴南，南接江津，西、北面与九龙坡接壤，全域位于两山（中梁山、铜锣山）两江（长江、嘉陵江）之间、外环高速以内，全区总面积 103 平方公里，现辖五街三镇。根据大渡口区 2022 年国民经济和社会发展统计公报，2022 年末全区常住人口为 43.56 万人。

大渡口区曾是全国重要的老工业区，2014 年被纳入全国城区老工业区搬迁改造试点城区，2018 年被纳入全国老工业区搬迁改造重点工程，2021 年被成功纳入国家产业转型升级示范区。近年来，大渡口区抢抓成渝地区双城经济圈建设等国家重大战略机遇，不断优化调整产业结构，加快建设"公园大渡口、多彩艺术湾"，老工业城市由"工业锈带"迈向"生活秀带"，群众获得感、幸福感、安全感显著提升。2022 年，全区地区生产总值同比增长 4.7%，增速保持重庆市第一。2021 年、2022 年全区单位 GDP 能耗强度分别下降 12% 和 6.1%，整体能耗水平呈现下降趋势，绿色发展优势逐渐显现。

二、主要做法

（一）加快转型示范，培育"5+2"产业集群

大渡口区以新发展理念引领全区发展转重点、产业转方向、城市转功能，实行"一链一策""一群一策"，聚力打造"大数据智能化、大健康生物医药、生态环保、新材料、重庆小面"（见图1）5 大百亿级产业集群，以及文化休闲旅游、现代服务业 2 个产业领域。以延伸产业链为抓手，加快产业资源整合和优化，推动下游产业项目孵化，不断拓展绿色建筑、清洁能源、新能源汽车材料下游产业链，发展一批具有国际影响力的行业排头兵企业，目前基本形成以玻璃纤维复合材料、航

空航天材料为主的新材料产业体系。垃圾焚烧发电、自蔓延热解焚烧废盐处理、玻璃纤维、风电新材料研发等一批技术位居行业领先地位。

图1　打造重庆小面百亿级产业集群

（二）提速"公园大渡口、多彩艺术湾"建设，打造绿色消费空间

推进绿色廊道建设。秉承"一园一特色"的经营理念，推进公园文化延伸、项目探索、科技赋能，植入书店、运动场、亲子项目等消费载体，创新"公园＋"运营管理模式，智跑重庆城市定向赛、"花开的声音"音乐节等有机融入公园载体。2023年建成18.3公里滨江多彩艺术绿道（见图2），新增绿地面积72.7万平方米。完善长江艺术湾区功能、产业、人文体系。推进重庆柴可夫斯基音乐学院、长江音悦港、宝武集团西南总部、万吨商旅融合总部基地、重庆（国际）小球赛事中心等项目建设，推动"音乐＋""文创＋""体育＋"产业集聚，举办城市定向赛、品牌音乐节等文体活动，打造艺术港湾、创新沃土、生活乐园。拓展乡村绿色消费新空间。形成city walk旅游漫步路线，打造"云上田园""五彩梯田""七彩油菜""律动荷塘""叠彩蔬菜"等多种精品田园景观，形成乡村休闲慢生活消费业态。培育一批品质民宿，盘活中梁山废弃矿山，打造美丽田园、景观农业、农耕体验、研学旅行、野外探险、户外运动等新业态，拓展乡村生态游空间格局。

图2　长江文化艺术湾景观带

（三）加强绿色金融支持，统筹调配资金资源

引导银行支持大渡口区生态环保等绿色产业发展，加大对绿色产业信贷投放力度。建立辖区绿色产业企业项目库，2023年绿色信贷余额112.39亿元，同比增长30.62%。助力环保企业成功获得排污权抵押贷款，让企业排污权从"沉睡的资产"变成"流动的资本"，人民网、新华网等媒体对此进行深度报道，获全国性经验推广。打通"绿水青山就是金山银山"转化路径，统筹推进生态环境治理与产业开发项目组合开发，以产业盈利反哺生态环境治理，中梁山环境综合治理与绿色发展产业融合发展项目（EOD项目）通过国家生态环境部审核，获得银行授信7亿元。

（四）推行绿色生活方式，营造浓厚舆论氛围

加强低碳生活宣传教育。持续开展"六五"世界环境日、低碳日、地球日以及"无废城市"建设试点等主题宣传活动，宣传视频《我们的绿色足迹》《绿色节能共向未来》在央视网播出。深入开展绿色生活创建。制定"十四五"期间"无废城市"建设实施方案，创建市级、区级"无废细胞"分别为10个、123个，实现"无废学校"全覆盖。深入实施塑料污染防治行动，强化矿物原料废粉、污泥、废金属、废塑料等固体废物资源化利用。大力倡导文明用餐，践行"光盘行动"，

发放光盘倡议书，开展光盘宣传活动。推进公园城市发展新范式。举办公园大渡口建设发展实践大会，共同探讨以公园城市建设优化城市绿色空间布局、赋能城市管理品质提升，展现城市生活新风尚、满足人民群众新期盼、推动城市可持续发展的新路径。

三、典型经验

（一）强化顶层设计、整体布局，夯实绿色发展思路措施

构建绿色发展政策体系。制定《大渡口区碳达峰实施方案》《大渡口区碳达峰行动计划》，部署实施绿色低碳行动。印发工业、建筑业等重点领域碳达峰实施方案。围绕全社会节约用电、塑料污染治理、商品过度包装、餐饮浪费等出台工作要点，强化绿色低碳发展支撑保障，推动全社会形成绿色生产生活方式。推动由"城中建园"向"园中建城"转变。以"领跑意识、一流意识"推进"公园大渡口"建设，出台《公园大渡口规划方案》《关于公园大渡口建设的实施意见》，率先打造主城最具特色的公园大渡口绿道体系，率先推行一公园一主题一特色，率先营造"公园＋"消费场景，规划建设 134 公里的公园大渡口绿道，重点打造 34 公里艺术活力"滨水"绿道、15 公里生态康养"沿山"绿道、10 公里精致多彩"沿路"绿道，串园连岸、串景连山、串街连城，真正实现园城相融，走出了一条具有大渡口特色的公园城市建设绿色消费空间新路子。

（二）坚持产业转型、质效并举，拓宽绿色消费路径

壮大绿色环保产业。发挥龙头企业引领作用，已基本形成以固废资源循环利用、水处理、环境监测、大气治理、环境修复、环保综合服务、节能、环保新材料和环境友好产品生产为主的节能环保生态体系，目前全区生态环保企业数量达到 180 家，其中规上企业 27 家，高新技术企业 21 家；预计 2023 年环保产业营业总收入突破 82.91 亿元；生态环保领域专利数量达 404 件。推进重点领域绿色发展。全面实施绿色建筑标准，2023 年新建建筑执行绿色建筑标准比例达 100%；构建绿色交通体系，水上运输实现船舶污染物全接受、零排放。盘活公园闲置经营性资产。编制实施《大渡口区城市公园市场化建设方案》，丰富公园业态，营造新场景、打造新品牌，盘活公园资产，市场化经营书吧、咖啡厅、游乐场地，培育公园集市，将清冷公园变身为网红打卡地。

（三）坚持生态优先、绿色发展，厚植绿色消费底色

开展生态文明宣传教育。推进环境保护宣传教育进机关、进企业、进学校、进社区、进乡村、进网络，广泛开展节约型机关、绿色家庭、绿色社区、绿色出行等创建行动，积极营造节能降碳浓厚氛围，推动形成勤俭节约、合理用能的社会风尚。举办系列绿色消费促进活动。大力发展夜市经济，改造升级"中交公元时光"、万象汇湖畔星空集市等重点夜市。培育发展共享经济、新个人经济等新业态，大力发展体验式、互动式消费，制定实施音乐、体育赋能消费计划。

四、取得成效

大渡口区全面贯彻新发展理念，大力倡导绿色低碳的生产生活方式，坚定不移走生态优先、绿色低碳发展之路，产业结构由重变轻、由轻变好，绿色消费理念在全社会蔚然成风，成为市民群众的自觉行动。

（一）产业结构不断优化

五大百亿级产业集聚成势，"大渡口区高质量建设国家产业转型升级示范区"入选"重庆市经济改革创新案例"。连续3年（2020—2022年）作为老工业基地调整改造真抓实干工作成效明显城市获国家发展改革委表扬，2022年作为老工业基地调整改造真抓实干典型地区获得国务院表彰。"重庆市环保科技产业园"和"国家环保产业发展重庆基地"先后落户。2023年大数据智能化、大健康生物医药、生态环保企业分别达450家、211家、180家，全区体外诊断企业数占全市2/3。引进重庆市现代产业链服务中心，培育全市制造业领军、链主企业4家，生态环保龙头企业快速发展壮大。重庆小面产业成功纳入工业和信息化部等11部门的重点地方特色食品产业集群，重庆小面集群化、产业化发展迈上新台阶。

（二）绿色理念不断深入

绿色理念不断深入机关、学校、企业、商场、社区、餐馆等，建成市级、区级绿色学校分别17所、28所，全区绿色学校占比88%；完成74家节约型机关创建，成功创建"全国能效领跑者"1个，"全国节约型公共机构示范单位"1个，国家级绿色商场1个，区级无废商圈3个。2023年创建绿色社区38个、绿色家庭55户。建桥工业园区获评重庆市绿色园区，成功创建国家级、市级绿色工厂各2家。

（三）绿色空间不断升级

老工业城区"破茧蝶变"，"山、水、人、城、景、业"融为一体的公园大渡口已初显雏形，生态宜居公园城市成色显现，重钢崖线山城步道（见图3）荣获2022年第十二届园冶杯市政园林文旅类金奖、巴黎设计奖国际环境艺术类别金奖。重庆工业博览园创建4A级景区，重钢遗址被纳入重庆市级工业文化创意街区。乡村绿色消费空间格局进一步拓展。2023年"金鳌田园—巴蜀美丽庭院示范片"入选成渝地区双城经济圈乡村特色风貌保护十大典型案例，成功创建乡村治理国家级（市级）示范村3个，打造田园景观1700余亩，游客突破50万人，实现乡村旅游营业收入2亿元，"金鳌田园""中梁康养"都市乡村振兴新范式加速形成。2023年全区人均公园绿地面积达25平方米，全区绿地率达40.31%，森林覆盖率达55%，社会公众生态环境满意度位列主城都市区第二。

图3　重钢崖线山城步道

案例 10　北京昌平区："碳中和"主题公园助力实现绿色消费循环

一、基本情况

北京温榆河公园·未来智谷（一期）以"生态、生活、生机"为内涵，发挥区域核心功能及大尺度生态本底优势，探索绿色低碳技术应用、绿色生活方式引导双轮驱动的"新型生态空间"建设、运营模式，满足人民群众对优美生态环境的需要，打造新时代首都生态文明建设的民生工程、精品工程，成为落实新版城市总体规划的亮点。

北京温榆河公园·未来智谷（一期）的建设运营主体为北京未来科学城发展集团有限公司。未来科学城集团围绕"做强北京国际科创中心枢纽型主平台"的职责使命，着力打造一级开发、产城空间、产业服务、城市运营、科技金融等业务板块，成为具备核心竞争力的未来科学城综合服务运营平台，有力支撑未来科学城建设运营，助力昌平高质量发展，助推北京率先建成国际科技创新中心。

二、主要做法

未来智谷作为北京首个"碳中和"主题公园，紧紧围绕"碳中和"主题，建设了二〇六〇、低碳驿站、碳心广场、童趣碳知园、青林集萃、花间竞技、聆溪入画、一"碳"究竟、森林画室、森林之环、生态客厅、"碳"索之路 12 个主要景点，通过沉浸式游览体验、场景式应用示范、积分式游园体系，形成"碳的世界""中国力量""和谐家园"三大主题区，向市民展示清洁能源和低碳科技，开展低碳科普宣传，倡导绿色生活方式，助力国家"碳达峰""碳中和"目标的实现。

（一）主题创意与建构

1. "碳百问"知识科普

在规划与设计阶段，公园规划团队从"是什么""为什么""怎么做""与我的关系"4个维度出发，组织9家国内顶尖科研机构开展了科普知识体系内容编制工作。经过跨学科、多领域的专家团队数个月的研讨论证，主要从"碳的基础知识与气候变化"（即"碳的世界"）、"中国在应对全球气候变化中的贡献"（即"中国力量"）、"碳中和路径与愿景"（即"和谐家园"）三个方面构建了两百余个科普小知识集，形成指导园区建设的"碳百问"知识体系。

2. "碳宝" IP 营造

公园以二氧化碳的分子组成为原型，设计了一个名为"碳宝"的吉祥物，作为游客和公园之间沟通的媒介。树立了形象、生动且富有寓意的碳宝 IP 营造，既可以引导游客科普游览过程，又可以让碳中和科普生动起来，达到更好的传播效果。

（二）"碳百问"知识体系主题空间演绎

公园将"碳百问"知识体系所有知识点通过5类37项室外展陈设施和主题空间进行传达，实现了"自然—科技—艺术"的多元统一，营造了生态环境优美、知识含量丰富、艺术氛围浓郁的室外公共生态空间。

1. 碳中和事件记载

"碳立方"主题雕塑位于"60号门"入口中央，雕塑利用60个立方体造型虚实结合来体现中国2060年前实现碳中和的决心。"碳立方"主题雕塑不仅含有碳中和综述的信息，也即将补充记载中国未来40年实现碳中和进程中的重大事件。

2. 科普景观叙事

北极熊的故事（见图1）景观节点将科普故事、主题雕塑与自然环境变化紧密结合，晴天时，北极熊的骨架闪闪发光，人们仿佛感受了温度升高给北极熊带来的绝望；下雨时，北极熊的骨架泡在水里，展示了淹死在海中的北极熊的无助；而冬天下雪的时候，大雪覆盖了北极熊的骨架，如同回到了自己的故乡。

3. 气候变化应对

为展现中国在应对全球气候变化中的使命担当和具体行动，通过政策解读和典型案例两种方式进行了展示。

政策解读方面，主要是通过景观设施对内容进行介绍，包括采用灯杆道旗"一问一答"的形式向游客说明每个具体问题，采用可以转动寻找答案的"碳知识小黑板"来展示基础科普知识。

典型案例方面，充分发挥公园与周边重点功能区（未来科学城"能源谷"）的联系，采用选取典型样本的方式介绍我国应对气候变化的具体工作：以"能源谷"

图1 北极熊的故事

研发机构在风电及特高压直流输电技术、氢燃料发动机、碳捕集三个方面的科技创新成果为核心，在公共服务建筑"低碳驿站"中设置了科普展厅（见图2），让游客在一个集中区域可以切实看到我国低碳工作的实现历程，使"碳中和"和"中国力量"这一宏大主题有了具体呈现。

图2 低碳驿站——"能源谷"先进技术典型案例展厅

4. 碳中和路径

公园运用"环境叙事"的手法进行环境艺术设计，设计成果以"美术"为目标、以"艺术"为路径、以"科学"为基础、以"技术"为手段，为碳中和时代的幸福生活而创作。

一吨碳的故事。根据第九次森林资源调查结果显示，每公顷森林每年吸收固定二氧化碳 7.22 吨。以公园刺槐林为例，通过计算，吸收一吨二氧化碳需要 1 公顷内 30 棵刺槐生长一年的时间。公园刺槐林中，设计标识了 1 公顷的漆成绿色的刺槐，使人们在游览这一景点的时候，可建立起碳排放的概念。

一度电的故事。通过将一度电的科学知识利用景观廊架进行展示，呈现出与室内博物馆截然不同的展示效果。阳光合适时，镂空的反字将投影到地面上；下雨时，地面的水影将清晰地展示一度电的相关知识。

一张纸的故事。据测算，北京市常住人口每月人均少用一张 A4 纸，一年将减少 1550 吨二氧化碳排放，相当于 500 公顷树林能固定的二氧化碳。该景观节点通过在现状杨树上绘制一个特定角度才能观测到的圆，打造了一处网红打卡点，在这个点位科普节约用纸的碳中和生活习惯。

（三）创立"碳积分"智慧游园系统

未来智谷依托园内 15 类智慧景观互动设施开发了"碳积分"智慧游园系统。游客可以在互动设施上进行绿色出行、低碳环保、科普学习等互动获取"碳积分"，引导大家践行绿色低碳的生活方式。

（四）低碳建设公园

发挥"能源谷"入驻研究院创新力量聚集的优势，围绕中国科学院《中国"碳中和"框架路线图研究》报告中"三端发力"体系的碳中和实现路径，围绕"能源供给、能源消费"两端，实现了氢能、太阳能等清洁能源以及智慧节能技术在公园的转化应用。

三、典型经验

北京温榆河公园·未来智谷（一期）通过建设碳中和科普基地、创立"碳积分"智慧游园系统、打造先进能源应用场景、建设低碳环保公园等四大抓手，建设了北京首个"碳中和主题公园"。

（一） 建设碳中和科普基地

公园围绕"碳达峰、碳中和"目标，以科学策划引领规划设计，推进科普基地建设。公园从"碳的世界""中国力量""和谐家园"三个方面构建"碳百问"知识体系，将知识点通过室外展陈设施进行传达，实现了"生态—科学—艺术"的多元统一，营造了"博物馆化"的室外公共生态空间。

（二） 创立"碳积分"智慧游园系统

为引导市民践行绿色低碳的生活方式，公园采用 15 类智慧互动设施及互联网技术，将智慧科技和低碳行为相融合，开发了"碳积分"智慧游园系统。游客可通过在互动设施上开展的绿色出行、科普学习等低碳行为，获得系统"碳积分"。"碳积分"可用于兑换零售商品折扣、预约停车、获得文创礼品等增值服务。通过"碳积分兑换"这一低碳行为奖励机制，引导游客把绿色低碳理念转化为自觉的环保行动。

（三） 打造先进能源技术的应用场景

按照北京市谋划部署一批重大应用场景的要求，公园通过场景创新带动底层技术、关键核心技术迭代创新与示范应用，发挥"能源谷"入驻研究院创新力量集聚的优势，探索氢能、太阳能等清洁能源以及智慧节能技术在公园的转化应用。在"低碳驿站"中应用了碲化镉（CdTe）光伏玻璃、能耗自控监测系统和自灌溉屋顶绿化技术，使原本普通的休憩凉亭变成了低碳环保的园区小品；此外，园内在活动场地应用了兼具遮阳、充电与照明功能的薄膜太阳能光伏伞，也让游客亲身体验清洁能源，感受绿色生活。

（四） 使用低碳环保材料

广泛使用低碳环保技术产品，建设低碳化公园：在广场及道路建设中广泛使用透水混凝土、透水砖、再生骨料等铺装材料，减少石材使用；绿化种植选取固碳能力强且易于维护的乡土树种。

四、取得成效

专业机构开展的碳汇计量与监测结果显示，未来智谷截至 2021 年 8 月已产生碳汇量4032吨，预计到2060年累计碳汇量将达12646吨。在"低碳驿站"建筑顶部的光伏发电设备，设计日均发电量26.88度，年发电量可达9811度（折合年减排量8.68吨二氧化碳）。

自2021年9月28日开园以来累计接待游客超过75万人次，碳积分小程序注册用户超过6万人，碳积分生成总流量超过7666万分，消纳总流量7460万分，积分流通度接近97%，积分呈现出极好的流通性和游客接受度。自开园以来，累计接待各类团体参观近400场，承担了2022年"V蓝北京"世界无车日，2022年及2023年科技周昌平主会场等重要活动。

2023年6月，未来智谷一期入选生态环境部"2022年绿色低碳典型案例——公众参与实践基地"，是北京市仅有的5个案例之一和唯一的公众参与实践类项目。

案例 11　邯郸市：全力打造
乡村绿色文旅精品

邯郸市委、市政府高度重视乡村绿色文旅发展工作，坚持"因地制宜、突出特色，产业协调、融合发展，以农为本、注重保护"的原则，持续引导和支持具有旅游资源和发展条件的乡村发展旅游产业，推进风景道、绿道建设，努力实现布局合理、类型多样、功能完善、绿色低碳的乡村旅游发展格局，推动乡村旅游高质量发展。

2023 年，邯郸市"遇鉴邯郸　畅游太行山"线路入选文化和旅游部推出的第二期"乡村四时好风光"全国乡村旅游精品线路。邯郸市已成功打造 5 条国家级乡村旅游精品线路，实现国家乡村旅游精品线路四季全覆盖。

一、基本情况

全市现有国家 A 级旅游景区 40 家，其中 5A 级旅游景区（见图 1）2 家，4A级旅游景区 17 家，3A 级旅游景区 17 家，2A 级旅游景区 4 家。全国乡村旅游重点

图 1　国家 5A 级旅游景区——永年区广府古城

村 7 个，省级乡村旅游重点村 30 个，省级乡村旅游重点镇 3 个。国家级全域旅游示范区 2 个，省级全域旅游示范区 3 个。全国红色旅游经典景区 3 个。河北省旅游休闲购物街区 2 个，省级旅游休闲街区 4 个，河北省夜间文化和旅游消费聚集区 7 个，省级旅游特色商品购物店 1 个。为更好地利用这些丰富的旅游资源和产品，邯郸市建设了太行山风景道、培育了乡村旅游精品线路，鼓励引导绿色旅游消费，将乡村中的农耕活动、非物质文化遗产、传统村落、文物古建等文旅资源融入乡村旅游产品和线路，推动乡村文旅深度融合。

二、主要做法

（一）坚持规划引领，推动乡村旅游规范化发展

一是为推进文化旅游业高质量发展，先后制定印发了《邯郸市加快建设旅游强市实施方案》《邯郸市区域文化旅游中心建设实施方案》《邯郸市文化旅游产业发展规划（2020—2025 年）》。二是为全面助力乡村振兴，结合邯郸市实际，印发实施了《关于发展旅游业促进乡村振兴的实施方案》，将发展旅游业与实施乡村振兴战略有机结合起来，切实加快强村富民步伐。三是指导县（市、区）出台相关政策文件，武安市出台了《武安市乡村旅游发展工作指导意见的通知》，并先后编制完成了《朝阳沟村乡村旅游开发规划》等专项规划；永年区编制完成《王边、张边溪谷画家民俗村乡村旅游开发规划》，以科学规划引领乡村旅游建设开发绿色可持续发展。

（二）坚持品牌创建，推动乡村旅游精品化发展

一是打造一批乡村旅游重点村镇。馆陶县寿山寺乡寿山寺东村、涉县井店镇刘家村等 7 个乡村入选国家乡村旅游重点村；武安市活水乡楼上村、永年区广府镇东街村等 30 个村入选河北省乡村旅游重点村，武安市活水乡、涉县井店镇、广平县南阳堡镇入选河北省乡村旅游重点镇，乡村旅游取得阶段性成果。二是打造一批乡村旅游精品民宿。以绿色、低碳、高品质为方向，推动农家乐、星级农家乡村酒店转型升级，发展精品民宿、乡村度假酒店等多样化乡村旅居产品。武安市王坡民宿、石八酒民宿，涉县刘家民宿、大洼民宿，峰峰矿区响堂山居等 8 家代表性强、示范引领作用大的精品民宿入选河北省百佳特色精品民宿培育单位，其中王坡民宿、石八酒民宿被评选为 2023 年河北省百佳特色精品民宿。

（三）坚持项目带动，推动乡村旅游产业化发展

武安市全力推动京娘湖康养小镇、古武当山景区提升等有影响力和带动力的重点文旅项目建设，新建项目漫宁民宿和京娘湖康养小镇康谷儿童乐园已开业。峰峰矿区张家楼文化旅游提升项目以"老村风貌"为特色，将张家楼打造成为集餐饮住宿、娱乐休闲、文创于一体的乡村旅游度假胜地。邱县以第六届邯郸市旅游产业发展大会为契机，大力推进邱县食品工业文创园、老沙河观光带等项目建设和红薯小镇、文冠小镇等乡村旅游重点点位的改造升级。

（四）坚持因地制宜，推动乡村旅游特色化发展

涉县河南店镇聚焦"一二九师精神"，打造赤岸村"红色品牌"亮点。武安市楼上村以武安平调落子剧种传承传播为主线，打造楼上村戏曲小镇品牌。馆陶县粮画小镇引入粮食画产业，发展成为以粮画产业为主导，集加工制作、交流展示、观光体验于一体的全国最大的粮食画制作基地（见图2）。永年区王边村携手驻村艺术家，打造泥塑设计、制作、销售、培训为一体的文化产业基地。

图2　涉县韩王九寨稻田画大地景观

（五）完善基础服务设施，引导游客绿色消费

加快交通干道、旅游重点景区到乡村旅游村的道路交通建设，加大乡村风景道、绿道体系建设，引导游客采取步行、自行车和公共交通等低碳方式出行。一是

加强交通基础设施建设。编制《太行山 1 号旅游风景道旅游服务设施和标识系统标准化设计》，打造了一条全长 235 公里，串联 4 个县（市、区）、15 个乡镇、68 个景区、35 个特色村落、39 个美丽乡村的太行山旅游风景道。二是开通京津冀旅游环线列车。2023 年 4 月 28 日，在涉县举行京津冀旅游环线列车邯郸地区南线游首发车仪式，以"轨道上的京津冀"拉动区域旅游经济高质量协同发展。三是引导景区将绿色设计、节能管理、绿色服务等理念融入景区运营，加强绿色消费理念宣传引导，降低对资源和环境的消耗，引导景区减少塑料垃圾污染，使用节能环保电瓶车，安装光伏伞、光伏路灯等，实现景区资源高效、循环利用。

三、典型经验

充分发挥旅游产业带动优势，保护乡村生态和文化资源，丰富乡村旅游产品体系，提升乡村人才综合素质，扩大乡村旅游品牌知名度，推动乡村经济效益、社会效益和生态效益共同发展。

（一）以推动乡村旅游高质量发展为抓手，增强带动群众增收致富能力

实施乡村旅游重点村镇提升计划，联合金融机构、规划机构、培训机构，实施专项贷款、规划设计、运营管理、服务培训、宣传等举措，不断提升邯郸乡村旅游的竞争力和影响力。同时，加强乡村旅游人才队伍建设，开展乡村旅游与乡村振兴发展系列培训，为推动乡村旅游高质量发展提供持续动力。

（二）以推动文化产业高质量发展为抓手，赋能乡村振兴发展

持续开展文化产业赋能乡村振兴示范县、特色村镇、示范单位、重点项目、实践基地、典型案例评定活动。通过举办文创大赛推动地方特色农产品开发，以乡村民俗、自然资源、历史传统、特色农产品为创作题材，创意设计一批工艺美术品、民间工艺制品等文创产品。

（三）以开展乡村旅游宣传推广系列活动为抓手，带动文旅消费增速

围绕乡村旅游助力乡村振兴，依托主流媒体、新媒体宣传推介乡村旅游资源、线路，与美团等在线旅行社（OTA）平台加强合作推广展示乡村旅游新产品，吸引更多游客，提振乡村旅游消费。鼓励支持乡村旅游企业和重点旅游乡村参加省内外大型旅游展会，加强省内外乡村文旅企业交流合作。

四、取得成效

（一）配套完善的城乡环境新面貌

推动太行红河谷起步区"3 湖 3 渠"建设，整治河道 40 多公里，建设拦水坝 20 多座，新增湖面 200 余万平方米。推动滏阳河全域生态修复，完成河道清淤 184 公里、扩挖 164 公里、修建堤顶公路 200 公里，实现河畅、水清、岸绿、景美。实施"1＋3"绿化提升工程，完成造林 78.4 万亩，森林覆盖率从 29% 提高至 35.1%。持续开展大气污染治理攻坚，2023 年 1～7 月空气质量综合指数为 45 微克/立方米，同比下降 26.2%。加大城乡环境综合整治，大力推进主城区、县城"四改两清一通"和农村人居环境整治，提升美丽乡村 200 余个，展现了邯郸天蓝水清、山绿景美、配套完善的城乡环境新面貌。

（二）形成绿色公共服务设施

邯郸市共建成旅游风景道绿道 545 公里、旅游驿站和观景平台 115 余个，旅游厕所 571 座，旅游功能公路服务区 4 个、游客服务中心 24 个，旅游交通引导标识牌 629 块，开通旅游直通车、旅游公交线路 18 条，基本建成了通畅、便捷、乐享的旅游公共服务体系。

（三）展示绿色消费文化独特影响力

2023 年 1～11 月份央级媒体报道 4075 条，其中人民日报 1360 条，央视 1433 条，新华社 640 条，中国新闻网 367 条，其他央级媒体 275 条。新媒体宣传 5015 条，其中微信公众号 133 条，百家号 4394 条，今日头条 201 条，抖音 287 条。

2023 年 4 月 27 日，开展了"遇见邯郸　游你真好"全市春季旅游营销宣传活动，集中推介了邯郸市旅游资源、旅游主题活动、特色产品线路、文旅优惠政策措施，并举行了三省七县大运河旅游联盟签约仪式。2023 年 5 月 19 日，邯郸市在肥乡区成功举办了"2023 年 5·19 中国旅游日活动"，展示了"邯郸游礼"旅游商品、非遗衍生品等文创产品，并推出了系列旅游惠民活动。

（四）焕发文旅融合新活力

邯郸市组织魏县传统棉纺织技艺、大名五百居香肠制作技艺、峰峰面塑花馍制作技艺等 3 个优秀非遗项目，约 200 余种精美非遗产品亮相 2023 年河北非遗购物节。第六届邯郸市旅发大会在鸡泽县、曲周县、邱县举办，突出农文旅融合发展，大会期间举办"这么近、那么美，周末到河北——绘美邯郸·2023 美术作品展"、国家级非遗龙舞展演等主要活动，同时举办美哉诗经千人诵读等 85 项文艺展演活动。

案例 12 安庆市：推行"小份菜"改革 做好"大节约"文章

一、基本情况

安庆位于安徽省西南部，长江下游北岸，辖 2 市 5 县 3 区，面积 1.35 万平方公里，户籍人口 530 万人，常住人口 416 万人，2022 年全年地区生产总值（GDP）2767.46 亿元，位居全省第五。先后荣获国家历史文化名城、全国文明城市、全国双拥模范城、国家园林城市、中国优秀旅游城市等"国字号"称号。安庆历史悠久，人文荟萃，素有"文化之邦""戏剧之乡""禅宗圣地"美誉，是"桐城派"故里、黄梅戏发祥地，也是众多影响中国、闻名世界杰出人物的故乡，比如中国新文化运动先驱陈独秀、佛教领袖赵朴初、"两弹元勋"邓稼先、京剧鼻祖程长庚等。

习近平总书记强调，要加强立法，强化监管，采取有效措施，建立长效机制，坚决制止餐饮浪费行为。要进一步加强宣传教育，切实培养节约习惯，在全社会营造浪费可耻、节约为荣的氛围。2022 年 8 月份以来，安庆市以推进"小份菜"改革为切入点，全面开展制止餐饮浪费专项行动，着力营造"崇尚节约、反对浪费"的绿色低碳餐饮消费的良好社会氛围。截至目前，全市机关、企事业单位食堂和 2084 家中型以上餐饮单位已全部推行"小份菜"改革。安徽省委办公厅《安徽信息情况专报》（第 161 期）专题宣传本市推行"小份菜"改革做法。

二、主要做法

（一）强化制度引领，落实组织保障

一是纳入考核内容。在全省率先出台《推行"小份菜"改革工作方案》，将其列入深化改革项目、政府工作报告目标任务和市政府对各县（市、区）人民政府食品安全考核内容。建立 13 个市直部门组成的推行"小份菜"改革工作联席会议制度，明确各成员单位的具体职责，促进部门协作、齐抓共管。立项制定《新食

尚小份菜通用要求》安庆地方标准，通过制定标准，有效遏制餐饮浪费，规范餐饮节约行为，引导餐饮单位积极参与小份菜改革，充分发挥标准化对制止餐饮浪费工作的支撑和引领作用，形成文明、科学、健康的餐饮消费新"食"尚（见图1）。二是加强督查指导。成立推行"小份菜"改革工作专班，下设5个工作小组，每周调度通报各地"小份菜"改革工作推进情况。同时成立5个暗访督导组，不定期开展监督检查和行政指导，发现142家餐饮服务企业未按要求推行"小份菜"改革，全部要求整改到位。三是典型激励推广。在全市评选一批"小份菜"改革示范单位。将"小份菜"改革、反对餐饮浪费内容纳入"新徽菜名徽厨""百厨百店百碗评比""营养健康餐厅"等活动的评先评优条件。市、县两级财政、机关事务管理部门对推行"小份菜"改革成效明显的，优先纳入公务接待定点单位。

图1　安庆市"小份菜　新食尚"厨艺技能竞赛

（二）压实各方责任，提升改革实效

一是属地第一责任。属地党委、政府认真落实粮食安全党政同责，统筹协调"小份菜"改革、反对餐饮浪费工作，组织3478名市、县、乡、村四级干部包保8541户餐饮服务单位，将"小份菜"改革工作作为食品安全"两个责任"重点内容，推动解决"小份菜"改革具体问题467个。二是单位主体责任。全市机关、企事业食堂及中型以上社会餐饮服务单位按照有标识、有菜单、有菜品、有推介的"四有"标准，在经营场所醒目位置张贴"小份菜　新食尚""厉行节约反对浪费"等宣传标识，在餐桌上摆放文明节约用餐等提示标语，提示消费者适量点餐；丰富"小份菜"品种，每餐次提供不少于10个品种的"小份菜"，做到"小份

菜""大份菜"质量同标、价格合理，并根据消费者需求提供打包服务。三是社会监督责任。组织开展制止餐饮浪费暨小份菜改革，落实"统一查餐厅"行动，邀请人大代表、政协委员、媒体记者、消费者代表参与，督促餐饮企业充分落实反对餐饮浪费暨推行小份菜改革主体责任。截至 2023 年 12 月底，已开展行动 74 次，检查婚宴承办单位、学校食堂、自助餐、旅游用餐等餐饮单位 3879 户次。

（三）拓展宣传方式，营造浓厚氛围

一是线上线下协同。线上引导餐饮外卖平台对照《反食品浪费法》和制止餐饮浪费专项行动重点任务开展自查自纠，在平台页面向消费者提供食品分量、规格和建议消费人数等信息。线下开展制止餐饮浪费进机关、进企业、进社区、进农村、进学校宣传活动（见图 2），设计"小份菜 新食尚"主题活动宣传标识，印制张贴主题活动宣传画、桌卡桌贴、宣传海报 9000 余份，营造人人知晓、人人支持、人人参与"小份菜"改革的良好社会氛围。二是市内市外传播。依托《安庆日报》、安庆电视台等市本级媒体平台，积极宣传"小份菜"改革工作成效，引导消费者树立健康、理性的消费观念。主动对接中央及省级主流媒体，对推行"小份菜"改革工作成绩和亮点进行采访报道，其中《中国质量报》头版头条刊登《让"小份菜"成为新"食"尚——安徽省安庆市推行"小份菜"改革制止餐饮浪费

图 2 "小份菜"反餐饮浪费进校园活动现场

行为》。三是正反案例教育。组织媒体对安徽惠园酒店、天域花园酒店等推行"小份菜"改革示范单位餐饮服务进行深度报道，宿松、太湖、桐城等地为"小份菜"改革示范企业制作宣传短视频，扩大群众知晓度（见图3）。深入开展制止餐饮浪费专项检查，依法查处并曝光27起食品生产经营者浪费食品的违法行为，其中3起入选全省制止食品浪费行政处罚典型案例。

图3 举办全市"小份菜"改革短视频大赛营造改革氛围

三、典型经验

"小份菜"改革有力践行了习近平总书记关于粮食安全的重要论述和关于制止餐饮浪费行为的重要指示精神，响应了绿色低碳消费的时代号召，既是弘扬中华民族勤俭美德的传承赓续，也是促进餐饮业持续健康发展的创新举措，具有深远的现实意义。安庆市在推行"小份菜"改革中总结提炼的经验做法主要有以下几点。

（一）宣传先行，营造改革环境

先后多批次设计印制"小份菜·新食尚"主题宣传画和桌贴，分发张贴于各餐饮单位，并精心拍摄制作宣传视频，联合多家单位开展线下主题宣传活动，有力提升了"小份菜"改革在安庆市的知名度和美誉度，为后续工作推行培育了群众土壤。开展全市"小份菜"改革短视频大赛，企事业单位及餐饮服务企业积极参与，共同营造健康绿色餐饮消费氛围。组织"小份菜"改革示范企业到省市场监管局职工食堂开展"小份菜"展示活动，展现安庆市"小份菜"改革成效。

（二）多方合力，构建共建格局

自改革工作实行以来，安庆市始终坚持"齐抓共管、合力共建"的原则，借助"小份菜"改革工作联席会议制度，认真发挥桥梁纽带作用，带头构建起机关企事业单位自律引领、行业协会引导示范、餐饮服务单位踊跃参与、社会公众积极监督的良好格局，在各尽其责的基础上，强化部门协同，形成共振效应，合力推动"小份菜"改革推深向实。

（三）明确目标，确保取得实效

安庆市推行"小份菜"改革紧紧围绕"四有"标准（有标识、有菜单、有菜品、有推介）展开。有标识，即推行"小份菜"改革的餐饮服务单位应在经营场所显著位置张贴"小份菜"主题宣传标识，设置桌卡、桌贴、站牌等宣传媒介，烘托改革氛围，让广大消费者能切身感知。有菜单，即推行"小份菜"改革的餐饮服务单位应制作或更新"小份菜"菜单，展示"小份菜"点餐信息，清晰注明"小份""半份"等字样，确保有一定的辨识度和区分度，同时要保证"小份菜"的质量和安全，适当降低价格，做到"小份菜""大份菜"质量同标、价格合理。有菜品，即推行"小份菜"改革的餐饮服务单位应切实具备推行"小份菜"的能力，能够制作提供不少于10个品种的"小份菜"让消费者选择。有推介，即推行"小份菜"改革的餐饮服务单位应有推广介绍人员，鼓励消费者根据自身就餐人数灵活点餐，并根据顾客需要主动提供"小份菜"，积极提供环保餐盒打包服务，进一步减少餐饮浪费。"四有"标准为推行"小份菜"工作开展指明了方向，也为取得可感知、可检验、可评判的改革成效奠定了基础。

四、取得成效

当"小份菜"的知名度和推广覆盖面不断扩大，越来越多餐饮单位主动加入"小份菜"改革行列之中，自觉优化加工制作过程，主动推出"小份菜"，形成"要我推"到"我要推"的正向循环。对于餐饮单位而言，推出"小份菜"，有利于带动菜品销量，提升餐饮单位的消费热度和点餐活跃度，更减轻了餐余垃圾的处理压力。对于广大消费者来说，选择"小份菜"能够以同样的价格品尝到更多的菜品，满足了多元化的口味需求，真正做到了"价格更实惠，美味不打折"。更难得的是，"小份菜"分量精致、价格适中的特性有效增强了点餐的灵活度，打消了消费者"点多吃不完"的顾虑，切切实实提升了"光盘率"，消弭浪费于无形，是一种制止餐饮浪费的主动性手段。相较于餐后打包和反餐饮浪费检查执法这类事后被动举措，"小份菜"从点餐消费阶段就有效杜绝了粮食浪费的可能性，让"光盘行动"更具可执行性，兼具前瞻性和主动性，杜绝粮食浪费于未然。

经过一年多的推广，"小份菜"在安庆市人民群众中的知晓度和支持度不断提升，2023年消费者光盘率明显提高达90%以上，节约粮食35%以上，节约粮食800余吨，群众消费意愿明显提升，消费者满意度明显提高，餐饮企业营业额同比增长30%以上。

案例 13　辽源市：生物质零碳供热打造清洁取暖示范样板

一、基本情况

辽源市是吉林省下辖地级市，位于吉林省中南部，总面积为 5140.45 平方公里，总人口 99.69 万人。2021 年 4 月，经国家四部委评审，辽源市成为全国第四批清洁取暖项目城市，也是东北首批、吉林省唯一入选城市。按照国家四部委有关要求和《辽源市冬季清洁取暖项目实施方案》确定的总体目标，辽源市秉承"系统实施、因地制宜、居民可承受"的工作原则，以改善区域大气环境、提升清洁取暖率和居民供暖质量为目标，按照城区、县城、农村三个层级分别制定实施策略，并将污染排放重、用户投入能力低、清洁采暖推行困难的县城及农村地区作为重点，因地制宜地探索出东北欠发达地区清洁取暖低碳、低成本、低干扰的"辽源模式"，为我国严寒、贫困、农业资源丰富的农村提供了清洁采暖解决方案（见图 1）。

二、主要做法

辽源市自 2021 年 5 月开展冬季清洁取暖相关工作以来，始终秉承着"聚焦辽源特色，推广辽源模式"，以本地生物质资源为基础，致力探索东北农村地区低碳、低成本、可持续的生物质"零碳"供热新模式。

（一）"一个小组"抓统筹

为保证工作成效，辽源市委、市政府第一时间成立专项领导小组，负责全市"清洁取暖"工作的顶层设计、统筹谋划、整体推进，通过建立健全定期调度、会商研判、专项督查等工作机制，实现了由上至下整体推动，各类问题及时解决，权责明晰有序开展"清洁取暖"改造项目。小组办公室牵头先后印发了《辽源市清洁取暖项目管理办法》《关于辽源市 2021 年度农村清洁取暖热源改造项目建设的指导意见》《关于辽源市农村建筑节能改造项目建设的指导意见》等政策文件，并

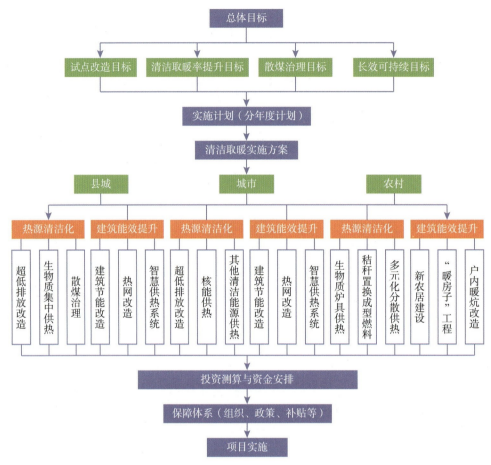

图1 辽源市冬季清洁取暖总体技术路线图

召开清洁取暖工作培训会，对工作专班的相关规章制度、清洁取暖项目的建设管理等方面开展培训，与各县区建立了长效的沟通联系和项目推进机制。

（二）"一套机制"促提升

建立"省—市—县（区）联动项目推进"机制。辽源市作为东北首批、吉林省首个清洁取暖城市，与省厅和各县区建立起长期互动推进机制，定期向省厅汇报工作和报送项目进展周报，参与了省厅组织的两批清洁取暖项目评审，通过调研、培训会、答疑会等举措，实现向上报送项目进展，向下协调解决难题。

（三）"一种模式"保长效

辽源市始终坚持因地制宜原则，结合我市秸秆资源丰富的特点，构建"以生物质为主，其他清洁能源为辅，低成本、低干扰的农村可持续清洁取暖模式"。在乡镇中心采用生物质锅炉集中供热，对现有燃煤锅炉房进行改造，减少燃煤及散煤的使用和污染排放。以 10 吨的秸秆打捆直燃锅炉为例，一个采暖季可消耗打捆秸秆 1.5 万包以上，约 4000 吨，可承担 10 万平方米左右供暖面积任务。在农村，大力推广"生物质成型燃料 + 专用炉具"的清洁取暖方式，利用老百姓自有秸秆，同步建立生物质推广体系，新建生物质成型燃料加工厂，在农户中推广秸秆置换模式，老百姓利用自家的秸秆资源与加工厂进行置换，以实现不花钱或者少花钱的清洁供热方式，保障生物质清洁取暖的可行性。

三、典型经验

辽源市按照"企业为主、政府推动、居民可承受、运行可持续"的方针，树立低碳发展理念，充分利用辽源市热电联产和生物质资源优势，发挥辽源市城市集中供热管网和农村生物质的基础作用，统筹"热源侧"清洁能源替代和"用户侧"建筑能效提升两方面工作，把县城及农村作为重点清洁改造区域，探索东北地区经济欠发达、中小型城市清洁取暖模式。为实现项目的长效运行，针对农村的生物质清洁取暖，实施"生物质炉具 + 成型燃料供应"双保障确保项目的可持续。

（一）开展全国炉具征集，严格把好炉具质量关

我市成功举办了"生物质炉具生产企业评选会暨生物质炉具现场观摩会"，邀请国内知名专家对各厂家炉具进行现场测试和综合评价，最终形成生物质炉具企业推荐名录供各县区进行招标遴选。全域开展炉具试点，对产品数据采集与功能监测，同时发放问卷调查，让老百姓参与炉具的选择。

（二）全面推进本地生物质收储运体系建立

采用"县城集中与镇（村）分散相结合"，国资参股 + 龙头企业 + 农村合作社，合力推进。利用城区现有的生物质成型燃料加工厂，扩建规模保障区域燃料储备；各乡镇及农村合作社新建乡镇生物质加工厂，为农户免费提供生物质燃料。试点推广"秸秆置换"颗粒燃料的模式，出台生物质秸秆离田补贴政策、设立生物质推广基金，促进相关产业链形成，让老百姓能"用得上、用得起、用得好"。

四、取得成效

多年来,如何处理每年 200 万吨的秸秆一直是困扰辽源人的难题,清洁取暖项目的实施,让难题变成了"动力"。辽源市依托秸秆资源,构建"以生物质为主,其他清洁能源为辅,低投资、低成本"的农村可持续清洁取暖体系,着力打造农村生物质"零碳"供热模式,推广乡镇生物质集中供热项目。一方面,向广大村民树立低碳理念,推广农村生物质成型燃料,并在乡镇中心采用生物质锅炉集中供暖;另一方面,不断加快推进农村秸秆"收储运"体系建设,建立生物质加工厂,逐步形成完善的产业链,有效保障农村生物质能源的供应。全市已完成热源清洁化改造 839.4 万平方米,建筑节能改造 228.5 万平方米,城乡人居环境得到有效改善,居民生活品质得到较大提升,人民群众满意度高(见图 2)。

图 2 辽源农村生物质炉具改造实施效果

这份"以生物质秸秆促成低碳环保,以生物质锅炉带动产业发展"的"辽源样本",通过"一个小组、一套机制、一种模式"的集中举措,形成了覆盖全面、逐层分类、综合高效的辽源市"绿色供暖"新格局,降低了供暖成本,解决了秸秆难题,实现了温暖过冬,看见了蓝天白云。2022 年,辽源市通过实施清洁取暖,节约标煤约 10 万吨,减少氮氧化物排放 1582 吨、二氧化硫排放 1673 吨、二氧化碳排放 27 万吨;PM2.5 年均浓度下降至 31μg/m³,是辽源市有监测数据以来最低浓度,高于完成吉林省下达给辽源市年度 PM2.5 浓度值 33 微克/立方米。截至2022 年,辽源市建成区散煤"清零"、重污染天气基本消除,空气优良天数89.3%,高于吉林省考核指标 87.1%,空气质量明显改善。

案例 14 克拉玛依市：以科技助力绿色消费发展

一、基本情况

克拉玛依市地处准噶尔盆地西北缘，欧亚大陆的中心区域，是新疆维吾尔自治区下辖的地级市，国家重要的石油石化基地、新疆重点建设的新型工业化城市。截至 2022 年，全市实现地区生产总值 1188.1 亿元，人均 GDP 持续位居自治区首位和全国各城市前列。

近年来，全市累计出台 30 余项科技政策，逐步形成科技创新政策体系，共安排市级科技计划项目 377 项，地方财政科技投入 1.75 亿元，引导地方企业科技投入达 12.8 亿元，先后荣获国家科技进步奖一等奖 1 项、自治区科学技术奖 125 项，克拉玛依市知识产权保护中心通过国家知识产权局验收，拥有中国石油大学（北京）克拉玛依校区、新疆第二医学院等高校。现有 5 家自治区重点实验室，14 家工程技术研究中心，29 家企业技术中心，19 家产学研联合开发示范基地，4 家自治区级技术创新示范企业。中国石油大学（北京）克拉玛依校区挂牌 2 家国家重点实验室分室，集聚专业技术人才近万人。

二、主要做法

绿色消费是深入贯彻习近平生态文明思想，立足碳达峰、碳中和目标开展的消费领域的深入改革，通过强化绿色消费科技和服务支撑，全面促进消费绿色低碳转型升级。

克拉玛依市围绕"产业绿色崛起"，发挥有为政府和有效市场作用，加快传统产业改造升级，构建有利于创新绿色高质量发展的科技创新体制机制。一是广泛开展绿色发展领域科技创新研究，通过实地走访调研、举行座谈会、组织专家集中培训等方式，了解企业发展绿色产业方面的技术难点、研发需求和成果转化需要，征集绿色经济发展的瓶颈问题，鼓励各类创新主体开展科技攻关和技术创新，积极推荐申报各级各类科技计划项目，推荐优秀成果申报科学技术奖；二是强化规划保障作用，将绿色低碳、安全生产与环境保护相关的十余项技术纳入《克拉玛依市"十四五"科技创新发展规划》，强化对绿色经济产业领域的引导与支持，激发全市绿色经济科技创新活力。支持《克拉玛依市厨余沼渣在荒漠土上的应用》《生活垃圾分类技术研究及应用综合项目》等 9 项绿色技术研发与应用推广项目，总投资超过 1800 万元。三是依托"克拉玛依科技"微信公众号等线上渠道和"科技活动周"等品牌活动，面向广大青少年、企业员工和干部群众，持续开展形式多样的绿色消费宣传，并结合日常实地走访调研工作，开展绿色低碳宣传，营造浓厚的绿色消费发展氛围。

三、典型经验

2022 年，克拉玛依跬步电气科技有限责任公司承担的市级重点研发科技计划《生活垃圾分类技术研究及应用综合项目》，通过研发制造垃圾分类回收设施、研究城市有机废弃物无害化处理技术，从分类回收和处理应用两方面实现城市有机废弃物的协同、资源化处理。

（一）垃圾分类收集设施的研发与制造

针对市场上现有垃圾收集设施存在的垃圾不便于投放收运，垃圾分类混收混运，设施故障率高等问题，结合国家垃圾分类政策、标准要求，研究设计一套占地少、容积率高的垃圾分类收集设施，形成收集容积和相应的垃圾占比及收运频次成比例的技术方案，集成有害垃圾、厨余垃圾、可回收物和其他垃圾收集装置，实现系统不同运行模式下的安全、稳定、高效运行，分类箱容积率比同类产品提升 2 倍以上，方便居民投放，收运效率提升 1 倍以上。垃圾分类收集设施目前已覆盖全疆20 个县区，获得用户广泛的好评，并产生了良好的社会效益。

（二）城市有机废弃物资源化利用技术研究与应用

厨余垃圾、枯枝落叶、绿化草植、城市污泥的资源化利用是城市垃圾处理的一项难题，厨余垃圾压榨脱水后的固态物含水量、含盐量比较高，通过研发出集成高效的分拣、压榨脱水、加热提油和好氧堆肥设备及配套技术，将枯枝落叶、绿化草植、城市污泥等城市有机废弃物与厨余垃圾协同处理，可以劣势相抵，优势互补，产出有机肥料和营养土。

项目实施期间已建立自动化生产基地 2 个，形成年产 1000 台生活垃圾分类收集箱，装备示范应用达到 10000 平方米，年减少垃圾混运 5000 吨，完成销售收入 3600 余万元，申请发明专利 5 项，授权实用新型专利 15 项，外观专利 19 项。

四、取得成效

组织实施《生活垃圾分类技术研究及应用综合项目》等一批科技攻关项目，通过项目、资金扶持等方式，引导、鼓励企业转型升级，积极研发和引进先进适用的绿色低碳技术，大力推行绿色设计和绿色制造，生产更多符合绿色低碳要求、生态环境友好、应用前景广阔的新产品新设备，扩大绿色低碳产品供给，提升绿色低碳综合能力。

案例 15　海南省：快速检测技术保障降解塑料制品高效监管

一、基本情况

海南省产品质量监督检验所（以下简称省质检所）联合中科院理化所，本着建成国内一流，集检测、科研、信息、服务、培训为一体的优秀实验室为目的开展降解材料实验室建设工作。2021 年 9 月，市场监管总局批准建设国家市场监管重点实验室（降解材料质量安全评价与研究），省质检所和共建单位中国科学院理化技术研究所推进实验室的建设工作。经过两年的建设，重点实验室建立了降解材料合成和改性研究，降解材料降解机理研究，市场监管支撑技术研究 3 个核心研究团队，承担各级各类科技项目 25 项，发表论文 10 多篇，申请发明专利 7 项，参与制修订团体和地方标准等 10 项。开发堆肥生物降解专用料 5 种，设计和合成海水降解材料 2 种，研制降解制品 3 种，开发生物降解塑料制品检测新方法 6 项，获得中国计量认证（CMA）或中国合格评定国家认可委员会认证（CNAS）检验参数 578 余项，获得 CNAS 认可的国际标准 33 项。培养博士生 5 名，培养海南大学等院所的研究生和本科生 23 名，参加学术交流 5 次，培训技术人员 150 余人次，为提升全生物降解材料及制品检测能力，服务海南"禁塑"工作的发展提供强有力的技术支撑。

二、主要做法

（一）案例实施背景

"禁塑"工作是践行"两个维护"的要求。习近平总书记"4·13"重要讲话和《中共中央　国务院关于支持海南全面深化改革开放的指导情况》，均明确了海南国家级生态文明试验区的战略定位。该文件对海南省"禁塑"工作提出了具体要求"全面禁止在海南生产、销售和使用一次性不可降解塑料袋、塑料餐具，加快推进快递业绿色包装应用"。2018 年以来，海南深入贯彻落实《国家生态文明试验区（海南）实施方案》和"碳达峰、碳中和"总体要求，全面推动国家生态文明试验区和清洁能源岛建设。2020 年 3 月，时任海南省省长沈晓明同志在研究部署全省禁塑工作专题会议中提出"加快形成省内全生物降解塑料及其制品检测能力，按省级检测机构的最高标准，支持相关专业机构加快建立海南生物降解材料检测实验室，以便全国的标本都可到海南检测"。

（二）案例特点及主要创新点

1. 荣获降解材料检测国际认可实验室

国家市场监管重点实验室（降解材料质量安全评价与研究）获得了可降解塑料 DIN CERTCO 认可国际互认证书，重点实验室现具备检验检测机构资质认定（CMA）、中国合格评定国家认可委员会（CNAS）、德国标准化学会认证中心（DIN CERTCO）、美国产品研究协会（BPI）、澳大利亚降解协会（ABA）、欧洲生物协会（EUBP）等降解材料检验检测相关资质，出具的检验检测报告可被全球大多数国家认可。其成为海南省内首家获得该机构认可的实验室，这标志着省质检所在该领域的检测能力和技术实力已成功跻身国际生物降解检测行业的前列，可为国内外生物降解材料生产企业提供权威的国际互认检测报告，为海南自贸港建设和实现我国"碳达峰、碳中和"目标贡献智慧和力量。

2. 建设一站式服务平台

海南省降解材料产业质量基础设施一站式服务平台以服务海南降解材料产业发展和推进产业质量基础设施建设为己任，该平台聚焦服务优质供给，不断拓宽质量基础设施"一站式"服务的覆盖面，提升质量技术保障能力，满足降解材料产业高质量发展需求，更好地服务海南省降解材料产业发展，进一步优化营商环境，推进产业质量基础设施统筹建设、融合发展、信息共享、综合运用和协同服务。

3. 降解塑料成分快速检测方法研究

塑料制品中生物降解塑料成分核磁波谱快速定量分析方法填补了国内生物降解塑料的降解性能检测及快速检测方法标准空白，在降解塑料研究领域首次提出快速检测方法和检测方案，实现降解塑料降解性能检测时间从 6 个月到 1 天的突破。生物降解塑料制品中生物不可降解塑料成分的定性分析方法为降解塑料制品质量控制和市场监督奠定基础，为各级行政监管部门、企业提供优质高效的技术服务。

4. 开展适用于"禁塑"执法的快检设备研究

在"禁塑"执法过程中，由于无法实现塑料成分的快速鉴别，或者快检设备检出限过高，导致无法更快速、更精确地得到结果，一定程度上影响执法效率。为了解决这个问题，省质检所开展了便携式快速检测仪的研制工作。采用拉曼光谱的方法，目前快检设备样机已制作完成并投入验证使用，已建立包含近250组不同组分的标准谱图库。该项工作的开展将填补在"禁塑"领域快速检测执法的空白，将有效确保"禁塑"政策落地实施。

5. 开展海水降解检测技术研究

目前海水降解材料及检测标准测试周期是2年左右，相对堆肥降解测试标准周期大大延长，实际操作困难，这导致不同塑料品种在海水中降解性能、降解周期、环境影响难以评估。针对上述问题，省质检所开展高灵敏度快速海水降解检测技术的研究，目前已完成检测装置搭建，并已对相关产品进行了实际验证检测工作，该项工作处于国际领先水平。

三、典型经验

（一）加强组织机构部署

在海南省市场监管局的组织下，省质检所与中国科学院理化技术研究所签订了共建实验室合作协议，确定实验室建设布局、总体目标、发展规划、组织保障和运行机制等相关重大事项。根据依托单位和共建单位自身特点，明确了任务分工和考核指标分配。同时，聘任了重点实验室主任，学术委员会主任，建立了省市场监管局领导下、学术委员会指导下的重点实验室主任负责制组织机构，制定了重点实验室管理制度及科研管理体系，先后制订了《降解材料质量安全评价与研究国家市场监管重点实验室建设与运行管理规定》《重点实验室开放课题管理规定》《海南省质检所科研工作管理办法》3项制度，保障重点实验室筹建任务和科研项目的顺利完成。

（二）加强对外合作交流

省质检所为推进降解材料研究工作，加强与中国科学院理化技术研究所、北京市理化分析测试中心、海南大学等科研院所的深度合作，与中科院理化所合作建立海南省降解塑料技术创新中心检测技术研究实验室，与海南大学南海海洋资源利用国家重点实验室建立合作新模式，柔性引进南海海洋资源利用国家重点实验室专技人才队伍在该所开展降解材料研究，建立海洋可降解材料研究团队，与海南大学材料科学与工程学院建立研究生联合培养实践基地。通过创新"产学研""政府机构与高校"有效的合作模式，联合技术攻关、合作培养研究生和共建技术创新中心等方式，更好地利用实验室资源，充分发挥仪器设备效益，调动内部创新驱动发展，对内深挖潜力，对外合作交流，加大人才培养力度，提升实验室专业人才科技创新能力。

（三）加强降解材料技术革新

省质检所降解材料检测能力实现国际互认，将更好地搭建国际化技术服务平台，通过检验、科研、技术实力，在更高层面和更广泛的范围内，帮助降解材料企业引进技术、改进工艺、提高质量、开发新品，以形成一批拥有自主知识产权的高新技术产品、绿色环保产品，全面参与国际竞争，为海南自贸港禁塑产业发展开辟新的国际赛道。

四、取得成效

（一）提高海南全生物降解材料及制品检测能力

省质检所发布实施的《全生物降解塑料制品核磁共振波谱快速检测法》《全生物降解塑料制品红外光谱/拉曼光谱指纹图谱快速检测法》，使得全生物降解塑料制品可否降解检测时间由原先的3~6个月缩短为7天。目前，省质检所全生物降解快速检测标准制定方面在全国处于领先地位，"塑料制品中不可降解成分的快速检测方法"被国家发展改革委作为禁塑经验在全国推广。

（二）做好监督抽查及技术服务支撑

2021~2023年，省质检所开展"海南省全生物降解塑料制品产品质量专项监督抽查"工作，抽查样品约300批次，有效规范海南省降解塑料制品的生产、销售和使用，加强市场监管。同时，省质检所利用快速检测法帮助海南省市场监督管理局执法部门破解一起伪造可降解环保塑料制品的案件，快速检测法能够及时分析塑料制品中的不可降解成分，为执法提供了科学有力的技术依据，违法企业被顶格处罚100万元。通过快速检测法为执法部门提供技术支撑，将对降解塑料产品的市场监管具有较大的促进作用，确保市场上不再有不可降解塑料制品，推进全省"禁塑"工作开展。

（三） 加快科技成果转化、服务企业发展

海南省现有可降解塑料制品的生产企业 19 家，随着海南省禁塑工作开展，可降解塑料制品企业也在逐渐增多，急需检验检测机构提供技术帮扶。省质检所于 2020 年 9 月 17 日正式开始对外受理检测业务，截至目前，省质检所已受理生物降解性能的委托检验 120 个样品，检验收入约 10 万元，为海南省可降解塑料生产企业提供了准确、高效的检测服务。全生物降解材料及制品检测能力的提升帮助企业打通从生产到销售的产品质量关，降低生产成本，规范行业行为，满足生产企业的部分产品检测需求，优化海南省营商环境，促进可降解塑料制品行业高质量发展。

（四） 推动海南降解产业高质量发展

近年来，海南省生物降解产业发展迅猛，全省降解材料生产能力年产量为 2.5 万吨，同时洋浦经济开发区 10 万吨级的热塑性生物降解材料上游生产企业、海口云龙产业园 3 万吨级的塑料改性工厂和老城经济开发区 2 万吨级加工产业也相继投产，打造规模化生物降解产业集群，已成为海南省的战略目标。省质检所降解材料检测能力实现国际互认，可更好地搭建国际化技术服务平台，通过检验、科研、技术实力，在更高层面和更广泛的范围内，帮助降解材料企业引进技术、改进工艺、提高质量、开发新品，以形成一批拥有自主知识产权的高新技术产品、绿色环保产品，全面参与国际竞争，为自贸港禁塑产业发展开辟新的国际赛道。

案例 16 河池市："六大示范行动" 助推绿色发展

一、基本情况

河池市地处广西西北部、云贵高原南麓，是西部陆海新通道重要节点城市。共辖 9 县 2 区，总面积 3.35 万平方公里，总人口 433 万人，2022 年全市实现地区生产总值 1135.54 亿元，比上年增长 3.9%。河池山清水秀生态美，是桂西北重要生态屏障，全市森林覆盖率 71.57%，排在广西前列，植被保护成效明显，林业资源丰富，林业碳汇固碳能力强，年森林净吸收二氧化碳约 400 万吨以上，市中心城区空气质量优良天数比率达 98.6%，排名广西第一，其余县城区稳定达到国家二级标准。河池绿色能源丰富，珠江 40% 以上的水量流经河池，水能资源储量占广西 60% 以上，建成大中小型水电站 152 座，总装机容量 850 万千瓦，每年总发电量约 270 亿千瓦时，净调出电量约 200 亿千瓦时，为其他调入电力地区减少二氧化碳排放量约 1428 万吨，为区域降碳减排作出巨大贡献。

2022 年广西壮族自治区人民政府出台文件，支持河池市建设绿色发展先行试验区，旨在重点领域开展先行先试，着力开展产业生态化发展、基础设施绿色升级、绿色消费和生活、碳达峰碳中和、绿色金融改革、生态文明建设"六大示范行动"，加快形成节约资源和保护环境的空间格局、产业结构、生产方式、生活方式，推动河池市经济社会发展全面绿色转型，打造广西生态文明强区建设的河池样板。

二、主要做法

（一）以绿色消费为目标，重塑绿色产业体系

一是加快发展绿色特色工业。围绕构建"2+5+N"工业产业体系，重点打造有色金属、茧丝绸 2 个千亿产业集群，大力发展食品、家居、建材、化工、医药等

5 个百亿产业集群，积极培育发展新能源、数字、电子信息、生命科学和生物技术等 N 个新兴产业。先后成功引进源网荷储一体化、桐昆佑灿磷酸铁锂、中信重工新能源装备制造等一批投资规模大、高附加值的战略性新兴产业项目（见图 1）。二是大力发展绿色生态农业。围绕农业"十大百万"产业，稳定提升果园、桑园、油茶、生猪、肉牛、肉羊、家禽等种养业规模，打造一批现代规模农业产业集群。三是壮大发展绿色生态服务业。依托刘三姐文化、长寿文化、丝绸文化、铜鼓文化等世界级旅游 IP，推动河池旅游由单一的观光旅游向融合大健康的康养旅游转变（见图 2）。河池成为"中国丝绸论坛""世界大健康论坛"的永久举办地、国家级铜鼓文化（河池）生态保护实验区，南丹丹泉洞天酒海工业旅游景区入选国家工业旅游示范基地，罗城棉花天坑旅游度假区入选全国非遗与旅游融合发展优选项目名录，成为广西唯一一个上榜的项目。

图1　南丹有色金属新材料千亿园区

图2　巴马命河

（二）以绿色消费为主题，形成绿色生产生活方式

一是积极引导绿色消费。鼓励辖区流通企业开设绿色产品专柜、专区等，销售有节能标识和获得低碳认证的节能减排产品，扩大绿色低碳商品销售规模和市场占有率。引导河池市汽车协会积极推广绿色生态新能源汽车销售。开展塑料污染治理专项行动，严禁商场、超市、集贸市场等使用不可降解塑料购物袋。二是大力发展绿色建筑。2022 年，城市规划区内新建民用建筑已实现全面执行绿色建筑设计标准。通过严格建筑节能审查，建筑节能强制性标准在设计、审图和施工阶段执行率分别达到 100%、100% 和 98%。三是大力倡导绿色出行。鼓励共享电车、共享单车规范发展，加大共享单车投放范围。全市新增或更换的公交车、巡游出租车全部为新能源车辆，引导市民出行优先使用新能源车。

（三）以绿色消费为理念，促进绿色金融改革

一是组建产业发展基金。与成都科技创新投资集团有限公司联合设立河池绿色发展母基金，备案规模 100 亿元，一期计划筹措资金 10 亿元。基金以"母小子大"的方式开展运作，其中成都科创投集团作为有限合伙人（LP）出资子基金占比不超过 50%，争取广西投资引导基金出资子基金 20%～30%，河池绿色发展基金及其他社会资本方共出资 20%。通过引入资金导入项目形成产业布局，满足能源和工业企业的转型融资需求，帮助企业整合上下游产业资源，为产业发展赋能。二是探索"五位一体"农村信用体系。将农民群众在经济、政治、文化、社会、生态五个方面的行为表现具体化、标准化，打造普惠金融与乡村治理融合发展的"河池样板"。河池市已通过"五位一体"农村信用信息管理系统累计为信用主体发放 38.32 亿元信用贷款。三是发展绿色信贷。在金城江区、天峨县率先推行"广西国家储备林林票"制度改革试点，推进林业资源变资产、资金变股金、农民变股东"三变"进程。积极引导金融机构创新光伏贷、节能环保贷、技改贷等绿色金融产品浇灌实体产业。

（四）以绿色消费为引导，构建清洁能源体系

规划实施龙滩电站 8 号、9 号机组扩建工程、红水河水风光一体化可再生能源综合开发等一批项目建设，打造风光水储氢清洁能源基地。围绕"能源安全保障 + 新能源就地消纳"，与大唐集团广西桂冠电力公司合作实施"源网荷储一体化"项目，积极争取成为国家第一批新型电力系统改革试点。全市可再生能源装

机容量 920.05 万千瓦，其中风电光伏装机容量 56.45 万千瓦，水电装机容量 850 万千瓦，水电装机容量占比达 92.38%。

（五）以绿色消费为方向，探索生态产品价值

河池是广西唯一以市为单位的生态产品总值核算试点。探索建立河池生态资产类型和生态产品清单，明确生态产品价值核算指标体系、具体算法、数据来源和统计口径等，为广西生态产品总值核算工作提供样本依据。委托专业团队对河池市大型会议碳排放进行测算，并通过购买联合国清洁机制碳减排量实现了"零碳"办会，为全区大型活动实现碳中和提供示范样板。探索建立"双 G"考核体系，争取从 2024 年开始，在河池率先实行国内生产总值（GDP）和生态系统生产总值（GEP）双核算、双评估、双考核机制，推进 GDP 和 GEP 规模总量协同较快增长，以考核机制推动生态产品价值实现。

（六）以绿色消费为路径，打造绿色物流网络

抢抓西部陆海新通道建设机遇，全力打通交通"大动脉"。全市高速公路通车总里程 850 公里，加快西部陆海新通道河池境内各公路通道项目建设。黔桂铁路贯通全境，增建黔桂铁路二线项目 2024 年将开工建设，广西首条时速 350 公里的贵南高铁通车运营，标志着河池正式迈入高铁时代。龙滩电站 1000 吨级通航设施项目正加快推进，项目投产后将打通直达粤港澳大湾区的红水河"黄金水道"。

三、典型经验

（一）建立健全制度体系

成立了由市委、市政府主要领导担任组长的试验区建设工作领导小组和市政府分管领导担任组长的工作专班；出台了试验区建设实施方案和 2023 年工作要点等，对试验区"六大示范行动"内容进行分解细化，明确年度各项工作任务、措施及支撑项目等；印发了《河池市绿色金融专营机构建设管理工作方案（2023—2025年)》，正在研究制定《河池市绿色项目认定管理办法》《河池市绿色企业认定管理办法》等系列指导性文件，为试验区建设提供根本遵循。

（二）构建成熟完备产业体系

建立现代化的产业体系，已经成为全球产业发展新的制高点，是当前和未来经济发展的"新赛道"。随着金属新材料国家级军民融合产业试验区加快创建，河池高新区、经开区深化拓展，一批科技孵化器、新型研发机构、国家级或自治区级工程中心等平台不断落地建设，河池2个千亿元产业未来可期，5个百亿元产业指日可待，N个战略性新兴产业有望撬动指数级增长，支撑和推动河池高质量发展的现代化产业体系更加健全、更加成熟、更有竞争力。

（三）加强绿色项目谋划

坚持把项目建设作为推动绿色发展的重要引擎，及时谋划推动了"源网荷储一体化""国家储备林林票"制度改革试点等52个项目具体细化拓展，共谋划储备试验区重大项目156个，计划总投资5382.76亿元，重点在重大产业布局、绿色项目谋划、生态产品价值实现路径、绿色金融改革等方面进行探索。

四、取得成效

河池全面重塑绿色产业体系，加快发展绿色特色工业、大力发展绿色生态农业、壮大发展绿色生态服务业，通过加快推进绿色金融改革，组建产业发展基金、推行"五位一体"农村信用体系改革、发展绿色信贷等措施，着力构建清洁能源体系，全力打造绿色物流网络，积极创建国家"双碳"试点等重点工作，出台系列降税让利扶持政策，持续优化营商环境，已经走上了绿色发展的"先行之路"。具体体现为以下几个方面。

（一）打通了"两山"转化通道

随着林业碳汇试点扎实推进，绿色金融改革取得明显成效。河池正全面构筑起生态产品价值实现机制框架既以市场机制实现森林生态价值补偿，让绿色生态有"钱景"、老百姓"卖空气"有收益，又引导树立和践行"绿色政绩观"，做到生态保护与经济发展的良性循环，探索出欠发达后发展地区"两山"转化新路径，形成具有示范引领效应和复制推广价值的河池样板。2023年，全市累计实现林票合作经营林地面积3.8万亩，印发林票总额3750.15万元，带动552户农户实现增收，户均增收25万元，持续向林农释放"林票"制度改革红利。

（二）实现了重大活动碳中和

2023 年 3 月 31 日，河池委托第三方机构对在巴马县举办的河池市第二届旅游发展大会碳排放进行测算，经测算，本次会议预计产生碳排放 11.89 吨，并通过购买 12 吨联合国清洁机制碳减排量的方式实现了"零碳"办会。同时，结合实际制定了《河池市大型活动碳中和实施指南（试行）》，为全市乃至全区规范实施大型活动碳中和提供了根本遵循。

（三）推进了绿色生活方式

"十四五"以来，全市新建建筑面积 671.86 万平方米，新建绿色建筑面积 406.84 万平方米，绿色建筑面积占新建建筑面积的 60.55%。截至 2023 年 11 月底，全市新能源汽车总保有量达到 18749 辆，较去年同期新增 7665 辆；全市新增充电桩 1188 个，完成年度工作目标的 100.85%。累计建成充电桩 3931 台，车桩比为 4.7 : 1，已实现充电桩"乡镇全覆盖"，"投运高速公路服务区全覆盖"目标。

（四）加快了绿色产业发展

2023 年以来河池市绿色农业、服务员发展态势良好，成效较为明显。肉牛肉羊饲养量及出栏量连续 7 年居全区第一，都安县现代农业产业园被认定为国家现代农业产业园；桑蚕生产规模连续 18 年居全国地级市第一；以河池作为主导市，成为全国首个国家级蚕桑优势特色产业集群。2023 年以来，全市接待国内外旅游者 4629.37 万人次，同比增长 59.21%；旅游总消费 478.8 亿元，同比增长 36.28%，超过 2019 年同期水平 10.7%。

第三篇

绿色消费发展典型案例：企业篇

第一部分　绿色食品消费

案例 17　九三集团："从田间到舌尖"全过程促进绿色食品消费

一、基本情况

九三粮油工业集团有限公司（以下简称"九三集团"）是北大荒集团全资子公司，是中国粮油行业唯一获得中国工业领域最高奖"中国工业大奖"的企业。作为首批国家级农业产业化重点龙头企业，九三集团拥有种植、收储、物流、加工、营销全线资源。九三集团以大豆加工为主营业务，年加工大豆总能力 1350 万吨，位居大豆压榨行业第三，非转基因大豆加工领域第一，年可生产食用油 247 万吨，蛋白饲料 1080 万吨。2022 年，销售收入近 400 亿元，进出口贸易总额超过 40 亿美元。

近年来，九三集团全面贯彻落实新发展理念，积极践行"为社会提供绿色健康食品，推动企业绿色低碳前行"这一宗旨，紧紧围绕"绿色消费"这一中心，全面强化原料端、收储端、加工端乃至产品销售端各关口、全过程的管理，全面提升绿色管理水平，持续打造"绿色工厂"，将绿色发展理念融入大豆加工的全环节、全链条，助力企业实现高质量发展，促进绿色消费。

二、主要做法

九三集团结合企业实际，抢抓国家大力推进碳达峰碳中和目标落地为产业发展带来的新契机，积极推进产品生产全链条的绿色化，以绿色新发展理念渗透生产全过程，构建全流程绿色低碳发展新模式。

（一）打造可追溯绿色基地，把好"原料关口"

依托北大荒黑土地资源优势，在北大荒集团的支持下，九三集团不断完善拓展"订单种植""龙头＋基地"模式，坚持发展绿色、有机、高蛋白大豆原料订单基地（见图1），有机大豆产品原料全部来自专属可追溯种植基地。2023年，九三集团继续扩大与北大荒所属分公司、农场有机基地认证面积，截至8月末，在已有认证面积30万亩的基础上，增加有机大豆种植基地认证面积10万亩，转换70万亩，预计2025年有机认证面积将达到110万亩。打造专属可追溯种植基地，在保障绿色原料供应的同时，也促进了农民增收。

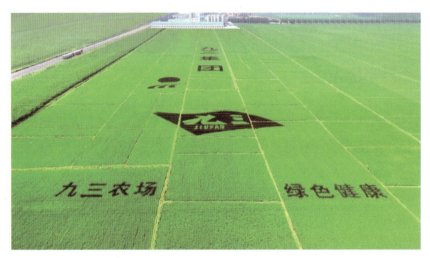

图1　九三集团专属可追溯种植基地

（二）提升仓储管控能力，把好"存储关口"

九三集团全面提升原料储存能力和水平，通过多手段并用，保障原料质量符合标准要求。一是采取防护措施，做好防潮防腐处理，防止粮食吸水胀大、发霉变质造成粮食损失；二是利用技术手段，减少粮食入仓破碎率，防止粮食氧化变质；三是加强粮情监督，提高通风、测温管理能力，合理安排加工顺序，防止出现高温粮、变质粮；四是加强特殊气候下粮食应对措施，防止粮食在雨雪天气、降温天气出现结露、受潮甚至被水淹。通过减少粮食损失提高自然资源利用效率，更好践行绿色发展理念。

（三）强化产品质量控制，把好"质量关口"

九三集团高度重视产品质量，从种子选择、田间管理、有机肥使用和收割等全过程进行监督，严格执行绿色、有机标准等管理要求；从原料进厂到产品出厂设置58 道防线、23 个关键过程、15 个专检点（见图 2）；从原料种植、收购加工、成品出厂多点位建立了自控屏障，按照绿色、有机生产操作规程进行全过程监督管理，利用"一物一码"质量追溯系统，实现从种植到产品的全程可追溯体系，真正做到"环境有监测、操作有规程、生产有记录、产品有检验"的全程标准化生产模式，履行着为消费者提供安全食品的庄严使命。

图 2　九三集团严格把控产品质量关

（四）持续对标行业一流，把好"技术关口"

九三集团在履行肩负的产业发展责任的同时，不断创新探索为环境"减负"，通过持续与行业先进水平对标，找准差距和提升空间，加快新技术、新工艺应用，持续探索节本增效的方法措施，并常态化开展节能减排降耗工艺优化和技术改造项目，近 5 年累计投资超 5 亿元。

（五）倡导绿色包装理念，把好"流通关口"

九三集团坚持"绿色工艺、绿色包装"理念。在包装工艺上，采用充氮保鲜工艺，隔绝氧气，延缓油脂氧化，持续保鲜；在包装材质上，部分采用马口铁，强度大、刚性好，具有优异的密封性，能阻气、防潮、遮光、保味，并且密封可靠，更大限度地维护产品属性；在包装形式上，倡导适度包装，避免过度包装，让"绿色"理念融入产品包装全过程。与此同时，积极组织开展引导消费者进行空桶回收、马口铁二次利用等活动，实现真正意义上的"绿色消费"。

三、典型经验

（一）完善顶层设计，倡导绿色文化

九三集团管理层高度重视绿色发展、推动绿色消费，并将贯彻绿色发展理念、坚持绿色发展原则连续多年写入职代会报告，将绿色化、低碳化理念作为总方针贯穿于年度各项工作始终。九三集团积极倡导绿色文化，提出了"绿色原料、绿色工艺、绿色包装"的文化理念，成立环境保护安全委员会、食品质量安全委员会，统筹推进有关绿色生产、质量控制、环境保护相关工作；实行生态文明建设和环保目标管理，建立考核和激励制度，落实工作责任，通过《环境保护标准化考核细则》《环境保护管理办法》等相关制度的要求落实，做到环保相关工作的精细化管理，将环保管理工作做细、做实。

（二）重视科技创新，提升竞争实力

在推进绿色发展过程中，九三集团高度重视科技创新，有效提升企业整体竞争实力。充分发挥国家大豆加工技术研发分中心、博士后科研工作站和黑龙江省油脂加工重点实验室的作用，大力开展绿色有机豆粕、有机大豆食用油和高端大豆深加工产品研发和生产，打造有机、精品、金纯、压榨、添香、经典、一品龙江、餐饮八大系列，大豆油、玉米油、花生油、葵花籽油、菜籽油、调和油、精品油七大品类非转基因食用油产品。参与"十四五"国家重点研发计划专项项目两项子课题，针对绿色与节能加工新技术、油脂绿色精炼关键技术与应用等研究内容展开研究及产业化应用，提高企业生产效率和资源利用率，降低生产加工能源消耗和污染物排放。

（三）依托数字转型，助力绿色发展

九三集团顺应数字化发展潮流，按照"优管理、提效率、智生产"的工作思路，依托全链条的数字化转型，助力绿色发展。在原料端，运用数字化手段构建可

追溯体系；在收储端，积极推进数字化仓储系统建设，以实现从粮食采购、存储到销售的全程数字化管理；在生产端，利用信息化、数字化等手段，以实现降低生产消耗、生产过程精细化管理、生产工艺优化、拉通供、销需求，实现智能排产，进一步提高产品竞争力；在销售端，顺应消费发展趋势，积极拓展线上营销，发挥京东、天猫、拼多多等线上平台优势，实现全国九仓送货不停，覆盖上百城市，让消费者足不出户享绿色好油。

（四）开展科普宣传，引导绿色消费

依托集研发及深加工于一体的精深加工基地，九三集团积极开展油脂绿色消费科普宣传，获得中国粮油学会科普教育基地评选授牌。借助展会、品牌活动等契机，大力开展绿色消费引导活动，如倡议消费者减少奢侈消费和过度浪费行为，树立正确消费理念；为消费者科普食用油知识，引导树立"合理用油、适度用油、均衡营养"的理念；引导公众消费时，选择更加绿色、健康的产品，推动绿色消费与公众日常生活的深度融合，加快形成全民参与绿色消费的良好氛围。

四、取得成效

（一）持续建设"绿色工厂"

九三集团在发展过程中真正肩负起了污染减排、保护环境的社会责任，实现了可持续发展、绿色发展，获得了各级各类好评。旗下的九三食品公司荣获了"全国绿色工厂"称号，铁岭公司、惠禹公司荣获了"省级绿色工厂"称号，天津公司荣获了天津市"绿色工厂"称号。环保工作方面，多个生产公司获得了上级环保部门的高度评价，九三集团连续多年被北大荒集团授予环境保护先进单位荣誉称号。

（二）全力打造绿色有机品牌

推进绿色消费发展的过程中，九三集团绿色食品、有机食品以及有机基地认证工作取得显著进展，品牌建设得到不断强化。截至 2023 年 8 月，企业认证绿色食品和有机产品 63 个，获得欧盟、日韩等认证绿色、有机产品 9 个，地理标志产品 1 个，"两品一标"农产品认证比例 87.2%。旗下康诺公司共有有机种植基地 13 个，现投入生产总认证面积约 30.38 万亩，是国内最大的有机大豆油、有机瓦饼

粉、有机磷脂生产商，树立了绿色有机的品牌形象，赢得了消费者的认可。"九三"品牌价值达到645.85亿元，跻身"亚洲品牌500强"，被评为"中国十大放心食品品牌""中国十佳粮油品牌""最具市场竞争力品牌""中国食用油领袖品牌"。

（三）多项指标行业领先

在开展工艺流程对标提升活动过程中，九三集团选取世界一流企业或单项冠军企业作为对标对象，通过开展调研、对标、提升专项行动，集团各生产公司的生产管控水平得到了大幅度提升，尤其是蒸汽消耗指标降幅达到4%～11%，溶剂消耗指标降幅达到6%～10%，在同行业内达到了领先水平。通过"走出去、引进来"的持续对标活动，提升了企业的精益化生产水平，减少了各类生产消耗，降低了生产成本，实现"节本增效"的目的。员工绿色理念消费低碳意识显著提升，据测算，2022年九三集团全体员工人均减少用电2度，节约用水0.01吨，减少办公用品73元；在绿色出行方面，全体员工飞机、陆路里程共减少209712公里。

案例18　齐云山食品：打通绿色供给渠道，锻造南酸枣产业龙头

一、基本情况

南酸枣，是我国南方山区一种速生造林树种，果实味酸涩，千百年来，大山中的南酸枣都是无人问津，自生自灭，只是山中鸟兽果腹之食物。崇义县优越的生态环境非常适宜南酸枣生长，是中国唯一的"南酸枣之乡"。江西齐云山食品有限公司（以下简称"齐云山食品公司"）充分利用这一得天独厚的资源优势，通过政府扶持与企业自主创新、产学研合作，不断壮大崇义南酸枣产业，实现产品到产业，再到龙头引领的积聚裂变。昔日藏在深山的野果，一跃成为老少皆宜的美食，南酸枣实现用材林到果用林的华丽转身，成为农民的"摇钱树"，助力增收和脱贫，促进地方经济发展，南酸枣产业也逐渐成为崇义县重点支柱产业。

二、主要做法

（一）创新种植模式，把好原料供给关

齐云山食品公司推行"企业＋基地＋农户"模式，有效衔接美丽宜居示范村建设，促进公司与生产基地、农户的有机联合，在扬眉、金坑等南酸枣主产区，建设多个50亩以上的南酸枣繁育基地，承担南酸枣良种选育和苗木繁育生产经营活动。公司建设80亩南酸枣优质苗圃地，采用无性系苗木嫁接技术，可产合格实生苗40万株、嫁接苗20万株，为无性系南酸枣基地建设提供足量的苗木。与新造南酸枣5亩以上的农户签订合同，免费为其提供优质无性系嫁接苗木，以市场价对酸枣鲜果进行回购，形成"风险共担，利益共享"的经济共同体，在企业发展壮大的同时，不断让种植户获得收益，以效益吸引农民扩大南酸枣种植，通过产业发展有效保护农民积极性。据统计，全县南酸枣种植面积达30万亩，齐云山食品公司平均每年为本地农户提供4万株免费酸枣树苗，合计提供80余万株，为农户省下

近千万元苗木费，真正做到惠及于民，还富于民。

（二）坚持科技引领，把好生产技术关

齐云山食品公司 2014 年经省科技厅批准组建了江西省南酸枣工程技术研究中心（南酸枣产品研发中心），购入先进原子吸收分光光度计、气相色谱仪、液相色谱仪等研发设备 60 余台，将科技融入品种选育、食品加工、保健食品开发等南酸枣发展产业链。通过与科研院校合作，聘请领域内知名专家，与南昌大学、中国林科院、江西农大、江西林科院等大专院校和科研单位开展深入合作。与南昌大学联合承担"创新南酸枣产业化关键技术和推动装备创新与应用"项目，发明枣皮"脱涩—除糙—留营养"等技术。依托崇义县林业技术推广站，实施《果用南酸枣良种选育与矮化丰产栽培示范与推广》，突破南酸枣良种选育及高效栽培关键技术，为创建国家级南酸枣工程技术研究中心打下基础。

（三）推进多业融合，把好发展方向关

齐云山食品公司立足崇义县突出的生态优势和资源禀赋、依托南酸枣特色产业，本着发展产业、做旺旅游、带动消费、提高产业知名度的原则，将南酸枣产业从培育、种植、生产、研发等环节串点成线，打造了集产、学、研、游为一体，总面积达 562 亩的葫芦洞南酸枣科技示范园区，2022 年累计吸引 6 万余人到园区研学。同时，按照国家工业旅游示范基地评价标准，推进观光工业配套设施建设，将齐云山酸枣糕制作工厂打造成以体验型为主的工业旅游景点，建设工业旅游观光车间，推进发展食品工业旅游、制造工艺体验、产品设计创意等新业态，积极创建"省级工业旅游示范基地"。

（四）广搭营销平台，把好服务推广关

崇义县委、县政府主要领导亲自带队到广州、深圳、上海等城市参与南酸枣等生态产品展销推介，与生态环境部华南环境科学研究所签订消费帮扶协议。充分利用电视、手机报、微信公众号等多种媒介平台，通过政府宣传和企业宣传相结合的方式，积极对外开展宣传活动，以政府为主导积极搭建南酸枣电商平台，推介崇义特色南酸枣产品，形成品牌效应。拓展电商销售渠道，组建电子商务管理部，支持建设南酸枣大数据＋电商物流运营区，鼓励手工制作原生态枣糕上线交易，在各主流电商平台内均开设有齐云山官方自营店铺。扶持扩大齐云山新厂区仓储用地面积，完善配套仓储物流系统，建设齐云山仓储、运输、配送等综合服务功能的区域

性物流园区和节点，进一步拓宽产业发展空间。

三、典型经验

齐云山食品公司在崇义县委、县政府的大力支持下，以齐云山南酸枣糕产品为载体，严格把好原料供给关、生产技术关、政策保障关、发展方向关、服务推广关，不断扩大绿色供给，走出了一条生态产业绿色发展之路，强劲带动农民增收致富。

（一）生态产业发展需要做好资源利用文章

"靠山吃山，靠水吃水"是人们的传统认识。但资源枯竭，环境恶化的事实让我们必须重视生态环境保护，使经济效益、生态效益和社会效益相协调。齐云山食品公司充分挖掘利用深山中的野果南酸枣，创新研发出齐云山南酸枣糕系列绿色产品，并逐步扩大绿色产品供给，把资源优势化为经济优势，使昔日无人问津的南酸枣华丽转身成为特色生态资源，实现经济效益、生态效益、社会效益的三叠加。

（二）生态产业发展需要创新生产经营模式

企业和农户在生态产业的发展中绝不是独立的个体，他们是一种相互依存、相互依赖的关系。如果各自单打独斗，罔顾他人利益，生态产业将不可能发展壮大。齐云山食品公司通过创新推进"企业＋基地＋农户"模式，使公司与生产基地、农户进行有机联合，将多方利益牢牢绑在一起，农户解决了后顾之忧，公司也解决了原材料的问题，推动南酸枣产业不断做大做强。

（三）生态产业发展需要不断进行技术创新

创新是引领发展的第一动力，南酸枣价值的实现，除了凭借着得天独厚的生态环境外，技术创新才是关键。齐云山食品公司将科技研发融入南酸枣产业链的全过程，不断创新研发南酸枣糕系列产品，让南酸枣持续不断地释放新活力，使昔日无人问津的野果，到老少皆宜、大众拥趸的生态绿色产品。琳琅满目的南酸枣糕走进了千家万户，南酸枣产业也实现了绿色循环发展。

（四）生态产业发展需要政府、企业、社会多头发力

生态产业要发展壮大，不能只靠企业单方带动，还需要政府和社会多头发力。

在推动生态产业发展中，政、企、农扮演者不同的角色，政府要扮演好引导者、支持者、监管者的角色，在政策、制度保障上及行业监管上发挥推动作用；企业要扮演好领航者、创新者角色，发挥产业发展发动机作用，以科技创新增强市场竞争力，推动产业发展；农民要发挥产业参与者、供给者角色，为产业发展提供所需的原材料和劳动力，在产业发展中受益。

四、取得成效

（一）破解难题，助力乡村振兴迈入快车道

南酸枣产业的不断发展壮大，推动全县及周边县（市）建成优选南酸枣野生化南酸枣果园基地 2000 余个，带动农户 5000 余户、惠及贫困户 300 余户，每年给全县农民带来 6000 余万元的收入，户均增收近 1.2 万元，有效改善农民的经济状况。尤其是齐云山食品公司采取的新型经营模式，让参与南酸枣种植的农户吃下"定心丸"，彻底解决了"树难种、果难卖"的后顾之忧，南酸枣成为"黄金果"和乡村振兴发展的特色优势生态产品，齐云山食品公司南酸枣糕原材料得到有效保障。通过不断研发新产品，让更多的村民获得了就业的机会，进一步增加村民收入和对产业发展的信心，新研发的产品提升了公司在市场上的竞争力，促进地区经济的发展，一举破解产业长远发展的瓶颈问题。

（二）技术提升，激活了南酸枣产业发展活力

齐云山食品公司通过不断加大研发力度，在南酸枣选育、嫁接、栽培、矮化等技术规程上取得了一系列科研成果，在同行业处于领先地位。实现南酸枣全产业链关键技术和装备的创新与应用，大力推动南酸枣加工技术的跨越式发展。目前，江西省南酸枣工程技术研究中心已获得授权专利 34 项，植物新品种权 4 项，发表南酸枣研究论文 24 篇，其中 SIC 论文 6 篇，主导或参与制定江西省地方标准 4 项。先后获中央、省、市多项重点项目立项，参与或承担国家重大专项和重点研发项目 4 项，获省重点科技计划项目 2 项。"南酸枣产业化关键技术和装备创新与应用"研发项目获得江西省科技进步一等奖 1 项，赣州市科技进步二等奖 3 项，赣州市技术发明奖 1 项，《地理标志产品　崇义南酸枣》（DB36/T 1247 - 2020）正式发布实施，成为全省首个南酸枣地方标准。科学技术的创新，让崇义南酸枣产业迅速发展，越做越强。"崇义南酸枣糕"不仅是"绿色食品""江西名牌"，同时也成为

国家地理标志保护产品。目前齐云山食品公司可生产食品及饮料 2 万吨，实现年产值 6 亿元，5 年内产值可达 20 亿元。

（三）生态富民，强化了群众生态环保意识

南酸枣树是一种速生造林树种，在退耕还林过程中，首选树种就是南酸枣树，现已成为最符合崇义生态环境保护和经济发展的树种。随着南酸枣糕的持续热销和南酸枣果实价格持续上涨，以及在齐云山食品公司免费提供优良种苗政策的推动下，农户从种酸枣、捡酸枣、卖酸枣中得到实惠，深刻感受到"绿水青山就是金山银山"的科学论断，提升了农户种植南酸枣、发展南酸枣产业的意愿，越来越多的农户加入南酸枣树种植的行列。同时也彻底激发当地农民生态保护意识，从而由被动保护转变为主动作为，由"绿水青山就是金山银山"的受益者转变为"绿水青山就是金山银山"践行者、普及者。

案例 19 清美集团：13533 绿色消费实践

一、基本情况

上海清美绿色食品（集团）有限公司创立于 1998 年，是集基础研究、现代农业、研发设计、智能制造、全球供应链、冷链物流、智慧零售、餐饮管理和综合服务为一体，一二二产业深度融合的全产业链现代企业集团，是上海市政府菜篮子工程、早餐工程、乡村振兴工程的重要合作伙伴（见图 1）。

图 1　清美集团实景图

公司是国家农业产业化重点龙头企业、全国农产品加工业和主食加工业示范企业、全国服务型制造示范企业，全国豆制品行业领军企业、中国驰名商标获得企业；先后获得浦东新区区长质量奖、上海市质量金奖、上海市质量标杆、上海市五一劳动奖状、上海品牌认证、上海市五星级绿色供应链管理企业、上海市五星级绿色工厂、上海市智能工厂等荣誉称号。

清美集团正积极参与创建上海市"新食尚都市产业园"和浦东"国家农业科

技园区"，公司始终坚持"聚焦食品产业，做足绿色文章"理念，坚持"安全好吃又不贵"食品业务战略，倡导"健康环保的产品观、和谐自然的环境观、绿色低碳的消费观"，成功转型为"现代城市生活综合服务商"，成功塑造出清美 13533 绿色消费实践模型，不断满足消费者对美好生活的需求（见图 2）。

图 2　清美 13533 绿色消费实践模型

二、主要做法

"1"理念：安全好吃又不贵。

集团及旗下子/分公司 66 家，按照"依法治理、精益管理、专业监管、科学应急"的总体管理方针落实主体责任，全产业链自控强化把控力保证食品安全，无中间商赚差价形成具有竞争力的价格优势，通过三级品评机制和三级检查机制保证口味的优良。

"3"工程：菜篮子工程、早餐工程、乡村振兴工程。

菜篮子工程：清美豆制品、蔬菜、肉类是上海市政府菜篮子工程重点品类。

早餐工程：清美面点、清美年糕、清美豆浆、清美油条、清美粢饭糕等是上海市政府早餐工程重点品类。

乡村振兴工程：清美蔬菜基地、腰路村清美公寓、乡村鲜超、乡村餐饮、农业大讲堂是上海市乡村振兴工程示范项目。

"5"行动：产品认证、体系认证、绿色低碳、油水电气降耗、绿色消费体验。

（一）产品认证

公司鲜食产品日产能 10000 吨，清美有生产许可范围 21 大类 2500 最小存货单位（SKU）生产能力，原始设备制造（OEM）产品 700SKU，经销产品 7000SKU。2018 年起获得盐卤五香干、醇豆浆等 15 个产品有机认证；2022 年获得绢豆腐、素鸡等 4 个产品绿色食品认证；鸡毛菜、番茄等 14 款蔬菜绿色认证。豆腐、豆腐干等 40 款产品在 2022 年获得"上海品牌"认证。产品薄百页获得了碳足迹认证。

（二）体系认证

2006 年来先后通过体系认证有：ISO9001、ISO22000、HACCP、ISO14001、ISO45001、ISO50001、诚信体系（GB/T33300）、生鲜农产品配送服务认证（GB/T33129、SB/T10428、CTSJYSC004）、温室气体核查（ISO14064－1），为适应集团业务跨越式发展提炼并构建清美综合管理体系。

（三）绿色低碳

响应国家碳达峰、碳中和战略，2021 年发布绿色工厂和绿色供应链中长期规划，并将 2028 年碳达峰作为整体管控的目标，制定并发布十四五（2021～2025年）目标及行动方案。

公司每年开展温室气体核查并对外公布《温室气体盘查报告书》，节能低碳工作组每年动态修订并落实《节能低碳推进方案》，能源管理小组持续开展"节油、节水、节电、节气"节能低碳改进活动，减少温室气体排放并着手开展碳中和认证的调研。数字化、智能化、清美智慧云，实现"一屏观清美、一网管全程"，优化能源消费结构，生产绿色有机食品，实施绿色回收，使公司环境排放指标处于行业领先水平。

（四）油水电气降耗

公司践行绿色工厂全生命周期理念成立能源管理小组，研究制定"油水电气"四大降耗工程，采用新型节能变频电机，锅炉排污余热回收（每天可以把 50 吨 15

摄氏度的水加热到 55 摄氏度），淘汰老式螺杆冷水机组改用磁悬浮离心冷水机组可节能达 45% 以上。

公司积极使用新能源。建设运行光伏电站装机容量 5.75 兆瓦，首年发电量可达 700 万度，2025 年平均发电量约 600 万度；进行沼气发电项目，一期、二期沼气发电工程已经竣工，年发电量 438 万度，三期工程预计 2023 年底竣工，年新增发电量 219 万度（见图 3）。

图 3　公司分布式光伏电站

公司 2020 年 9 月开始清洁生产评价，项目小组全面分析产污、排污情况，识别清洁生产的潜力和机会，清洁生产方案实施取得了良好的环境效益和经济效益。公司拥有 500 辆配送车辆覆盖长三角 300 公里配送半径区域，通过引入 GPS 行车系统，实现路线优化、全程监管和用油定额管理，积极引进新能源配送车辆降低柴油消耗量。

（五）绿色消费体验

五大商业场景：清美鲜家便利店（云超、及时达）、清美鲜达 ToB、清美鲜到 ToC、清美会员店、清美味道餐饮（面馆、大食堂）五大商业模式全方位提供消费体验场景。

绿色可持续示例：使用可重复利用的食品级周转筐、使用可重复使用的布袋替代一次性塑料袋、采用可降解的塑料吸管、采用利乐复合纸包替代豆浆塑料包装、智慧零售终端等。

三、典型经验

(一) 农田到餐桌治理

完善标准体系,保障质量与安全。农业、工业、冷链物流、商业流通,围绕集团 15753 高质量路径,以五归零目标(质量投诉、食品安全事故、工伤事故、环境卫生差错、员工不良行为归零)为牵引完善产业链治理体系。

共筑食品产业生态链培育食尚品牌。全产业链上下游 2000 家企业组成产业集群,以绿色健康食品产业为主导,以"高质量、环境、安全、节能、低碳"为主题打造绿色发展命运共同体,形成大研发、大农业、大工业、大流通族群生态优势。

科技赋能新未来,创新引领大发展。推动数字化、信息化、智能化"三化融合",加速实现新旧动能转换,带动行业转型升级,助力打造"绿色食尚消费品之都"。

(二) 产业链驱动绿色消费

打造绿色制造、绿色供应链体系,建立完善的绿色管理框架,遵循可持续发展理念,减少产品碳排放。建设"绿色采购 + 绿色包装 + 绿色生产 + 绿色物流 + 绿色回收"五个维度和一个"绿色信息披露"平台。公司打造的"清美智慧云",实现一网管全程,涵盖"现代农业""食品制造农产品加工""仓储物流""全球供应链""清美鲜家""清美鲜达"等板块。绿色供应链的建设与实施支撑了公司高质量、可持续发展。

(三) 两大园区示范

公司是浦东国家农业科技园区、上海新食尚都市产业园(浦东新区食品产业园)高质量发展联盟倡议企业。公司打四张牌(质量奖申报、上海品牌创建、上海标准创建、绿色转型)做好园区高质量发展先行示范,通过 345 业务策略(三个先进性:体系先进性、文化先进性、品牌先进性;四张牌;五个文明:政治文明、物质文明、精神文明、社会文明、生态文明)做好可持续发展示范引领。

四、取得成效

（一）经济效益

集团旗下拥有 66 家公司，2022 年营业收入超 120 亿元，公司有效发挥产业链龙头作用是服务地方经济的重要力量，解决近 1 万人就业问题，带动产业链 2 万农民致富。

（二）环境效益

2022 年公司获评上海市五星级绿色供应链管理企业和上海市五星级绿色工厂、2023 年获评浦东新区节能低碳示范基地，实现减排 1584 吨标准煤/年，减碳 4339 吨二氧化碳/年。

公司首轮清洁生产提出 11 个改进方案，总投资 57.53 万元，取得经济效益 35.54 万元，通过清洁生产方案的实施取得环境效益包节约标煤 53.27 吨（节电 19.04 万千瓦时）、减少二氧化碳排放 79.97 吨、节约用水 0.20 万吨、节约原辅材料 31 吨、减少油烟排放 41.72 吨。

（三）社会效益

公司积极倡导绿色低碳理念，"绿色采购 + 绿色包装 + 绿色生产 + 绿色物流 + 绿色回收"五个维度和"绿色信息披露（展示）平台"打造成有机绿色低碳产业链，平台建设方面为行业众多企业所借鉴。

公司始终坚持"安全好吃又不贵"的永久承诺，在上海拥有 10000 余亩高标准数字化农业基地，每年带动农民增收 5000 多万元，外延基地 50 多万亩，在云南、贵州、新疆等边远地区建立特色农产品产销对接基地，每年定向采购农产品订单金额达 20 多亿元，帮助当地农民共同富裕。公司销售终端遍布长三角，单位活跃客户超 20000 多家。清美鲜家生鲜便利店上海门店有 900 多家。

案例20 奇正青稞：推动青稞产业绿色发展 助力乡村产业振兴

一、基本情况

西藏奇正青稞健康科技有限公司（以下简称"奇正青稞"）是奇正集团的子公司，位于西藏拉萨国家经济技术开发区，是一家致力于青稞种植、研发、加工、营销"一体化"的企业，公司成立于2007年8月，注册资本7500万元。

公司发展十多年以来，始终秉承"做健康西藏青稞功能食品"的理念，以建设西藏农牧产业化龙头企业为定位，健全、完善有机加工的标准化生产流程，通过对自有专利成果转化和产品自主研发，以西藏出产的青稞为原料（青稞添加量均不少于20%），推出了青稞原料粮、青稞功能健康食品、青稞方便食品3大系列产品，同时储备了多项青稞综合精深加工技术，公司青稞加工技术及产品基本实现了青稞原粮全籽粒开发利用，为广大消费者提供安全、生态、营养、科学、多样的青稞系列食品，成为西藏青稞食品的名片。

公司始终严把"购、产、销"各环节产品质量，产品先后通过有机产品认证、食品安全管理体系认证（ISO22000）、环境管理体系认证（ISO14001）、职业健康安全管理体系认证（ISO45001）、质量管理体系认证（ISO9001），在健全绿色和有机产品认证、低血糖生成指数（GI）食品认证、生态原产地保护认证的同时，不断丰富有机种植管理、标准化加工基础和管理的运营模式和经验。

二、主要做法

（一）构筑低碳型种植模式

根据拉萨市的土地情况、环境气候、农耕时令及水利等条件，奇正青稞加强优种选育与推广、适量控制化肥、农药的使用，选择增产潜力大、抗逆性强、适应区域广、具有区域特色的藏青2000品种进行规模的逐步放大推广。奇正青稞承担建设第九批国家农业标准化示范区项目——国家青稞精准扶贫农业标准化示范区，采用有机青稞种植标准化示范的形式，构建"政府/公司指导＋农户订单＋生产加工系统化控制"模式，探索青稞良种、良法、良田、良态等相结合措施，实现良种良法良田、农机农艺的有机结合，因地制宜推广与种植品种相适应的主推技术。最大程度降低农药、化肥、灌溉水的投入量，从而逐步推进低碳型模式的诞生。

（二）培育农产品深加工能力

青稞是一种具有中国特色的谷物，开发和应用前景都十分广阔。对于青稞的深入开发利用，奇正青稞一直从重视功能性青稞的深加工、加强青稞的低碳生产、提高副产品规模化利用率三个方面着手。一是功能性青稞产品的开发是青稞深加工发展的主要方向之一。目前，青稞食品的研究主要是探讨如何优化青稞原料代替其他谷物原料时所需要的工艺，开发层次较低。随着我国居民的消费升级，奇正青稞在青稞产品开发时更多地考虑产品的功能性，开发出了更多的功能食品以及能满足特殊人群营养需要的青稞制品。二是加大对青稞的低碳纯机械化加工。奇正青稞不断优化产品生产工艺，始终坚持无害化加工标准，涉及化学加工的工段已经被全部替代（见图1）。三是提高青稞副产品规模化利用率。奇正青稞依托奇正集团强大的

图1　青稞加工生产线

研发公关能力，全力推进青稞产品、青稞副产品的多样化发展，丰富青稞产品品类，提高优质产品得率，有效降低青稞产品的污染量，从根本上增强公司产品活力，构建中国青稞的特色产品矩阵，打造西藏区域品牌硬实力。

（三）构建完善的宣传、营销体系

奇正青稞采用绿色有机的标准化种植模式、安全高效的生产包装方式，在此基础上，充分发挥奇正集团庞大的营销渠道，紧跟市场需求潮流，重点打造属于藏区人民的"奇正青稞"品牌，在全国8个区域、60多个大中城市，布点设置销售渠道。同时通过抖音农产品推广、知识讲座等形式，完善线上宣传渠道，形成线上线下互动、宣传销售相互联通的体系。2020年产品销售额约为1000万元，2021年增长至1200多万元，2022年增长至1400多万元，2023年增长至2000多万元。在奇正青稞的努力下，青稞被纳入了2023年国家卫健委办公厅发布的《成人高脂血症食养指南》《成人高血压食养指南》《成人糖尿病食养指南》。

三、典型经验

（一）加工需求指导生产种植，促进第一、第二产业融合发展

青稞种植、加工一体化企业通过订单或流转土地承包等方式，制定标准的种植规程，实地推广并指导执行。在推广特定品种的同时，一并推广青稞有机肥培肥地力技术、底肥保壮苗技术、追肥提质增产技术、病虫草害综合防治技术等。公司在作物生长的不同阶段组织开展了5次以上的现场培训，培训内容主要是青稞高产高效栽培技术的应用、品种特性等，累计培训农牧民约1000人次。公司筛选适宜当地推广的优良品种，广泛布点，开展示范，并为周边地区的青稞栽培提供建议。

（二）"绿色低碳"系统化管理，做大做强产业规模

奇正青稞大力发展绿色低碳模式，严格按照有机种植标准化管理，协同拉萨区县农业农村局采取统一组织管理、统一品种种植、统一采购农资等措施，实现有机种植全程质量控制，向标准化、规模化发展，做大做强有机种植产业，实现经济效益和社会效益双丰收。

四、取得成效

（一）形成新的经济增长点

奇正青稞与曲水县等区县政府合作建立有机青稞农业标准化示范区，顺应产业发展大势，符合《农产品质量安全法》的要求。在项目系统化实施中，形成了各种成熟、系统、有效的青稞标准化生产技术集成，使青稞生产基础条件得到改善；增强了有机青稞种植标准化、加工标准化；开发出以"藏晶""雪之清"为主的自主品牌，逐步完善订单农业，实施产、供、销一体化经营标准化，形成了新的经济增长点。

（二）提高经济效益

奇正青稞在曲水县百堆村示范推广面积4800亩（其中有机青稞2300亩、有机小麦2500亩），有机青稞亩产量约200公斤，每公斤收购价格6元，实际收购有机青稞238吨，直接带动曲水县才纳乡百堆村229户（以每户4人计，共916人）增收143.25万元，平均每户增收6255元（人均增收1564元）。带动曲水县才纳乡其他村69户（以每户4人计，共276人）增收55.44万元，平均每户增收9149元（人均增收2037元）。

（三）增强社会效益

一是农民标准意识明显提高，综合标准化意识基本形成。二是通过青稞销售和种植技术培训，带动了农民按标准化模式生产有机青稞，提高了农民的综合素质和生产积极性。三是通过控制青稞的质量，通过标准化生产，提高粮食安全。

（四）关注绿色生态效益

示范区通过轮作倒茬、严格按照相关标准使用有机肥料、不使用农药等措施有效地保护了当地的土壤、空气和灌溉水。青稞种植所产生的农业废弃物——青稞秸秆（见图2）被农户用于喂牛、沤肥，实现了废物的百分百利用。

图2　打包的青稞秸秆

综上所述，奇正青稞始终坚持"绿色低碳发展"理念，以建设核心示范区为目标，重点加强有机青稞生产技术规程和操作手册的制定、标准化生产技术的培训与推广、农业投入品的规范使用、生产档案记录的落实、经营模式的升级等合理化措施，逐步建立有机青稞示范基地标准化生产模式，有效减低能耗、减少碳排放、降低农药化肥的投入，优化产品加工及产品质量，提高农牧民科学种田意识和效率，不断夯实藏区绿色低碳青稞发展的基石。奇正青稞积累了较为成熟的种植及加工经验，逐步实现了生产过程规范化，助推藏区青稞绿色种植、产业扶贫、乡村振兴等国家大政方针的落地落实。

案例 21　恒益农业：绿色消费引领 肉牛产业高质量发展

一、基本情况

腾冲恒益东山农业开发有限公司（以下简称"恒益农业"）成立于 2016 年 7 月，企业依托腾冲东山康养国际旅居小镇 2.2 万亩高山生态草甸及龙江流域（一镇四乡）5 万亩饲草种植基地，建设实施"腾冲龙江肉牛产业精准扶贫开发项目"。目前有东山生态草场、"云岭牛"核心育种场繁育基地、芒棒国家级肉牛养殖示范基地（育肥场）、生物有机肥加工场、肉牛集中屠宰加工场、恒益农业食品加工园区、"岭牛记"品牌高端牛肉旗舰店、石房子特色餐厅、旅游栈道、草地游乐园等设施。近年来，企业坚定绿色发展目标，按照"环境友好、生态生产、清洁加工、绿色消费、融合共享"五大理念，着力推动生产经营绿色化，积极扩大绿色低碳产品供给，营造绿色消费环境，引导消费者绿色消费，实现了肉牛产业绿色发展，形成了"云岭牛"特色肉牛绿色产业链高端品牌，绿色消费对企业高质量发展的支撑作用日益凸显，有效服务了肉牛市场绿色消费发展，2023 年企业绿色消费收入突破 1.6 亿元。

二、主要做法

（一）全面实施绿色基地建设

恒益农业始终将草原保护和生态修复作为核心要务抓紧抓实，致力筑牢"最美高山草甸"的生态屏障。面对东山草场无序开垦、过度放牧、水土流失、植被退化的不利局面，始终坚持"在发展中保护、在保护中发展"，正确处理草原保护与肉牛产业发展的关系，投资 1760 万元，实施"腾冲市退化草原人工种草试点项目"，实施草原退化治理 2.2 万亩，草场生态全面好转（见图 1）。同时，恒益农业注重永续发展，科学划定管理区域，对有偿使用范围内的有效草地进行科学管理，对已经退化严重的草地实行禁牧，待修复完毕明显好转后再进行轮牧，超载放牧、无序利用草原、非法占用草地等现象得到有效遏制。

图1　腾冲东山生态草场基地云岭牛群

（二）全面扩大绿色产品供给

绿色产品是绿色消费的核心前提，恒益农业高度重视扩大绿色产品供给，引领绿色消费发展，着力推动生产过程、加工过程、产品品牌、营销过程绿色化。一是生产过程绿色化。实施数字化养殖管理溯源信息系统建设，结合大数据技术使用电子耳标高效养殖，实现了对养殖生产全过程的监控和数据分析，最大限度降低了资源浪费。创新和优化饲草配方，减少饲草资源浪费。同时还提高了肉牛消化利用率，进一步减少了氨气、甲烷等温室气体排放。提升养殖粪污资源化利用水平，投资实施生物有机肥厂项目建设，推进养殖废弃物资源化利用，大幅减少了草场化肥使用量。二是加工过程绿色化。投资建设芒棒集中屠宰加工场、恒益农业食品绿色加工园区污水处理项目，购置绿色燃气锅炉、RO－500反渗透纯水机，实现污水零排放，建设资源节约型、环境友好型企业。三是产品品牌绿色化。研发生产高端手撕牛肉干、减脂代餐卤牛肉等绿色食品，确保产品"零防腐、零添加"，全力打造"中国高端绿色肉牛新品牌，实现全程可追溯"的绿色产业愿景，产品广受消费市场欢迎，同时鼓励下游企业、商户和居民自觉开展绿色采购。四是营销过程绿色化。打造自有电商销售团队，规范开展抖音直播、腾讯直播，同步推进电商产品包装绿色化、减量化和循环化，引导绿色消费，电子商务网络零售额占营业收入65%以上。

（三）全面开展绿色产业融合

产业融合发展是肉牛产业实现高效益和绿色可持续发展的根本路径，通过退化草原生态修复，东山草场实现了"荒山变绿洲"的目标，动植物多样性得到有效保护，草原牧草种类达到 20 种以上，形成了一幅人与自然和谐发展的美丽画卷。恒益农业利用东山草场特殊生态、地缘优势，建设东山国际康养度假区建设服务中心、帐篷酒店、木屋酒店、石房子高端体验餐厅、旅游栈道（见图 2）、草原观光湖泊、滑翔伞基地、萌宠园、马术俱乐部等旅游康养设施，实现了农业和文化旅游业高度融合。同时，加快绿色、环保设备替代步伐，在东山草场推广使用太阳能节能路灯，购置东山草场观光、生产用电瓶车 20 余辆，减少能源使用和尾气排放，东山草场"零排放"进程全面加快。鼓励引导游客采取步行、自行车和公共交通等低碳出行方式，将绿色设计、节能管理、绿色服务等理念融入景区运营，降低对资源和环境的消耗，实现景区资源高效、循环利用。

图 2　东山草场生态栈道——实现了农业和旅游业的绿色融合

（四）全面树立绿色企业形象

恒益农业全面推进绿色低碳转型，引导肉牛产业向资源节约型、生态友好型产业转变。一是积极推动产业绿色调整。依托肉牛产业引导项目区"粮改饲"农业改革，带动芒棒、五合等乡镇发展青贮玉米产业，实现种植结构调整和区域布局优化，生态保护、水土流失治理卓有成效。二是打造绿色研学基地。为充分发挥东山资源禀赋优势，引导学生感受祖国大好河山，树立爱护自然、保护生态、绿色消费的意识，企业开展东山草场绿色研学基地建设，于 2022 年获腾冲市教育体育局颁发"腾冲市中小学研学与实践教育基地"，接待各类学校参观、学习、实践活动 8 次、500 余人次。三是打造绿色企业。恒益农业先后获农业产业化国家重点龙头企业、国家高新技术企业、国家级畜禽养殖标准化示范场、国家 AAA 级旅游景区、"绿色食品牌"省级产业基地、省级重大文旅项目、有机产品认证等 30 余项荣誉和资质认定（见图 3），彰显了企业担当，树立了良好的绿色企业形象。

图 3　恒益农业成为产业绿色发展的典型示范

三、典型经验

恒益农业引导消费各领域全周期全链条全体系深度融入绿色理念，推动"云岭牛"绿色产业链"有基地、有技术、有产品、有品牌、有标准"发展，形成了区域特色肉牛绿色产业链发展的"范例"，为其他肉牛养殖企业生产提供了一系列绿色消费引领产业发展的典型经验，主要包括以下内容。

（一）必须坚持生态优先

恒益农业打造东山 2.2 万亩生态草场的实践证明，推动绿色消费发展，必须建立绿色基地，坚持生态优先，正确处理好肉牛产业发展和绿色低碳的关系，从源头推动消费绿色低碳发展，有效利用绿色资源，打造绿色产品，创新绿色服务，引领绿色消费。

（二）必须推进绿色生产

恒益农业在生产过程中注重采用绿色低碳技术的实践证明，推动绿色消费发展，必须坚持绿色生产。大力实施东山草场生态修复，建设肉牛粪污处理、加工园区污水处理、水循环处理项目，投入新能源车辆，实行生产全过程绿色化，为产业的绿色、高效发展奠定了坚实的基础。

（三）必须扩大绿色供给

恒益农业始终注重绿色科技支撑打造绿色产品的实践证明，推动绿色消费发展，必须扩大绿色供给，生产更多符合绿色低碳要求、生态环境友好、市场前景广阔的新产品。在食品加工园投资建立产品研发中心、产品检验实验室，加大绿色产品研发和生产力度，全面保障产品质量和安全，有效激发了社会消费绿色低碳产品和服务的内生动力。

（四）必须推动绿色融合

恒益农业依托东山草场生态绿色基地推进农业＋旅游业的深度融合发展的实践证明，推动绿色消费发展，必须推动产业融合，推出更多、更丰富的绿色低碳产品和绿色消费场景，为消费者树立绿色消费理念，积极引导和鼓励消费者开展绿色低碳消费，真正走出一条"生态友好、养殖低碳、加工先进、产品绿色、效益稳定"的产业绿色转型升级新路子。

四、取得成效

（一）绿色消费成效

通过坚持生态优先、推进绿色生产、扩大绿色供给、推动绿色融合，恒益农业实现了良好的发展，消费者支持"云岭牛"产业绿色发展氛围不断增强，"岭牛记"品牌知名度不断提升、绿色产品研发和创新能力不断提升，绿色产品和服务不断丰富，恒益农业绿色消费理念不断深入人心，经济效益不断提升。2016～2023年，恒益农业已实现"云岭牛"产业产值约20亿元，利税1亿元，上市销售绿色产品种类已达12种，出台企业绿色标准9项，获批各类绿色新型实用专利53项，绿色产品远销北京、上海、广州等国内各大城市。同时，生态、绿色观光旅游成效明显，2023年东山草场接待游客49.2万人次，增长20%，景区门票、餐饮、娱乐收入达1.84亿元。

（二）生态保护成效

通过人工种草、推广乡土牧草、草种繁育、保持水土、建立生态修复监测管理平台等措施，东山草场生物多样性逐步建立和恢复，牧草质量和产草量全面提升，亩产鲜草达 1900 公斤以上，东山草原植被盖度从 2015 年的 61.5% 提高到 2022 年的 93.5%。实现了企业和养殖户粪污资源高效利用，年生产有机肥能力达 10000 吨，粪污综合利用率始终保持在 95% 以上，生态保护成效明显。

（三）综合社会成效

恒益农业创新实施"云牛贷"发展模式，积极与金融机构合作，采用"云牛贷"肉牛活体质押贷款，通过电子耳标高效传输养殖数据，利用大数据＋金融贷款，有效解决群众养殖融资难、融资贵问题。创新推行订单收购青贮玉米模式，开展订单收购青贮玉米，平均年购量 1 万吨以上，带动农户种植玉米增收 1900 余万元。2016～2023 年"云岭牛"产业已累计带动 1.15 万养殖户进行肉牛养殖，带动人数达 2.3 万余人，人均增收达 3000 元，总增收近 7000 万元，实现了企业和群众共同致富。

第二部分 绿色衣着消费

案例22 安踏集团：与环境共生 倡导持续向未来

一、基本情况

在中国"双碳"目标的背景下，作为知名的全球体育用品公司及行业领军者，安踏通过创新的方法和实践，积极推动行业的可持续发展，而打造可持续供应链成为集团ESG举措中的重中之重，以创新和合作共赢的理念，创建绿色生态。在遵循全球减排目标的同时，积极倡导在可持续消费领域发挥正面影响力。

二、主要做法

（一）可持续供应链

1. 供应商管理

（1）建设可持续供应链离不开供应商的密切支持。安踏持续关注供应商管理流程的规范性、专业性，制定《供应商可持续发展管理手册》等一系列管理制度与程序，对供货商的准入、审核、整改和退出各环节进行全流程管理，也从劳工权益、健康与安全、环境责任以及可持续发展管理体系等多个维度推进明确的管理标准，致力于打造环保、健康、安全、高效的供应链共生平台。自2022年起，安踏已组织超过60场ESG相关培训及座谈会，赋能超过90%的供货商通过数字化和管理体系提高社会责任及环境数据管理能力。

（2）负责任采购日显重要，供应商需经过正式准入审核流程，覆盖劳工管理、健康安全、劳工权益、绿色生产等环境及社会指标。2022 年，安踏集团对超过 100 家供货商开展社会责任审核，其中半数已通过 SLCP、BSCI、WCA 等国际项目的第三方审核。集团已加入可持续服装联盟，透过其标准化衡量价值链可持续性的工具，提高可持续发展绩效。

（3）集团支持供货商获取环境管理、健康安全及产品质量等方面的资质认证。2022 年，分别有 257 家、184 家及 11 家供货商获得 ISO 9001 质量保证认证、ISO 14001 环境管理国际及 ISO 45001 职业健康安全管理认证，并有 38 家供应商获得 Bluesign ®蓝标认证。

2. 气候问题

（1）安踏积极响应国家"双碳"目标，推进"1 + 3 + 5"可持续战略蓝图，承诺 2050 年实现集团碳中和总目标。即实现 1 个总目标：在 2050 年前实现碳中和。3 个"零"：在 2030 年前实现自有生产废弃物零填埋，自有营运设施原生塑料零使用及零碳排放，把营运对环境的影响降到最低。5 个"50%"：2030 年前将可持续产品的比例提高到 50%；战略合作伙伴能耗的 50% 采用可再生能源替代；50% 的产品使用可持续包装；自有运输设备能耗的 50% 采用清洁能源替代；产品中使用 50% 可持续原材料。安踏已连续 8 年主动披露温室气体排放表现，在业务快速扩张的同时，持续加强碳足迹管理。基于气候相关财务信息披露工作组（TCFD）建议，并参照香港联交所《气候信息披露指引》开展应对气候变化工作，将气候风险的识别、评估及管理纳入战略及风险管理体系中，有效管理相关机遇及风险。安踏已于 2023 年 1 月正式加入并承诺支持科学碳目标倡议（SBTi），计划依照标准积极推动减碳行动。

（2）为达到 2030 年自有营运设施净零碳排放目标，集团依据 ISO14064 - 1：2008 对全部 11 家自有营运设施的温室气体排放现状进行盘查及核查，并制定相应节能减排计划。包括建设绿色工厂、开发分布式光伏项目等，推动自有营运设施及超过 80 家鞋服配供应链合作供应商使用可再生能源，某核心供应商光伏项目年产绿电约 2000MWH，减少碳约 1100 吨（见图 1）。

（3）集团对自有工厂的智能化改造，不但增加产能，提升效率，更有效降低了资源消耗和环境污染。通过使用智能切割机、高速自动冲裁机等智能机械，实现了 30% ~40% 的产能提升。激光切割机取代了传统冲床来进行鞋类部件的裁剪，能在 10 小时内完成原来两个全天的工作量，并降低噪音；同时优化裁剪方式，减少浪费，从源头实现废弃物减量。智能喷绘印线设备的使用，消除不断调整印染模板和网版的需要，减少印染过程中的污水排放。

（4）集团推动废弃物的分类及回收再利用，减少填埋和焚烧的比例。透过《工

图1　安踏战略核心供应商光伏项目

业园节约费用的措施细则》及《工业园节能降耗、安全生产函》等制度，规定节水举措，减少水资源耗用量。集团已加入危险化学物零排放组织（ZDHC），与其他领先品牌组成联盟，承诺消除供应链中的危险化学品，保护环境与人类健康。

（二）可持续产品及消费

安踏积极透过研发及技术创新，不断提高环保材料的使用占比。响应国家关于绿色发展和可持续生产的号召，提升产品性能和消费者体验。

（1）环保科技方面：安踏拥有环保拒水科技、环保冰肤科技和环保透爽科技等，并采用不同环保材料。2022年，安踏国家队系列的冰丝短袖上衣使用Sorona® 纤维，相较于生产等量的尼龙6，生产过程中的能耗和温室气体排放量最多可降低30%和63%。针对高端市场和儿童产品，安踏推出了由生物可降解材料、环保胶水和植物基染料制成的产品，并与世界自然基金会（WWF）合作促进生物多样性。

（2）可持续包装方面：2022年FILA品牌超过50%的鞋类产品已经使用可持续包装，全部DESCENTE品牌鞋的包装纸及鞋头纸分别获得森林管理委员会（FSC）以及全球回收标准（GRS）认证，各品牌也在研究电子吊牌等项目。2023年，作为连续16年的中国奥委会官方合作伙伴，双方携手发起大型环保活动"山河计划"，倡导绿色健康环保的生活方式，从自身做起妥善处理户外运动过程中产生的垃圾，保护自然环境。并通过循环再生科技打造巴黎奥运会中国体育代表团领奖装备（见图2）。

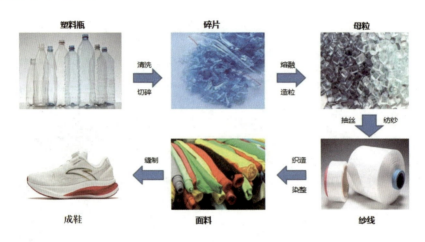

图2　安踏冠军跑鞋鞋面采用宝特瓶回收制作环保纱

安踏积极推动绿色低碳发展的企业战略，在董事会层面成立可持续发展委员会。集团更成为联合国全球契约的签署成员，支持"联合国全球契约10项原则"，以及联合国17个可持续发展目标的实现。集团也加入联合国全球契约组织"缓解海洋塑料污染，助力低碳经济转型（GDI for SDG）"可持续商业解决方案试点项目。安踏坚信完善内部可持续发展治理，增强对环境和社会影响的管控，坚持"创造共生价值"理念，可持续地为持份者创造更多价值。

三、典型经验

创新、协调、绿色、开放、共享的发展理念，成为中国推动高质量发展的共识，ESG成为中国企业走上世界舞台的必由之路和发展标准。安踏将ESG融入企业发展战略，定位为集团级核心战略，在2021年集团成立30周年之际，提出新十年可持续发展战略，明确了可持续发展中长期目标，承诺到2050年实现整个集团碳中和。安踏对ESG的推进，并不是单点推动，而是搭建完整的可持续发展体系——将"战略确定—目标规划—组织建设—资源保障—文化打造"形成闭环。通过整合ESG目标与业务运营，安踏确保可持续发展的优先性得到全面地融入和执行，在整个组织中实现ESG意识的普及，推动可持续成功。

安踏集团自建司以来积极履行企业社会责任、关爱社会。过去多年，在重大自然灾害发生期间，总计为受灾地区捐款捐物的金额超数亿元。同时，安踏不断完善其公益体系，为公益慈善事业贡献力量。安踏和集团创始人家族设立的和敏基金会从教育、体育、民生等多方面入手，以体育赋能、健康中国为核心目标，形成社会责任体系。2022 年度，集团向各慈善机构捐赠现金及物资超过人民币 2.2 亿元。持续 6 年的"茁壮成长公益计划"聚焦青少年体育公益，以体教融合助力乡村振兴，累计捐赠现金及装备超 7.4 亿元，捐建 166 家"安踏梦想中心"，培训 4468 名一线乡村体育教师，11711 间学校逾 490 万名学生受惠。

集团秉持负责任经营的理念，致力为社会创造就业机会，加大青年人才培养，四次入选福布斯中国全球最佳雇主榜单。安踏将继续坚持为消费者创造价值，与上下游合作伙伴以及全体员工携手努力，肩负社会和环境责任，向可持续发展的目标迈进。

四、取得成效

安踏体育以其卓越的行业领导地位，一直致力于 ESG 实践和创新，树立行业典范。安踏早在 2007 年发布第一份企业社会责任报告，为国内最早发布企业社会责任报告及 ESG 报告的运动服饰企业之一。在标普全球 ESG 企业及全球 ESG 监测（Global ESG Monitor）全球最具透明度 ESG 报告中，安踏位列中国领先运动服饰企业第一；2023 年成为《可持续发展年鉴（中国版）》入选企业，并荣获标普全球纺织品、服装和奢侈品行业的"行业最佳进步企业"奖项；2022 年入选亚太经合组织（APEC）与国家发改委共同发起的"可持续中国产业发展行动"企业优秀案例；在彭博 ESG 2021 榜单上排名第二，表现大幅超越行业平均水平。

在可持续发展的引领之路上，安踏逐步从参与者转变为领导者。这离不开全行业的协同共识，安踏发挥龙头作用，携手合作伙伴积极推动。集团将以"创造共生价值"的可持续发展理念，与消费者、员工、合作伙伴、社会和环境实现共生，为实现全产业链的绿色转型而努力。

案例 23 波司登：数字驱动品牌服装绿色可持续发展

一、基本情况

波司登羽绒服装有限公司（以下简称"波司登"）创始于 1976 年，致力于自主品牌羽绒服研发设计及制造，是国际知名的羽绒服装品牌企业。公司总部坐落于江苏常熟波司登工业园，在国内先后建立以江苏常熟、高邮、泗洪等为核心的 7 大品牌服装生产基地，拥有 500 多家原辅料供应商和协作工厂，在国内开设 4000 多家零售网点。公司旗下品牌包括波司登、雪中飞等，产品畅销美国、法国、意大利等全球 72 个国家及地区，赢得全球超 2 亿人次选择，2023 年波司登品牌价值885.69 亿元，是中国服装行业唯一的"中国世界名牌产品"。

波司登以"生态环保，绿色发展"为办企宗旨，旨在实现公司产品在设计开发、采购管理、生产制造、物流运输及使用回收等全过程的"绿色管理"，同时积极培育绿色优质供应商资源、提升产品质量水平、减少产品资源消耗、降低环境污染，引领羽绒服行业绿色环保变革。2022 年，波司登主营业务收入达到 83.87 亿元，净利润 11.84 亿元，波司登羽绒服产品市场占有率 24.11%，市场销售份额达51.61%，波司登羽绒服连续 28 年在国内市场处于领先地位，品牌第一提及率、净推荐值及品牌美誉度等稳居行业前列，并通过了国家级绿色工厂、绿色供应链"双绿色"制造体系认证。

二、主要做法

（一）绿色产品开发

1. 绿色标准领跑，渗透绿色发展理念

波司登承担 IDFB（国际羽绒羽毛局）中国理事单位、ISO/TC133 秘书处、SAC/TC 219/SC1 秘书处工作，2023 年携手中国羽绒工业协会共同启动《迈向净零排放：羽绒服行业高质量低碳转型路径研究》重点项目，开启"双碳"背景下羽绒工业高质量发展的创新路径。公司参与 24 项国际标准、13 项国家标准等的制定、修订，2021 年牵头制定《绿色设计产品评价技术规范羽绒服装》和《羽绒服装数字化车间通用技术要求》两项绿色低碳团体标准，公司连续 4 年入围机织羽绒服装企业标准"领跑者"名单，荣获全国服装标准化技术委员会"标准化工作特殊贡献奖"。

2. 绿色材料准入，保障产品低碳属性

波司登按照全生命周期理论优先选择易回收利用、对环境影响小的原材料与零件，持续夯实供货商评审准入标准。公司制定《绿色采购指南》，尤其在羽绒原材料的可持续性、可追溯性方面，除规定原绒必须来自饲养周期超过 40 天的鸭或饲养周期超过 70 天的鹅之外，优先选择获得 bluesign ® 等负责任羽绒认证的可持续原材料（占比 49%），或已通过负责任羽绒标准（RDS）认证的羽绒供货商（占比 95%），原材料供应商及外包生产商 SA8000 企业社会责任覆盖率达 85% + 。

3. 绿色设计引领，倡导持续循环发展

波司登设立了每年提升 10% ～20% 环保产品占比的长期目标，与东华大学联合建立创新研发中心，与浙江大学联合成立智能设计联合研究中心，持续加强环保轻暖羽绒服的创新研发。运用 GB/T 24040（《环境管理生命周期评价原则与框架》）、GB/T 24044（《环境管理生命周期评价要求与指南》）等标准对产品含碳足迹的环境影响进行核算，获得中国质量认证中心出具的第三方足迹证书。波司登创新数字化产品设计模型，把数字化三维设计、产品数据管理系统和大数据驱动技术植入到产品设计环节，最大化提升了协作效率、产品开发成功率。

4. 绿色产品示范，打造品牌绿色形象

波司登于 2022 年开发上市的"轻暖系列"羽绒服（见图1），具有全衣可再生和一键分类回收的环保特性。产品采用再生纱线、再生面料，无氟拒水，环保与功能兼具，倡导服装时尚再生之道。层叠设计面料层、填充层和里料层，仅通过"羽绒服传送—超声波切割—风力分离羽绒和面料—分别收集羽绒和面料"四道流程，即可轻松完成分类回收，大幅降低成本，极大减少资源消耗和碳排放（专利号 CN202220227886.3）。该产品是羽绒服装跨产业链完整闭环可持续生产的典型案例，2022 年 11 月上市仅 2 个月就实现销售 11865.73 万元。

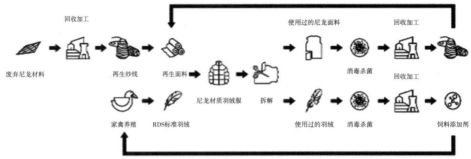

Complete closed-loop sustainable production of Down Garment
羽绒服装的完整闭环可持续生产

图1 波司登泡芙系列可回收轻量羽绒服助力循环经济和绿色消费

（二）绿色供应链建设

1. 绿色生产转型，敏捷反馈柔性供给

通过运用"5G＋工业互联网"、大数据云平台、人工智能等创新技术，以及自动充绒、自动包装、自动模板等关键技术装备，波司登关键环节的质量提升到100%（充绒准确率、缝线精准度），装备数控化率超过90%。自主研发的服装智能制造GiMS系统平台，实现大规模定制的柔性生产，实现"小单快反"（行业内仅有的每日订单，每日补货），在羽绒服短暂的旺季销售中，可将补单频次提升至8次以上，并将快反周期提升到7~14天，快速响应市场需求。波司登已100%覆盖能耗在线监测系统，可实现全厂电力、天然气、压缩空气的在线监测，对重点用能设备进行数据采集、分析、预警。

2. 绿色物流部署，智能配送高效流通

波司登致力于打造行业领先的智能配送中心（见图2），通过应用5G移动技术、无人立体仓技术、自动导引车（AGV）货到人技术、多层穿梭车技术、大数据分析、边缘计算、物联网等新技术，物流环节自动化程度超过90%。该中心直接辐射全国，实现全国所有门店和全球消费者订单的直接配送。在显著提高货品周转效率、高效送达用户、满足市场需求的同时，可大幅降低存货仓储成本和安全库存量，减少传统转运车辆的使用和空载率，降低燃料消耗和碳排放。

3. 绿色门店覆盖，激发环保消费意识

波司登已实现以消费者为中心的"顾客研究—设计研发—供应链服务—仓储配送—品牌营销—顾客反馈"全链路协同，"智慧门店＋线上云店"的全域零售绿色管理平台覆盖全国主要门店，大大提高了门店能源效率。波司登主动向消费者提供环保知识和技巧，设置环保产品展示专区，优先使用可回收、可降解的包装材

图 2　波司登智能物流中心

料，减少产品包装对环境造成的影响，使用可再生资源制作宣传资料。新建门店在选址、设计、装修物料等的选择上，综合考虑其环保性能，采用智慧用能、能效提升技术，同时从 2014 年开始就在全国倡导"旧衣零抛弃"，开展旧衣回收活动，将符合安全卫生标准的衣物用于公益慈善项目，达不到相关标准的衣物将作为研究再生加工技术的原料。

4. 绿色联盟构建，多维布局产业生态

波司登率先开展服装产业绿色供应链信息平台建设。一是建机制，建立了一套符合波司登的"绿色供应商"标准，每年开展"绿色供应商认证"活动，一级绿色供应商占比逐年提升至 26%。二是建平台，通过供方在线化管理平台，实现供方全生命周期在线化管理，生产进度、产能、车台等核心数据在线共享、智能分析决策；通过原辅材料集采系统购平台，实现一体化、全品类、集约化采购管控，需求自动计算、智慧采购、一键下单，预留物料安全库存水位；通过质量管理数字化平台，搭建"质量观星台"，采集市场反馈、成衣检品部计算数据，智能分析市场舆情，分析各款质量核心问题，推进针对性改进；通过优质快反一体化平台，建成敏捷供应链体系，精准预测市场预期、优化产业链资源配置、合理排产、齐套到料、在线协同，降低供应商、制造商库存，减少物料浪费。

三、典型经验

从产品端来看，波司登坚持产品开发的"多场景、耐用性、多功能和可拆卸"原则，对轻薄羽绒服、冬羽绒等进行深度创新和研发，增加服装的使用频率、可修复和再利用，同时，围绕羽绒服装产品生命周期，逐步形成绿色设计、绿色生产、绿色营销、绿色消费的可持续发展生态，持续提升 ESG 标准并将其融入企业发展战略，密切关注温室气体减排、能源效率提升和清洁能源利用等，羽绒服装产业绿色制造体系初具规模，为保护环境做出积极贡献。未来波司登正努力突破废旧羽绒服装回收利用关键共性技术，提升羽绒服装循环利用水平。

从制造端来看，波司登推进"互联网 + 大数据 + 智能制造"模式，核心设备自动化率高于90%，加强生产制造单元与前端设计研发、市场营销、顾客经营，以及后端售后服务、智能配送等的互联互通，形成"数据集成→实时可视→智能分析→快速决策"高效闭环，公司获评国家级智能制造示范工厂、首批"数字领航"企业和全国供应链创新与应用示范企业等。"数智赋能"正把设计师到消费者的全链路变得更加敏捷高效，不仅摊薄了每件产品流通过程碳足迹，也做到了"规模化有效生产"，避免"大进大出"的粗放模式下的浪费。

四、取得成效

波司登通过新的产品定义、新的零售样式、新的生产与流通体系，全面提升羽绒服行业的资源效率和能源效率，推动价值链各环节实现直接或间接绿色减碳。

（一）经济效益

2020 年以来，波司登营业收入、利润等经营指标逐年持续增长（见表1），绿色低碳管理前后经营绩效改善显著（见表2），有效提高了企业绩效及竞争力，实现了持续、稳健、高增长的战略目标。

表1　　　　　　　　波司登近三年主要经营指标情况

经营指标	2020 年	2021 年	2022 年
营业收入（万元）	693996.53	748925.25	838686.91

续表

经营指标	2020 年	2021 年	2022 年
净利润（万元）	78134.19	70276.07	118379.09
单位产值综合能耗（吨标准煤/万元）	0.0076	0.0072	0.0059

表 2　　　　　　　　　　　　波司登经营绩效优化进展情况

绩效指标	测算维度	2018 年	2022 年	优化情况
生产效率提升	快返周期（天）	25	12	缩短 13 天
	人工出库时效（件/小时）	55.12	65	提高 18%
	自动包装生产线（件/小时）	80	210	提高 162.5%
运营成本降低	单位成本率（%）	62	39.75	降低 36%
产品研制周期缩短	样衣设计周期（天）	32	24	缩短 8 天
	个性化定制周期（天）	21	14	缩短 7 天
综合能耗降低	单位产值能耗（当量吨标煤/万元）	0.0093	0.0086	降低 8%

（二）社会效益

作为行业龙头企业，波司登聚合行业创新要素，面向合作供应商、加工厂、消费者倡导绿色发展。公司打造的服装产业绿色供应链信息平台，已链接服务 2000 + 供应商、加工厂、加盟商经销商，4000 + 零售网点，1500 万 + 会员用户，并在上下游战略合作伙伴中优先布局绿色工艺关键设备（如自动模板机、自动开袋机、服装吊挂流、自动充绒机等），促进产品碳足迹持续优化，带动整个产业链可持续发展。

（三）环境效益

波司登通过建立 ISO14064 温室气体管理体系，约束温室气体排放，固废 100% 处置，可再生能源使用占工厂总能耗的 28.4%，外购碳汇 709 吨自愿减排量（VER）和绿证，并已于 2022 年实现 100% 碳中和。2023 年，波司登已完成品牌旗下 2000 家门店的数字化改造，建成 13 家线上线下融合的全域零售云店，优先使用智能电器（智能照明、智能屏幕、智能音响、智能控温），综合降耗 10.3%。以波司登上海南京路全球体验店（见图 3）为例，该店于 2022 年 10 月 1 日开业，10 月、11 月全功率运行，能耗为 27964.65 千瓦时、27250.4 千瓦时，12 月、1 月节能运行，能耗为 23901.36 千瓦时、23851.24 千瓦时，综合能耗节约 14.5%。

图 3　波司登上海南京路全球体验店打造低碳门店

波司登实力登榜 2020 年由中国服装协会、中国纺织工业联合会社会责任办公室与国际时尚产业权威媒体 WWD China 三大机构联合官宣的中国首个"可持续时尚践行者"名录，MSCI（明晟）ESG 评级提升到了行业领先的 A 级，并获得碳披露项目（CDP）气候变化管理"B－"评级，是截至 2023 年中国纺织服装企业获得的最优评级。

案例 24　丝丽雅集团：应用再生纤维素纤维打造绿色低碳产供链

一、基本情况

宜宾丝丽雅集团有限公司（以下简称"丝丽雅"）是以生物基再生纤维素纤维及其新材料产业为核心的大型综合现代化企业集团，拥有国家博士后科研工作站和国家企业技术中心，被确定为国家创新型企业和国家循环经济试点企业。丝丽雅积极响应和服务碳达峰碳中和战略，以"绿色呵护人类美好生活"为使命，聚焦"绿色、低碳、健康、可持续"主题，加快构建"绿色原料、绿色工艺、绿色能源""三绿制造"循环发展模式，大力开发回收纤维、竹浆纤维、莱赛尔纤维、零碳纤维、循环再生使用纤维等绿色低碳产品，持续提升产品科技含量和品牌影响力，深度嵌入国际高端品牌供应链体系，是目前全球唯一一家使用回收浆生产再生纤维素长丝和短纤产品的企业（见图 1），获得纺织工业"2022 年度可持续时尚践行者""纺织之星创新纤维供应商""产品开发贡献奖""2023/2024 流行趋势产品""2023 中国纺织服装行业年度精锐榜十大可持续发展榜样"等荣誉。

图 1　丝丽雅利用 Circulose Ⓡ 回收浆制作的循环再生纤维素纤维长丝产品

二、主要做法

丝丽雅深入贯彻落实新发展理念，主动服务构建新发展格局，以"三绿制造"为突破口，扎实推进生产方式绿色低碳转型，积极引领纺织消费时尚和潮流。

（一）积极响应国家战略需求，扩大绿色低碳产品供给

主动对标落实国家战略部署，顺应现代纺织产业发展新趋势，结合公司发展实际积极有序推进绿色低碳进程，努力满足国内国际两个市场需求。

发布"双碳"愿景和《可持续发展报告》。2021年完成碳基线排查，2022年发布"双碳"目标，2023年完成从纤维到纱线的产品碳足迹核算，2025年打造两个"零碳"工厂、制造三个"零碳"产品，"十四五"期间废旧纺织品、零碳产品占比提高到25%以上，到2030年单位产品降碳30%，到2055年实现碳中和，绿色低碳纤维综合利用水平和规模明显提升。

积极创新发展绿色低碳产品。引进 Circulose ® 回收浆制成低碳产品——循环再生纤维素纤维，目前已扩大到万吨级规模，形成3个系列20多款产品；选用宜宾竹浆生产纤维，产品碳足迹降低40%左右，形成千吨产品规模；整合绿色产业链，建成"零碳工厂"，年产6.5万吨纱线和10万吨无纺布，同时制成服装、袜品、干湿巾等清洁用品、口罩等防护用品、面膜等系列产品，持续向市场推出高品质绿色低碳消费品。

（二）实施"三绿制造"经营模式，打造绿色低碳制造体系

以市场需求为导向，以时尚品牌为依托，以"三绿制造"（见图2）为牵引，加快推动形成绿色低碳制造体系。

将绿色制造融入产品全生命周期。积极参与"30·60中国纺织服装碳中和加速行动"，制定绿色低碳标准，从原料选择、产品制造、消费引领等环节推动绿色制造。原料选择经FSC国际认证的木材和竹材，Canopystyle（世界环保公益组织）年度审核丝丽雅获得30枚纽扣和深绿色衬衫的最高评级；产品制造通过ISO14001：2015环境体系、ISO9001：2015质量体系认证，制成的消费品通过多项产品标准认证，获得产品碳足迹标签等。

将绿色价值嵌入产品品牌。通过开发物理可追踪、可识别的绿色产品，筛选上下游朋友圈，构建绿色低碳供应链；通过加强与品牌商、零售商合作，打造"宜

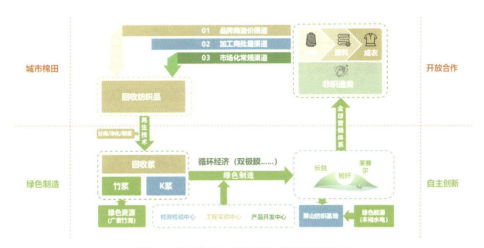

图 2 丝丽雅 "三绿制造" 循环经济模式

赛尔Ⓡ" "宜可雅Ⓡ" "雅赛棉 TM" 等绿色品牌，构建绿色商业闭环（见图 3）；通过自主创建延伸消费品牌，形成了服装系列——"SILYA Ⓡ"、干湿巾系列——"丝丽雅Ⓡ"、清洁系列——"莱洁丽Ⓡ"、防护系列——"安康丽雅Ⓡ" 等 8 大系列品牌。同时，打造网络购物平台，打通从生产纺织品到购买消费品的 "最后一公里"，实现线上线下消费融合发展。

图 3 利用 "宜赛尔Ⓡ" 循环再生纤维素纤维制成的西服

将绿色消费贯穿经营过程。建成回收服装—制造浆粕—再造纤维—创新服装（服装到服装）的闭环产业链，成为引领消费时尚的 "链接器"；以 Gracell Ⓡ x

Circulose ®纤维素纤维为原料，与前进牛仔和葡萄牙 Impetus 等下游伙伴合作，制成可持续牛仔产品并在阿姆斯特丹 Kingpins 展出；以宜赛尔®循环再生纤维素纤维长丝为原料，与葡萄牙 lmpetus 集团合作制成新款背心，荣获 2023 年慕尼黑国际体育用品博览会（ISPO）奖。丝丽雅绿色产品已然成为绿色消费的代表符号，展现了中国纺织绿色低碳和可持续发展的信心与成果。

（三）打通绿色资源产供堵点，建设绿色供应循环体系

立足产供链稳健发展和持续安全，坚持以新业态新模式为引领，促进资源国内国际双循环，推动新型高端消费扩容提质。

1. 供应链循环降碳

引入 Circulose ®回收浆和森林管理委员会（Forest Stewardship Council，FSC）认证的绿色循环材料，Circulose ®回收浆 100% 来自废弃纺织品，经低温、低压、无危化工艺制成，其生产能耗仅是常规浆粕的 25%，碳足迹为 −2kg CO_2eq/kg，SCOPE 3 范围的绿色低碳原材料。采用水电（绿电）能源，实施能源梯级利用，开展水循环回用，能源碳排放从 2.188 kg CO_2eq/kg 降低到 1.625 kg CO_2eq/kg。

2. 资源链运输降碳

运输碳占生产碳排放 40% 以上，而竹浆碳排放量比木浆低 30% 以上（一个足球场面积竹纤维产量 12 吨/年，木质纤维素产量 3.5 吨/年，棉纤维素产量 0.5 吨/年），丝丽雅采用近距离 50 公里内竹浆制备纤维，促进运输碳由 3.82 降低到 0.29。同时近距离配置原料供给企业，降碳效果同样显著。

3. 产品链消费降碳

贯彻生产者责任延伸理念，设计绿色低碳消费"金字塔"，开发 FSC 认证全过程绿色环保可识别追踪的宜可雅®环保绿色产品，化解资源约束、循环利用废弃纺织品的宜赛尔®再生产品，降低产业链染整高碳排放的着色纤维，降低功能性后整理二氧化碳排放的抗菌、防晒等功能性纤维，提供不同层次的降碳产品链。丝丽雅低碳纤维成为国际品牌指定原料，绿色发展成效作为全球下一代解决方案登上了 Canopy 下一代解决方案提供商（Canopy Next Generation Solutions Providers）荣誉榜。

三、典型经验

丝丽雅围绕消费升级趋势，通过全链条全周期全体系变革，积极构建绿色消费

发展新格局，为推动行业发展提供了有益借鉴。

（一）全链条创新是绿色制造的基本前提

纺织消费品从制造到市场涉及众多环节，需要站在链主的角度整合资源。丝丽雅集聚原料、生产和品牌绿色资源，打造绿色技术链推动绿色制造，绿色资源链构建绿色产品，绿色消费链促进市场转型。例如，与 Renewcell（品牌名称）和 Ekman（品牌名称）共同搭建循环再生纺织品制造技术链，与纺纱、织布、染整、成衣同盟建设绿色可追溯产品链，与消费者、推广商、第三方机构合作搭建消费平台，形成产销一体化、定制化、智能化综合体，既提升了绿色商业价值可信度，也实现了从服装到服装的闭环可持续。

（二）全周期管理是绿色品牌的先决条件

丝丽雅从 1999 年就引进和应用 OEKO① 管理体系，用国际标准管理生产制造过程。进入新发展阶段，又将可持续 ESG 管理、"碳"管理、绿色低碳设计、产品物理追踪体系纳入全周期管理过程，进一步实现与国际体系接轨。近年来，在学习、借鉴、应用的基础上，丝丽雅积极倡导和创新标准体系，参与起草和编制《纺织品服装碳标签技术规范》《纺织企业 ESG 披露指南》等多项团体标准，实现了理念、技术和标准从跟随、到并跑、再到超越的转变。正是基于这些学习提升与厚积薄发以及全周期有效管理，才有了与 Renewcell（Circulose ®回收浆生产商）和经销公司 Ekman 的合作，才使绿色低碳产品品牌应运而生，才推动"零碳工厂""零碳纤维""零碳经济"变为现实。

（三）全体系推动是绿色消费的根本保证

绿色产品需要市场推动，丝丽雅通过建设市场联盟来推进绿色消费发展。一是独家推广方式，如雅菲特产品，通过全球独家营销，保持了产品高端市场可持续；二是体系推动方式，如回收浆纤维，公司通过设立绿色市场联盟，使制造企业与品牌商、供应链、行业协会、非政府组织等形成纽带与共识，以产品链推广创造价值链；三是社会引导方式，通过绿色公益活动，线上线下消费联动，宣传绿色消费，促进绿色供应，形成绿色低碳产品快产快销提质增效消费趋势。

---

① 某种环保检测，包含多种类别。

四、取得成效

再生纤维素纤维在全球纺织原材料中的占比约 5.4%，但其源于自然、归于自然，可循环再生、可自然降解的特性在原材料工业占据重要地位。丝丽雅通过构建绿色消费新格局促进产业向绿色经济社会效益转型。

（一）经济效益

通过实施回收浆项目，丝丽雅建成万吨级绿色循环纤维产业规模，回收浆纤维已占总产能的 5%，竹浆纤维已占总产能的 10%，促进区域纺织产业"做强二产、促进一产、拓展三产"现代化，年创产值 8 亿元，产业链市场规模超过 20 亿元。

（二）社会效益

构建绿色循环发展产业联盟，有效整合了区域染整、织布、制衣产业群，吸引了国内国际品牌商、制造商和加盟商集聚，服务高端需求，引领时尚潮流，产品链涵盖 20 多个国家（地区）和 150 多家企业，在全球产业格局扩链补链强链，形成了绿色低碳消费生态。"丝丽雅"品牌价值达 24 亿元。

（三）环境效益

废旧纺织品循环利用，减少了伐木制浆过程，降低了生产碳排放，实现了资源循环；实施竹浆纤维项目，将竹浆资源转变为循环低碳纤维，进一步引领了消费时尚。2023 年循环纤维产业链碳减排降低 3.5%，循环再生产品比例达到 3.8%；预计到 2030 年，循环纤维产业链碳减排将降低 30%，可循环再生产品比例将达到 20%，为推动纺织转型升级高质量发展提供助力。

第三部分　绿色居住消费

案例 25　大同新能置业：绿色低碳健康宜居

一、基本情况

大同泰瑞集团建设有限公司成立于 2000 年，企业主营业务包括"建设施工、投资运营和园区经营"三大板块。公司拥有省级研发中心、博士后工作站等科技创新载体；申请国家级专利和工法 200 多项，获评"国家高新技术企业"；公司先后荣获"全国优秀施工企业""中国建筑业成长性 200 强""中国工程建设诚信典型企业""山西省优秀建筑企业"等多个称号。开发建设了目前国内规模最大的钢结构装配式住宅项目，实现了在装配式、被动式建筑领域的技术创新，有效发挥了科技创新的引领、带动作用。

瑞湖·云山府项目（简称瑞湖项目）由大同泰瑞集团旗下的大同新能置业有限公司投资建设，总建筑面积 300732.82 平方米，共 30 个单体建筑，其中地上建筑面积 189486.14 平方米，总投资额约 24 亿元。项目集被动式、装配式、绿色三星于一体。执行超低能耗被动房的标准，展示节能技术。通过保温隔热、新风系统以及相关可再生能源实现室内四季的恒温、恒湿、恒氧、恒净和恒静。屋顶安装光伏发电，采用自发自用余电上网的形式利用可再生能源。

二、主要做法

（一）建设中重视绿色施工和可再生能源的利用

公司通过应用有针对性的绿色施工管理和绿色施工新技术，努力实现对生态环境干扰最小化和资源利用最大化，以及节材、节能、节地、节水及环境保护的目标。瑞湖项目采用装配式建筑，应用钢管束混凝土剪力墙、GRC（玻璃纤维增强混凝土）条板墙、预制钢板式组合楼梯等装配式构件，整体装配率达到69%以上。公司大力发展太阳能等可再生能源，在建筑屋顶上安装太阳能光伏发电，将废旧的模板做成垃圾箱、楼梯护角等，减少对环境的破坏和污染。

（二）建造被动式超低能耗绿色建筑项目

推广被动式超低能耗建筑是推进节能减排、推动碳达峰、碳中和的重要举措。被动式超低能耗建筑通过集成保温、密封和带热回收的环境一体机等系统，冬天不用烧煤烧气供暖、夏天不用空调制冷，节能率高达90%以上。瑞湖项目和园区宿舍楼均为超低能耗建筑。

（三）打造节能节水集成项目

瑞湖项目按照绿色建筑最高等级三星级标准实施建设。设计中首先考虑下凹式绿地、铺装地面等方式将项目内部的雨水进行自然下渗，再考虑超标准的雨水就地回收，通过生态草沟排入调蓄池。在满足雨洪利用设计的要求下，节省工程投资，严格控制外排水量。公司提出了"下渗为主，适当回收；先下渗净化，再回收利用"的设计新理念。充分利用树阵、广场、非机动车道的雨水，补充绿地、水系的部分水量消耗。

三、典型经验

（一）建造期和运营期实施智慧管理

建造期主要体现在主体结构采用可回收的钢管束体系，减少碳排放；施工期主要体现在施工过程采用装配式建造方式，减少木材等非化石能源使用，减少碳排放。项目以 5G 技术为依托，充分利用物联网、云计算、移动互联网等新一代信息技术，实现全屋智能家居、智慧物业管理、周界报警、智能楼宇、梯控管理系统、停车管理系统、无线巡更系统、消防预警系统、人脸识别、访客管理系统等全方位、多角度的社区服务。

（二）全程提供绿色服务

企业提供绿色物业服务，包括能源管理、环境清洁、绿化养护等，为居民创造健康、舒适的生活环境。针对建筑的设备和设施，提供专业的维修和改造服务，如节能灯具更换、保温材料修复等，确保住宅的各项设施正常运行，延长使用寿命。对维护和保养过程进行记录和分析，及时发现并解决潜在问题，预防故障的发生。确保各项指标符合绿色建筑标准。

为客户提供绿色住宅咨询服务，解答客户关于绿色建筑、节能环保等方面的疑问。根据客户需求，提供定制化的绿色住宅解决方案，帮助客户实现节能减排和环保目标。对客户的绿色住宅项目进行全程跟踪，确保项目按照预定的目标进行。

（三）社区共建绿色生活

鼓励居民和企业在日常生活中节约能源，减少废弃物，并对可回收物进行分类和回收，与回收商建立合作关系，确保废旧材料的合理利用和再循环，对可再利用的废旧材料进行筛选、修复和处理，使其重新发挥价值。

通过物业、社区公司例会等渠道，普及绿色生活的知识和技能，提高环保意识和参与度，如开展环保知识讲座、分享节能技巧等，提高社区居民的环保意识和实践能力。建立社区交流平台，鼓励居民分享绿色生活经验和技巧，促进社区内部的环保交流与合作。为社区提供绿色生活咨询服务，帮助居民了解并实践绿色生活方式。

四、取得成效

（一）经济效益

主要体现在以下几个方面：（1）投资回报：随着消费者对绿色、健康、环保的关注度不断提高，绿色住宅的市场需求也在增长。（2）节能费用：绿色住宅通常采用先进的节能技术，这可以大大降低能源费用，如采暖费等。（3）维护费用：绿色材料和技术的应用通常可以延长住宅的使用寿命，从而降低长期的维护和修理费用。（4）项目为被动式超低能耗建筑，每年节约补冷补热能耗 586.47 万千瓦时，每年节约标准煤 720.78 吨/年，每年减少二氧化碳排放量 1977.26 吨。

（二）社会效益

瑞湖项目是山西省将装配式技术与被动式低能耗技术相结合的示范项目，对促进建筑行业转型和节能减排具有较高的示范意义，有利于加快大同市，乃至山西省的装配式建筑和绿色建筑产业布局，同步推进大同市、山西省建筑行业转型升级和产业结构调整。其一，绿色住宅不仅可以提供更高的居住质量，还可以通过节能、环保措施减少对环境的负面影响，从而提升社区的整体生活质量。其二，企业通过提供绿色住宅产品和服务，可以向社会展示其对社会和环境的关注和责任感。其三，建造绿色住宅可以提升消费者对环保问题的关注度和参与意识。

（三）环境效益

瑞湖项目通过高性能的外墙保温系统、低能耗的外窗系统、无热桥的细部构造、卓越的气密性、高效的热回收系统、充分利用可再生能源，给业主创造了更加舒适的高品质居住环境，同时也减少了碳排放、资源浪费和室内空气污染。通过雨水收集、废水回收等措施，更高效地利用了水资源，缓解了公共水资源压力。

案例 26　陕西地建：打造绿色生态新人居 匠著绿色建筑样板

一、基本情况

陕西地建房地产开发集团有限责任公司是陕西省土地工程建设集团的全资子公司，成立于 2013 年，具有房地产开发二级资质。公司秉承"责任地产　家在情在"的发展宗旨，坚持高品质战略，注重专业能力培育，积极探索产品创新，持续打造绿色精品项目。地建房地产集团公司深入践行"绿色居住"的开发理念，将地建·环球中心项目（见图 1）作为集团不断夯实高质量产业根基的重要抓手，将低碳、节能、可持续深度融入项目设计、开发、建设和运营全过程，并推动项目获得美国领先能源与环境设计（LEED）金级认证及西安市绿建批复。项目坐落于西安高新一期科技路核心板块，占地约 43 亩，总建筑面积约 40 万平方米，建设内容包括 2 栋 180 米超高层精装大平层公寓、1 栋 5A 甲级写字楼和约 6 万平方米的国际购物中心。

图 1　地建·环球中心效果图

二、主要做法

（一）节约集约土地，优化项目配套环境

地建·环球中心项目以"携手绿色发展　实现互利共赢"的设计理念为指导，将高端办公、核心商业、峰层奢居和周边环境融为一体，以实际行动践行好集约土地和高端圈层生活定位。

一是合理配置土地资源。项目将打造高新区超高层"新地标"为建设目标，包含 2 栋 46 层公寓楼和 1 栋 34 层办公楼，在保证业主居住舒适体验度的前提下，将容积率提升到 8.8（西安容积率均值为 3.3 左右），最大限度集约利用好项目稀缺土地资源。

二是合理开发地下空间。项目设置地下建筑 4 层，地下建筑面积与总建筑面积比率达 356.4%，确保停车场所达到最优规划。项目设置非机动车停车位 100 个，机动车停车位 3722 个，预留充足的步行空间及活动场所，并计划采取错时停车方式向社会开放，提高停车场使用率的同时，同步解决区域周边"停车难"问题，方便区域市民工作生活。

三是立体规划绿化用地。项目践行"第四代住宅"建筑理念，营造生态宜居环境，设置绿地面积约 5790 平方米，绿化率达 20%。精心选用大国槐、金桂、黑松等适应西安气候和土壤条件的植物，形成乔灌草复层绿化，并在裙房屋面、高区露台等地设置叠层绿地，将传统绿化从公区地面延伸到建筑立面，立体化、多样化、可持续化打造项目绿化景观。

四是合理避免环境污染。项目外立面采用玻璃幕墙系统，选用玻璃可见光反射率均≤20%，景观照明合理选择灯具可旋转照射和安装角度，无须对空中直射，最大化避免城市光污染。

（二）深化技术创新，低碳开展项目建设

在秉承"绿色建筑"设计理念的同时，项目严格按照低碳环保相关规定，限制使用非环保建筑材料及制品，减少建筑造型要素，简约装饰性构件，降低项目建设对材料和能源的消耗。

一是科学优化设计方案。桩基工程采用桩端桩侧后注浆工艺，并将基础布置调至最优，在提高单桩承载力的同时减少桩基数，达到节材效果。

二是合理优化建筑结构。按照项目各主体功能划分，合理选择结构形式，最大限度确保结构受力合理，节约建筑构件。另外，项目通过玻璃、轻钢龙骨石膏板材质等灵活隔断分割可变功能区 4.3 万平方米，增加项目功能多样性的同时减少固定隔墙数量。

三是环保选用绿色建材。经反复进行结构计算，选择最优配筋率构件截面尺寸，合理设置梁高、洞口高度，尽量减少二次过梁，并采用高标号预拌混凝土、预拌砂浆、HRB400 及以上钢筋等绿色建材进行施工。深入贯彻落实"可持续"发展理念，项目计划使用建筑材料总重量约 48 万吨，其中选用"再生可循环"建筑材料总重量达 6 万吨，占比达 12.36%。

（三）完善服务设施，倡导绿色生活理念

项目从业主入住后的实际生活体验出发，将绿色生活理念全方位融入提升项目物业服务品质当中。

一是设置"八大中心"，集约高端品质服务。项目对标国际级别高端商业定位，设置集购物、家政、健身、商务、医护、康养、托育、洗护服务功能于一体的"八大中心"，通过品质服务进行集中整合，进一步降低了业主在尽享塔尖生活时的碳排放。

二是引入"五恒系统"，打造智能生态环境。项目以物联网、云平台、大数据智能终端为基础，运用毛细管辐射冷暖技术和独立新风系统作为温控末端和智控核心，将尖端科技从空气到阳光水源，从室内家居到室外，渗透到每一处细节，打造"恒温、恒湿、恒氧、恒洁、恒静"的五恒智能室内环境。屋内智能系统将对"五恒"设备进行统筹控制，将健康生态的宜居环境和高度智能的便捷生活方式完美融合，带给业主更多绿色健康舒居体验的同时，最大化节约能源。

三是传播倡导"绿色生活"价值理念。项目始终将绿色和谐的生态理念作为宣传的重要内容之一，在项目生活美学馆举办"世界地球日"主题活动，强调爱护地球家园、保护资源的重要性与紧迫性，进一步强化尊重自然、顺应自然、保护自然，共建绿色、美丽、和谐地球家园的理念。

三、典型经验

（一）深刻把握定位，助推绿色转型

在全面准确贯彻新发展理念，深入落实"碳达峰碳中和"双碳目标的时代

背景之下，地建房地产集团深刻把握建筑行业绿色发展定位，不断提高政治站位，通过系统知识培训、观摩学习典型案例、相关新技术分享等形式，主动学习减排降碳国内外先进经验做法，探索创新绿色节能技术，做建筑行业绿色转型的先锋军。

（二）工程对标对表，践行绿色标准

严格对照我国绿色建筑和美国"LEED"双重标准，从项目设计、建筑结构、材料选择、施工工艺等角度注重节材环保，采用可循环再生绿色建材等，减少对环境的污染和压力。同时地建房地产集团公司在对项目经济技术审查、施工措施督导等过程中，坚决贯彻绿色发展理念，杜绝在方案设计、材料选用以及施工措施等方面的浪费现象，确保项目设计方案、施工措施的合理性、可行性。

（三）深度整合服务，保障集约运营

打造"八大中心"，配置"五恒"系统，同时联动周边多家商场、医院、学校、公共交通等资源，在保证今后项目正常运营的基础上，最大限度减少对业主日常生活的影响，提供更好的居住体验，更好地贯彻绿色、生态、集约、节能的运营理念。

四、取得成效

（一）经济效益

一是践行绿色理念，控制建设成本。项目从方案设计、施工工艺到建材选择，均走在了降碳节能的行业前列，为项目成本控制打好基础。二是发挥绿色建筑品牌效应。项目获得西安市绿建批复和被建筑界誉为"绿色建筑界的奥斯卡"的美国"LEED"金级认证（见图2），代表项目的设计与施工在绿色建筑领域已达到国际先进水平，能以较少的增量投入实现较高的品质品牌效应，获得可观的预期收益。

图 2　Leed 金级认证书

（二）社会效益

一是深刻认识项目定位，打造绿色居住新范式。项目作为西安市高新区重点项目之一，坚持贯彻绿色建筑、绿色居住理念，对陕西省房地产行业绿色转型升级具有示范引领和带动辐射作用。

二是完善项目绿建管理体系，培养绿色建筑新人才。项目在规划、设计、施工、运营引入了全流程绿色建筑理念，在全环节均采用绿色建筑相关标准开发建设。在项目建设过程中，项目团队及相关参建单位工程人员近 30 人具备了超高层综合体项目绿色施工工作经验，组织专项培训近 10 次，为行业培育了大量绿色建筑新型人才。

三是全方位集约品质服务，引领绿色消费新风尚。通过打造"一体化"方便快捷的后期运营服务和持续不断的宣传倡导，将绿色生活理念融入业主居住体验，引导业主不断提升绿色消费意识，促进绿色居住、绿色消费转型走深走实。

（三）环境效益

一是提高自然资源利用率。项目通过提高容积率、充分利用地下空间及绿化用地、玻璃幕墙、五恒系统等方式，最大化利用好项目自然资源。项目土地利用率高出西安地区平均值约 170%；通过叠层设置绿地，保证项目绿地率在 30% 以上；供暖、通风与空调系统能耗降低 6%。全面兼顾好绿色节能和业主入住舒适程度。

二是全过程降碳减排。通过科学优化设计方案、合理优化建筑结构、环保选用绿色建材、细化现场管理、集约品质服务等方式，从建材生产运输等上游行业到项目物业运营等后期业务全产业链贯穿绿色消费理念。可再循环材料使用占比约

12%，400兆帕级及以上受力钢筋的用量占比97.8%，装饰性构件的造价占比低于4%，最大化节约建材和能耗。

三是降低污染。严格控制幕墙玻璃选材，选用反射率≤20%的玻璃，进一步优化可景观照明方案，进一步优化雨水、污水回收系统以及垃圾处理措施，最大化降低项目建设、运营过程当中的光、噪声及污水等污染，营造绿色舒适的周边环境。

第四部分　绿色交通消费

案例27　盛德东南：先行先试
打造低碳园区新样板

一、基本情况

2021年我国碳排放总量为101.5亿吨，其中交通运输业碳排放占比达10.4%，是排在工业和建筑业之后的第三大温室气体排放源。据专家预测，在不进行干预的情况下，按照现在的排放速度，至2050年交通运输的碳排放量将会达到62亿吨，因此，推进交通运输低碳转型迫在眉睫。

盛德东南新能源电动汽车生态园是全国首座新能源汽车后市场主题园区、厦门首个三星级低碳工业园区，使用光伏建筑一体化设计搭建分布式光伏发电站、建设光储充检一体站、建设宁德时代EVOGO（品牌名称）和蔚来汽车换电站等方式加速推动新能源汽车发展，致力于打造新能源汽车后市场生态链、动力电池全生命周期服务以及车主服务为一体的新能源汽车生态园区。

二、主要做法

（一）打磨业态顶层设计，打造汽车产业生态

园区系对国有资产低效用地提升改造而成，先有"产业"后有"物业"。在项目最初就制定了新能源电动汽车后市场产业模式，以自身的"动力电池在线检测"核心技术为枢纽，与车企、银行、保险公司、充电桩企业、维修厂、电池原材料企

业、二手车平台等多方合作，搭建了完整电动汽车后市场生态链，实现从新能源汽车展示租售再到售后服务全过程控制，企业之间互促共进，园区经营模式可复制可推广。

（二）制定低碳发展路径，激发企业达标意识

园区对业态规划、空间布局、基础设施、生态环境、运行管理等进行系统性考虑，制定低碳到零碳实施路径，并将零碳行为理念落实到生产生活中，统筹考虑企业生产、楼宇建筑、园区交通等各个方面的直接或间接碳排放，全面推动园内企业共同制定目标和计划，在生产经营过程中严格遵守减污降碳原则，奉行低碳出行、节能减排的理念，充分利用各自的资源和优势，实现园区生态的绿色协同发展。

（三）深化服务实现共治，促进企业协同增效

园区建设完成后根据规划将各个业态企业引进园区，治理服务贯穿始终。入驻前，双方深入沟通能源消耗、主要污染物和碳排放量问题，为后续减污降碳提供数据支撑。入驻后，园区将绿色低碳相关政策、节能环保技术引入企业，积极申报厦门市低碳园区、协办全国低碳日厦门主场活动，并通过举办"绿牌影响力"系列活动推广低碳出行、低碳生活理念，推动全员参与减污降碳协同创新行动。开园以来，通过"园区共治议事会"累计收到员工治理建议 80 余条，涉及环保减排建议 22 条，大大促进企业间协同效应，为进一步减污降碳提供助力。

（四）光储结合，循环绿色电力

园区建设集光伏车棚、储能、充电桩、电池检测为一体的综合充电场站，让新能源车充上绿电，实现社会效益和低碳效益双提升。光伏发电和储能技术应用结合，可以将太阳能转化为电能进行充电，减少对化石燃料的依赖，还可以将多余的电能存储到电池组中，在需要时释放到电网中，从而平衡电网负荷，提高能源利用效率，降低碳排放。2022 年全年，光伏车棚装机量 140.4 千瓦，发电量 12 万度，减少碳排放约 84.5 吨；充电桩充电 417.63 万度，减少使用化石燃料碳排放约 3742.6 吨。

（五）换电模式，消除里程焦虑

换电模式是指将低电量的电池组从车辆中取出并更换为已充好电的电池组，以

实现快速补电和延长行驶里程的目的。相比传统的充电模式，换电模式可以更快地完成补电，同时也可以减少电池充电次数，从而降低能源消耗和碳排放。园区建设宁德时代 EVOGO 和蔚来汽车两个无人值守换电站，用户无须下车、车辆自动泊入、用户车内一键自助换电，自检电池、电机和电控系统，3 分钟左右完成换电继续出发。2022 年累计充电 78.31 万度，减少使用化石燃料产生的碳排放约701.8 吨。

（六）双向充电，缓解用电压力

园区内的 V2G 双向充电桩支持"电网给车充电"和"车给电网充电"。V2G技术可以将电动汽车的电池组作为储能设备，通过智能控制系统将其与电网相连接，实现在高峰期将多余的电能存储到电池组中，在低谷期将电池组中的电能释放到电网中，从而增加可再生能源的利用率，同时平衡电网负荷，避免了电网过载和供需不平衡问题，促进用电"削峰平谷"，也为新能源车主带来额外收益。

三、典型经验

（一）资源整合，突显跨界协同增效

园区在协同创新方面具有较强示范性。一是整合多家企业，建设环环相扣的新能源电动汽车后市场产业链生态，园内企业之间积极合作、互相导流，园区经营模式已推广至贵阳、南昌、杭州等地进行复制。二是与多家供应商合作，打造了光、储、充、检一体的充电解决方案，"动力电池在线检测"技术可在电动汽车动力电池系统整车不拆解、基本不改变整车控制策略的情况下对动力电池系统进行检测，具有快速高效、易于实施、低成本、精度高的技术特点，适用于电动汽车车载电池质量检测及使用过程中的安全评估检测，该技术的赋能使充电桩具备更多功能和市场吸引力。三是根据用户不同需求建设全方位补电解决方案，涵盖了 7 千瓦慢充桩、180 千瓦和 360 千瓦的快充桩，以及智能换电站，满足了运营车辆快速充电和换电需求、居民及驴友利用夜间停车同时低价充电需求、职工利用上班时间慢充以养护电池需求等多样化诉求。

（二）推陈出新，推动技改降碳协同控制

全力推动新能源电动汽车发展的同时，园区从供给侧发力，利用建筑屋顶及屋

面条件铺设光伏，使原本老旧的传统建筑转变成为可发电的节能建筑，从耗能向产能、节能转变，有效减少建筑碳排放。光伏发电站于 2021 年 12 月建成并入国网发电，2022 年累计产生绿色电力约 62.5 万度，其中向国网输送绿色电力 23.8 万度，共计减少碳排放约 439.7 吨。

（三）着眼长期，实现能源数据化管理

园区搭建智慧能源管理系统，实现能量生产、储存、消耗和预测，可智慧存储调度、智能运维，强化园区用能单位能耗监测，提高园区环境管理水平。同时建设碳排放管理系统，进行碳排放核算，通过数据进行智能分析，预测未来碳排放量，进一步加强园区碳排放管理，为企业降碳减排以及开展碳交易提供碳管理及决策建议。

四、取得成效

（一）减污降碳成效显著

2022 年，园区总计减少化石燃料碳排放 4968.6 吨（光伏车棚发电减少 84.5 吨、换电站减少 701.8 吨、充电桩减少 3742.6 吨、光伏发电站减少 439.7 吨），减污降碳成效明显。通过降碳的顶层设计和完整生态链的打造，带动园区内企业主动参与减污降碳协同创新，形成具有内生动力、可复制推广的协同机制。

（二）复制推广示范性强

一是截至 2023 年 5 月，光、储、充、检一体化模式在全国范围已复制建站 43个，分布在成都、东莞、福州、广州、南京、宁波、上海、重庆和厦门等地，其中厦门建有 3 个。二是宁德时代 EVOGO 换电站在厦门建成 15 座，福州、泉州、合肥、贵阳、成都等地的 EVOGO 换电站也相继落地，总计近 50 座。

（三）全市首个三星低碳园区

历时三年，园区完成提升改造工作，符合《厦门市低碳工业园区验收技术规范》三星级园区标准，2023 年 5 月通过市环委办验收，成功创建了全市首个三星级低碳园区。

案例 28　广东省建筑设计院：航站楼创新建设实现绿色低碳

一、基本情况

本项目为大型枢纽机场公共交通建筑，项目工程总投资为 124887.25 万元，包括白云国际机场二号航站楼、交通中心及停车楼。本项目陆侧总用地面积为 532762 平方米，总建筑面积约 84.23 万平方米（见图 1）。

图 1　建筑外观

本项目根据《绿色建筑评价标准》GB/T50378—2014 对三星级公共建筑的要求，综合采用绿色建筑节能技术、材料、设备，是我国南方湿热气候区首个三星级绿色机场，也是目前国内取得运行标识的规模最大的绿色航站楼。项目完全由我国自主拟订方案、设计、建造而成，获得 2021 年全国绿色建筑创新一等奖，对湿热气候区大型交通枢纽类建筑的绿色低碳设计及技术应用有较强的示范作用。

二、主要做法

广东省建筑设计研究院有限公司是广州白云国际机场扩建工程二号航站楼及配套设施项目的设计单位,负责项目全过程全专业设计工作。广东省建筑设计研究院有限公司创建于 1952 年,是新中国第一批大型综合勘察设计单位之一。

(一) 绿色创新技术

一是率先采用了"前列式 + 指廊式"航站楼低碳构型设计,大幅提高了航班靠桥率,航空器滑行延误降低 5%,碳排放减少 1.7 万吨,有效降低航空器油耗和碳排放。二是形成了适用于湿热地区的航站楼建筑围护结构节能关键技术,包括高反射隔热涂层金属屋面、绝热型材配置高透绝热玻璃等建筑构造技术,实现航站楼围护结构节能水平比节能设计标准提高 25%。三是形成了适用于湿热地区的航站楼室内外联动遮阳技术,包括"大屋檐 + 电动可调节百叶遮阳""大屋檐 + 张拉膜综合遮阳""建筑自遮阳 + 固定构件外遮阳"等遮阳技术,实现航站楼室外遮阳率不低于 20%,可调遮阳比例不低于 50%。四是首次提出并采用了湿热地区航站楼大空间采光照明一体化联动节能技术,包括"长大带形天窗 + 渐变旋转式吊顶"采光技术等,年利用自然采光达 2450 小时,年节约照明能耗 435 千瓦时,照明功率密度比标准降低 38%。五是率先在航站楼钢结构金属屋面大规模采用 BAPV 光伏建筑一体化技术,装机总容量 2.2 兆瓦,采用了 8090 块 270 瓦多晶硅光伏板,其转化率能达到 16.51%,系统总效率 80%。项目 2019 年度系统实测发电量 226.1 万千瓦时。六是首次采用了登机桥综合管理系统,确保航空器辅助动力装置(APU)替代设施使用率达 100%,减少飞机等待过程中平均约 85% 的燃油消耗。

(二) 其他常规绿色建筑技术

采用高性能机电设备系统、能效管理平台、水资源管理系统、室内空气质量监控系统、建筑设备监控系统(BAS)、智能照明控制系统等设备节能及智能化控制技术;同时采用耐久性结构建材、耐久性饰面、绿色建材及绿色产品、可再循环材料、高强度钢等,从使用端促进绿色低碳环保产品及材料的推广,推进建筑领域的绿色消费体系搭建。

三、典型经验

形成了"建造节能+绿能替代+运行节能"的航站楼建筑全过程成套节能降碳关键技术，包括航站楼可持续构型设计、航站楼建筑围护结构节能关键技术、航站楼大空间照明节能关键技术、航站楼登机桥运行节能关键技术等，通过上述成套关键技术，从降低航站楼建筑本体运营能耗和减少航空器运行油耗两方面实现航站楼绿色低碳消费，建立了适用于我国湿热地区大型航站楼建筑的绿色低碳消费方式。

四、取得成效

（一）经济效益

一是建筑围护结构与设备系统节能经济效益。本项目2019年度总耗电量为176.4千瓦时/平方米，相比同气候区T1航站楼单位面积年节电量为101千瓦时，年节电量为8507.23万千瓦时，年节约电费5955.1万元。

二是太阳能光伏发电系统经济效益光伏系统装机总容量2.2兆瓦，含8090块270瓦多晶硅光伏板，2019年度发电量约226.1万千瓦时。

三是建筑节水系统经济效益。本项目单位面积年节水量为1.17吨，年节水量为985491吨。

四是雨水回收系统经济效益。项目全年杂用水用水量为7918立方米，其中采用回收雨水量为6586立方米。

综上，本项目年度总计节约运营费用为6456.47万元/年。

（二）环境效益

建筑围护结构和机电系统节能设计全年节约标煤10455.4吨，太阳能光伏发电系统全年节约标煤277.9吨。整个项目年节约标煤10733.3吨，每年可以减排二氧化碳26511.2吨、二氧化硫214.7吨、氮氧化合物7.94吨、粉尘107.3吨。

整体通过降低建筑能耗、减少碳排的途径，积极响应"绿色居住消费"的理念。

（三）社会效益

一是采用的绿色生态技术在改善场地生态环境和保障室内健康环境的同时，使该项目成为绿色航站楼建筑的典范，为同类型大型枢纽公共交通建筑作出了表率。

二是作为我国夏热冬暖地区首个大型枢纽机场类三星级公共建筑（设计＋运行），对提升粤港澳大湾区大型交通枢纽的交通效能、推广绿色智慧关键技术方面具有标杆作用。

三是项目形成的湿热气候区大型航站楼建筑成套关键节能技术未来在我国"一带一路""南南合作"同类型大型机场项目中具有广阔的应用前景，预计将取得良好的综合效益。

案例 29 叶县公交：缓解拥堵 让绿色公交成为市民出行首选

一、基本情况

河南省叶县 2022 年城区常住人口约为 20 万人，预计至 2035 年城区人口将增至 30 万人。城市人口的不断增长使得城市居民对公交出行的需求量不断提升。叶县公共交通运输有限公司，属国有公营企业，由政府出资，于 2017 年 9 月 6 日正式成立运营，打破了公交车辆私人垄断的局面，拉开了城市公交国有公营改革的序幕。目前，城区范围内所有公交车辆实现公车公营、所有区域新能源公交全覆盖。

该公司共有 8 米新能源纯电动公交车 40 台、充电桩 20 台（充电枪 60 个，可供 60 台车辆同时充电），所有公交线路采取全程一元票价制，支付方式有投币、公交卡刷卡，微信、支付宝支付，银联卡支付等。伤残军人、伤残警察、退役军人持优待证免费乘车，60 岁以上老年卡乘客、身高 1.2 米以下儿童免费乘车，学生卡半价、普通卡八折。截至目前，共办理各类公交 IC 卡 7000 余张。

二、主要做法

（一）科学规划、提前谋划布局

按照《国务院关于城市优先发展公共交通的指导意见》以及省、市工作要求，公司落实县委、县政府优先发展城市公交、推进公交惠民利民的决策部署，不断提高公共交通承载力、覆盖率和综合服务水平，最大限度地引导居民乘坐公共交通出行，推动公共交通事业快速健康发展，积极营造良好的城市公共交通形象。公司牢固树立"公交惠民利民"工作理念，加快转变城市交通发展方式，突出城市公共交通的公益属性，将公共交通发展放在城市交通发展的首要位置，在规划布局、设施建设、技术装备、运营服务等方面，加大资金投入，创新运营体制机制，落实保障措施，形成城市公共交通优先发展的新格局。

（二）优化线路及合理调配增设运力

根据县城总体布局，按照平顶山市交通规划设计院提出的"三纵三横一循环"的设计理念，遵循县委政府相连、产业集聚区相连、新老汽车站相连、大的居住区互联的原则，科学调整优化城市公交线路。加大城市公交投入力度，在充分利用现有 40 台 8 米宇通新能源车辆的基础上，拟新购置纯电动公交车辆 50 台，努力满足市民日益增长的绿色出行需求，将公交车辆打造成为"流动的城市名片"。

（三）延长运营时间

根据市民生活习惯和出行需求，对城内公交班线运营时间进行适当延长，夏季（5 月 1 日～10 月 31 日）为 5∶40～19∶30；冬季为（11 月 1 日～次年 4 月 30 日）为 6∶00～18∶30，给市民提供更加方便、绿色的公共出行保障，助力解决城市拥堵，减少环境污染。

（四）完善公交设施

一是扩展场站，对汽车南站内部重新规划，增加车位，科学管理；二是增设充电桩、满足新增公交车辆充电需求（见图 1）；三是对现有公交站牌、候车亭进行全面检查，破损的、标志标识不清的进行维修更换，损坏严重的进行更新；四是新开辟线路的站台设置，按照 300～600 米进行规划建设新的公交站台站牌；五是在站牌和公交车的醒目位置标注站名、运营时间、线路走向等信息，方便群众出行。

图 1　新能源公交车辆充电中

（五）提升公交运营服务水平

牢固树立"公交出行、服务为先"的理念，加强公交行业管理，保障公交车辆运行"正点、正时、正规"；加强道路交通秩序管理，优先保障公交顺畅通行；强化驾驶员职业道德教育，文明规范服务，统一工装，内强素质，外塑形象，打造公交文化，提高市民乘车舒适度。

三、典型经验

（一）对外开放公交充电桩，满足公共充电需求

近年来，随着绿色消费理念渐入人心，越来越多的市民选择购买和使用新能源汽车。为满足日益增长的电动汽车充电需求，大力推进充电桩建设，除专用公交停车场充电桩建设外，还依托原有场地积极增设充电桩，在保证公交车辆正常运营的前提下，为广大市民提供有偿服务，满足更多市民的出行需求。

（二）致力节能减排，发展可持续交通

始终遵循"绿色公交，服务到家"的宗旨，致力于走绿色发展道路，为缓解城市道路拥堵积极践行节能减排的使命，努力担负起社会责任。通过构建顺畅、有序、便捷、高效的公交线网体系，减少公交车的无效线路和空驶里程，达到节能减排效果，弘扬人与自然相互依存、相互促进，共存共荣的生态文明理念。

（三）推广节能操作，践行绿色低碳理念

不论公交车的性能如何，不论什么样的节油装置和节能方法，驾驶员的适当操作都能达到节能减排的作用。公司在成立之初便深刻认识到此问题的重要性，持续开展驾驶员节能实操训练活动，并通过节能标兵评比、合理使用车载设备、以旧养旧、修旧利废等各项活动，使节能降耗、绿色低碳理念深入每位驾驶员心中，以实际行动为建设资源节约型、绿色低碳型社会做出贡献。

四、取得成效

（一）绿色公共交通进一步完善

公司将拥有的城市公交车辆全部更新为新能源车辆，并先后建成孙楼庄公交站点、任店镇克庄公交专用场站等，为市民提供了更加舒适清洁、便捷安全的乘车环境。优化开通了 4 条公交新线和 2 条学生定制公交线路，公交线路总里程由 85 公里增加到 130 公里，增加了 65%。持续强化驾驶员文明服务意识、规范服务标准、提升服务品质，乘客满意率达到 97.5%。

（二）居民绿色出行便利度提高

在平顶山市各县区率先发行并使用全国交通一卡通公交卡，已累计发卡 1000余张，实现与全国 300 多个城市互联互通，并实现了微信、支付宝车载移动支付功能。落实便民惠民，实行老年人免费乘车扩面工程，城区内老年人乘车由 70 周岁降低至 60 周岁，所有持军人退伍优待证乘客免费乘车。

案例30 宇翔出租：换电巡游 出租车典型案例

一、基本情况

呼和浩特市宇翔出租汽车公司于2007年4月注册成立，现拥有300辆自主经营出租车，公司连续多年被评为"先进出租汽车企业"、"讲文明、树新风、促和谐"先进单位、"出租汽车行业爱心企业"等荣誉，是内蒙古自治区5家AAA级出租汽车公司之一。2023年，公司将全部车辆更换为吉利旗下睿蓝60S型换电车（纯电动汽车），并使用吉利旗下的易易换电站，通过快速更换电池的方式实现巡游出租车补能，换电价格以车辆实际行驶的公里数结算，定价为0.27元/公里，即汽车实际行驶里程为200公里，则更换电池时收费54元。

二、主要做法

（一）实施背景

"十四五"期间为支持巡游出租汽车电动化发展，内蒙古自治区交通运输厅、财政厅联合印发了《"十四五"推广应用新能源巡游出租汽车奖补实施细则》（以下简称《实施细则》），对购买符合条件的换电版巡游出租汽车，每车补贴4.5万元，充电版巡游出租汽车每车补贴4万元；建设出租汽车专用换电站，按照800元/千瓦的标准（单站最高不超过150万元）进行补贴；出租汽车专用换电站每年运营补贴按单站不超过1000小时，以优、良、合格、不合格四种考核结果分档补贴，对应档位分别为0.4元/千瓦时、0.3元/千瓦时、0.2元/千瓦时，考核结果不合格不予补贴。

《实施细则》出台后，呼和浩特市部分出租汽车公司率先落实，将到期报废的巡游出租车，全部更换为换电模式的纯电动汽车。

（二）换电巡游出租汽车特点

一是相对于充电汽车，换电汽车具有补能效率高（1~3分钟完成换电作业），换电站占用土地集约程度高；二是换电价格按实际行驶里程计费，司机不存在"充电焦虑""里程焦虑"的困扰；三是换电站利用峰谷分时电价，夜间给电池充电，用电成本进一步降低，且电池慢充方式有利于电池寿命延长。在土地资源紧张、冬季较长且气温较低的大中型城市，较为适合换电出租汽车应用（见图1、图2）。

图1　车辆进站时间

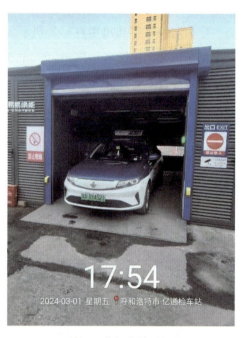

图2　车辆出站时间

三、典型经验

一是换电站工作效率高。换电站专门为出租汽车提供服务，服务更专业，换电站根据出租汽车数量，灵活选址建站布局。投资回报能根据车型、车辆数提前估算。呼和浩特市巡游出租车基本为全天运行，在2022年开始将燃气巡游出租车批量更换为新能源巡游出租车，为了能在较短时间内配套完善相关充电基础设施，确保出租车高效补能，最终确定了换电模式，换电价格按实际行驶公里数收费。宇翔公司在前期充分调研了解的基础上，确定了车型，并由公司投资建设换电站，形成较为完整的换电生态（见表1）。

表1   充电站和易易换电站对比

参数	较大充电站	易易换电站
功率	20个充电桩总功率1200~2400千瓦	总功率800千瓦
占地面积	1000平方米	200~300平方米
服务车辆数	服务全社会车辆	单站最高满足150辆出租车需求
补能时间	快充0.5~1小时，慢充8时	2~4分钟（智能控制）

二是有序应对北方低温雨雪天气。北方地区新能源车续航"缩水"，充电时间变长，对运营影响较大。公司为换电站进行外层保温，尽量将站内温度保持在适宜电池充电范围，保证电池充电效率。同时车辆加装柴暖设备增加冬季续航里程，车辆安装挡泥板，防止车辆底盘积雪冻住电池的固定螺栓，换电站在低温雪天无须再对车辆底盘的电池螺栓进行除雪除冰，保证了换电时效。

四、取得成效

一是实现出租车公司多元化经营。出租车公司过去只依靠收取出租车承包费，通过自主建设换电站，增加了公司营收渠道，扩大了经营范围，企业不仅是"收费员"，更是能源服务的提供者。

二是实现出租车降本增效。与加气站相比，换电站多在城区较中心位置或人流量集中区域，出租车换电和接送乘客更便捷。换电车每公里运行成本较天然气至少低5分钱，维修和保养费用也更低。电车乘坐更舒适，乘客普遍反响较好，出租车服务口碑得到一定提升。

三是降低司机工作强度。换电车操控更简单、乘坐更舒适，出租车司机无须频繁换挡，劳动强度降低缓解疲劳，驾驶注意力更集中，有效降低交通事故发生概率。

四是有效降低城市电网负荷。换电站在谷时段推出更优惠的换电价格，引导出租车司机在城市电网负荷较小的时段进行换电。

案例 31 永安行："氢"装上阵赋能城市智慧出行

一、基本情况

绿色出行对城市而言，不仅是一种高效的出行方式，为实现更大规模的城市空间体系构建、更高能级的城市功能集聚提供了交通承载，还是一种绿色低碳的新消费方式，在满足市民生活多样性需求的同时，通过减少汽车使用、提倡公共交通、鼓励低碳交通等方式来降低尾气排放和减少能源消耗，从而减少对环境的负面影响，助力"双碳"目标实现。

永安行科技股份有限公司（SH 603776）是一家以绿色低碳环保产品为核心的高新技术企业，先后获评国家知识产权示范企业、国家知识产权优势企业等荣誉称号。公司主营业务包括基于物联网和数据云技术的共享出行系统研发、销售、建设、运营服务，同时依托永安行平台，通过永安行 App 向消费者提供共享出行服务、智慧生活服务以及分布式氢能数据平台业务。目前公司已服务全国约 280 个城市，累计注册会员 5100 万人，年骑行量达到 7 亿人次。截至 2023 年 6 月，公司已申请氢能相关专利 184 项，氢能发明申请数量连续两届入选全球氢能产业发明专利排行榜（前 100 名）。

二、主要做法

（一）案例实施背景

氢能被誉为 21 世纪的"终极能源"，具有清洁低碳、热值高、来源多样、储运灵活、损耗少等优势。2022 年 3 月，国家发改委与国家能源局联合发布《氢能产业发展中长期规划（2021—2035 年）》，明确了氢能产业的战略定位和绿色低碳的发展方向。我国规划的 3060 目标，使得氢能成为深度脱碳的重要选择。发展绿色交通是预防和缓解交通拥堵、减少大气污染和能源消耗的重要途径，关系人民群众的生产生活和城市可持续发展，符合习近平总书记提出的"绿水青山就是金山银山"的环保理念。

随着氢能市场化普及，绿色出行成为氢能应用的重要场景。氢能在绿色交通领域的探索应用，有利于缓解环境问题和城市拥堵问题，属于国家重点鼓励发展方向。2019 年新国标正式实施后，两轮车市场迎来了新一轮换购利好，氢能在共享交通两轮车领域应用受到广泛关注，除了对电动两轮车部分场景的补充外，在共享出行、外卖配送、海外电助力自行车（e-bike）等消费场景快速渗透。

在"氢能产品进万家"的号召下，永安行科技股份有限公司研制了氢能自行车、氢燃料电池、微型太阳能制充氢一体机、固态氢电池（储氢器）等氢生活产品，放大氢能自行车续航、补能、综合用能成本、安全性等方面的优势，缩短氢能两轮车与消费者之间的距离，使公共交通末端配置更加绿色低碳，为城市最后一公里的绿色出行换挡加速，助力我国 3060 目标加快实现。

（二）特色及主要创新点

氢能自行车是一种技术创新型自行车，其动力系统采用了氢燃料电池技术。相比传统的电动自行车，氢能自行车的特色在于通过氢气和氧气的化学反应来产生电能，供给电动机，驱动前轮旋转，从而实现行驶。这种氢能自行车产品实现了零排放，减少了环境污染，具备以下三个创新点：

一是实现全链路零碳排放。永安行研制的氢能自行车及其燃料电池的寿命可达 5 年左右，具有全生命周期零碳排放的特点，氢燃料电池制造前和寿命结束后的回收利用都属于低碳产业，电池材料的回收利用率可达 80% 以上。

二是实现多场景推广应用。相比氢能汽车而言，氢能自行车等慢行交通工具更贴近消费者生活，市场规模大，试错成本相对较低。相比电动自行车而言，氢能自行车出行更快、体量更轻、充换能更方便，产品助力最高时速可达 23 千米/小时，0.39 升的固态氢能电池能够续航 40~50 公里，人工换氢仅需 5 秒钟即可完成，在城市共享出行、外卖配送等领域优势显著。

三是实现全周期监测维保。永安行搭建了氢能数字管理平台，对每辆车内的储氢器进行实时数据追踪及数字化管理，24 小时监测氢气使用情况，每个储氢器换氢时，系统都将进行全面的质量安全检测，为用户安全出行提供全方位护航。

此外，永安行还建立了燃料电池研发中心及智能化生产线、固态氢电池研发中心及制造生产线、微型太阳能制充氢一体机研发中心及制造生产线、氢能自行车设计中心及组装生产线、大功率燃料研发中心等，完成了全产业链的布局，大大降低了氢能自行车产品的制造成本。公司围绕氢能产业的战略规划，快速打造分布式数字化氢能系统平台，一体化集成自行研发的 Alpha 系列（Y400）、Beta 系列（Y600）折叠款、Gamma 系列（Y800）山地自行车款氢能自行车、Q100 微型太阳能制充氢一体机、氢燃料电源系列、氢能应急电源系列以及氢能其他产品，将制氢工厂、加氢站、氢气储存运输、氢能用户终端应用等高大难的问题进行分解，碎片化一体化地解决，建立一个从绿色氢的生产、充装到使用的生态体系，使得氢能自行车研发、制作、场景应用、充换能、安全监测等全流程更加高效便捷（见图 1）。2023 年，永安行在业内率先向国内及海外市场推广销售这些产品及系统。

图1　分布式氢能制充储用一体化系统

（三）解决的主要问题及方式方法

永安行通过布局氢能源赛道，以"有阳光和水就有氢能，实现碳中和"为发展愿景，以氢能两轮车市场为发力点，为更多的消费者提供慢行交通工具（见图2）、氢能生活产品，率先实现了氢能在交通出行领域规模化应用，填补了行业空白，扩大了市场份额。

图 2　市民体验氢能自行车

国内市场方面，氢能自行车推动共享出行更加安全可靠，由于锂离子电池的安全问题导致一二线城市小区共享出行等场景禁止共享电动自行车，相比较而言氢能自行车更加安全，且出行性能不输电动自行车，市场不再受到限制，有望大面积进驻一二线城市。在外卖配送等场景，氢能车较为电动车而言更具优势：电动车使用寿命平均 2 ~ 3 年，而氢能车可达 5 年；电动车充电需要几小时，氢能车换氢仅需数秒；电动车满电续航 70 ~ 90 公里，同类氢能车可达 100 公里。

国外市场方面，随着欧美、日本等国家 e - bike 市场快速扩大，给氢能车应用带来更广阔的海外消费市场前景。国外 e - bike 和氢能助力自行车按照自行车管控，在欧洲属于 L1e - A 类目，采取宽松管控，不需要车辆审批，驾龄驾照无要求，不需要登记牌照，不用强制戴头盔，三方险也不是必须，因此受到消费者的青睐。氢能助力自行车不仅环保而且安全，国际发展环境友好，在欧洲大力推行氢能社会的背景下，有望逐渐进入欧美市场。

三、典型经验

（一）扩充消费，创新氢能商业新模式

公司氢能产品销售及服务收入模式为：基于永安行共享出行平台的业务基础，

一方面，公司为客户提供共享氢能自行车出行，按分时租赁的形式获取收入。另一方面，公司也向客户销售氢能自行车、微型太阳能制充氢一体机、燃料电池、固态氢电池等氢能产品以及提供换氢服务等业务获取服务型收入。

（二）延伸链条，丰富氢能应用新场景

公司基于永安行成熟的平台技术和业务基础，为客户提供自主研发的智能管家机器人、智能锁、智能感知、管理系统等产品，通过物联网及数据云技术，对室内环境、安全监控、火灾预防、家电运行状态等信息进行数据采集，再通过永安行平台为用户提供服务。这种业务一方面向用户销售系统产品，另一方面可为终端客户提供"套餐＋定制化"的交互场景应用服务，为用户打造全新的智慧生活方式，可广泛应用于居住安全、居家养老服务等。

四、取得成效

（一）产品在国内辐射范围逐步扩大

随着绿色交通出行的多年深耕以及氢能前瞻布局，公司共享氢能自行车系统已经在常州、上海临港、云南丽江等城市和地区落地。2022 年，氢能产品销售及服务收入为 300 万元，2023 年累计氢能助力自行车投放市场约 8000 辆，预计 2025 年公司氢能产品业务模块营业收入将超亿元，成为企业高速发展的新引擎。

（二）产品填补了行业领域应用空白

公司积极探索绿色低碳氢能开发利用的有效途径和应用场景，率先实现并提升氢能源在智慧城市交通出行领域的应用规模，推动形成氢能多元应用生态并制定相关标准，填补了氢能自行车及氢能终端产品的行业应用领域空白。

（三）产品有利于促进绿色交通消费

氢能共享自行车能够提升共享交通系统的绿色化、智能化水平，减少碳排放量，带动产业转型升级，提升我国智慧共享交通系统国际竞争力，扩大国际市场占有率，同时也可极大促进我国氢能源产业化、商业化和标准化进程，推进节能减排技术的飞跃发展，助力"碳达峰、碳中和"目标实现。

案例 32 菜鸟供应链：聚焦物流双碳建设数字循环物流

一、基本情况

浙江菜鸟供应链管理有限公司（以下简称"菜鸟"）成立于 2013 年，是一家客户价值驱动的全球化产业互联网公司。菜鸟坚持长期主义，聚焦产业化、全球化和数智化，坚持把物流产业的运营、场景、设施和互联网技术做深度融合，坚持数智创新、开拓增量、普惠服务和开放共赢。目前，菜鸟已形成三大核心服务板块：国际物流、国内物流、科技及其他业务。

自 2020 年 9 月我国提出双碳目标以来，菜鸟聚焦物流双碳，建设数字循环物流，在订单、包装、运输、仓储、回收这 5 个主要物流链路环节，联动消费者和供应商，探索通过数智优化、能源转型、转变使用包装材料等方式，推动物流减碳目标的实现，促进绿色消费。

二、主要做法

（一）新技术新模式促循环减量

1. 科技创新推动包装减量

一是在原箱发货环节下功夫。据测算，使用原箱发货、装箱算法、环保包材的单位减碳量分别可达 358 克、62 克和 22 克。在仓库发货方面，通过智能装箱推荐算法实现减量。采取大数据算法和智能化仓储来优化运营环节指导发货打包流程设计，菜鸟集团电商快件不再二次包装比例达 90% 以上。在商品出厂方面，通过嵌入供应链上游实现源头减量。2022 年"双十一"，菜鸟联合数千商家，包含 15 万种商品，开展了每个包裹"减碳 50 克行动"。

二是在包裹装箱环节下功夫。菜鸟智能装箱算法能有效减少过度包装实现包裹"瘦身"，不仅可以推动电商平台的商家和快递公司节约使用包材，还能通过包裹瘦身助力干线运输载货业务降低碳排放。菜鸟通过开发智能切箱、装箱算法来减少包装用量，平均减少15%的包材使用。卖家只要输入商品的长宽高和历史订单数量，系统就能通过自动摄像机测算商品体积，并结合大数据算法模型优化和设计纸箱型号，推荐最佳尺寸箱型、装箱顺序及摆放样式，实现箱型更匹配、装箱更紧凑、资源配置效率更高，这是业内最成熟的包装轻量化解决方案。2023财年智能装箱算法减少包装材料用量超18.4万吨。菜鸟的电子面单已经接近2000亿单，推广惠及更多快递公司，减少纸张使用。

三是在出口包裹环节下功夫。在跨境物流场景中，菜鸟应用了智能合单引擎，将多个包裹合单发货，实现前置分拣和集装运输，有效降低了国际航空物流线的碳排放，并将加大海外仓布局，减少对航空运输方式的依赖，降低单包裹碳排放量。菜鸟"合单引擎"通过大数据算法，精准识别使用同一海外收件地址在"国际版淘宝"上不同店铺购物的海外消费者，经过智能合单，在集运仓将该客户在国内不同平台店家购买的多份订单集中打包成一个包裹，完成后续干线及末端配送，大大减少末端配送次数，从而降低碳排放。

2. 模式创新落实循环回收

一是使用可循环快递箱减少包材。在商品从商家仓库运往菜鸟仓库的环节，菜鸟正在推广商对商（B2B）物流箱的变革，通过与商家合作，以往报废率极高的大纸箱，现在正渐渐被替换成可循环使用的循环箱。这些循环箱搭载了自研无线射频识别芯片（RFID），"一箱一码"，可以减少破损率、丢失率。同时，菜鸟通过在"物流详情"中对绿色包裹打标等形式，鼓励更多商家采用环保寄件袋、无胶带拉链箱等绿色包装。目前，菜鸟已与雀巢、联合利华、飞利浦等多家品牌开展合作，绿色消费进展和效果良好。

二是依托驿站构造包装回收闭环。自2017年，菜鸟主动推出了基于快递末端服务站这一场景的快递包装"回箱计划"。据研究机构测算，完成1次驿站回箱，平均可减少37克碳排放。菜鸟已覆盖全国31个省（自治区和直辖市）315个市近10万菜鸟驿站设置了绿色包装回收箱，估计年回收包装数亿件，每年可以回收上亿个快递纸箱。作为国内最大的线上快递回收阵地之一，浙江碳普惠平台自成立以来一直致力于为菜鸟提供"回箱计划、绿色产品方案、绿色互动社区、'菜鸟绿色家园'"等服务。

（二）新设备新系统助全程减排

菜鸟充分发挥数字化、智能化优势，实施全生命周期减排。

1. 线下运营推广清洁能源

一是在道路运输清洁能源。截至目前，干支线运输方面，菜鸟运营了 500 余台电动车用于支线运输；末端配送方面，菜鸟在高校和社区菜鸟驿站投放 800 台末端电动无人车"小蛮驴"，提供末端配送服务。目前，菜鸟正加速推广短途电动车的使用，并已启动小范围路测，将逐步应用到城市道路和干线物流，实现进一步提效减碳，并计划在 2030 年前将全部同城运输车辆更换为清洁能源车辆。

二是航空运输节能减排。菜鸟探索减碳方案，去年将部分承运机型由波音 747 机型替换成波音 777 机型，有效提升装载率，提升航油使用效率，显著减少油耗从而减碳。

三是仓储园区绿色发电。位于上海嘉定、武汉江夏和黄陂、东莞清溪、杭州下沙等地 8 个菜鸟物流园区使用屋顶光伏清洁能源发电。

2. 线上路径优化算法赋能绿色供应链

菜鸟基于大规模邻域搜索和深度强化学习的路径规划算法方案，通过计算提高决策合理性，压缩线上时间，可以在小于 0.01 秒的时间内得到 98%～99% 最优解，给线下留出更多操作时间，提高履约时效性，节省巨额成本。菜鸟研发的物流路径规划算法，入选 2021 年弗兰兹·厄德曼（Franz Edelman）杰出成就奖，也是全球运筹和管理科学界的最高工业应用奖，被称为运筹学的"奥斯卡"。通过先进的在线路径优化算法，显著增强绿色供应链的运作效率与环境可持续性。

（三）以快递物流牵动全产业链绿色发展

一是聚焦重点时段——"双十一"，来带动全产业链减碳。利用社会关注的行业旺季，带动上下游实现减量，同时有效提升行业环保工作的社会感知度和美誉度。2022 年"双十一"期间，在全国 300 多城的 13 万家菜鸟驿站同时开启活动，准备了 750 万个鸡蛋等礼品（见图 1）；部分驿站还试点使用物联网（IoT）智能设备，自动识别快递包装参与换蛋，让消费者的纸箱换蛋过程更加便捷。菜鸟给 10 余万个菜鸟驿站的每一位站长开设了碳账户，可记录该站点回收的包装纸箱量，可使用的包装数量。驿站站长可以用回收行动累计的积分，兑换一些奖励。物流末端，正向周边的社区居民悄然渗透着绿色生活的理念，打通循环路径。

图 1　菜鸟回箱送鸡蛋活动

二是聚焦重点举措——激励消费者。2022 年 3 月，菜鸟在"回箱计划"的基础上进一步升级绿色产品方案，推出绿色互动社区——"菜鸟绿色家园"，消费者可在该社区体验绿色快递消费，线下参与快递包装回收等绿色消费行为都会累计，成为绿色能量，免费兑换权益。6 月，菜鸟绿色物流进入浙江碳普惠平台，快递消费者通过参与菜鸟快递的包装回收，多寄取和旧箱再利用等环节，均可在浙江碳普惠平台上形成碳积分并享受以上权益，该平台已经覆盖 11 个省辖市和部分县（市），累计注册用户超过 100 万户。此外，菜鸟还推出"个人减碳账单"，为每个消费者生成了"个人绿色物流足迹"。消费者可以通过淘宝、菜鸟 App 搜索"快递包装回收"绿色互动页，查看个人减碳量，实现快递末端绿色循环。

三、典型经验

菜鸟已经实现了从订单生成、仓储、配送到回收的全链路绿色物流减碳方案，并探索推出了以碳账户为代表的一系列数字化的碳资产管理系统，将减碳行为做到可测算、可认证，形成绿色减碳闭环，通过数字化的能力扎实支撑绿色减碳消费。

（一）以数字化推进全流程绿色减碳

通过构建全链路绿色物流体系，针对快递服务全生命周期推出"仓干配减排 5

件套"，包括仓储发货环节的循环包装和原箱发货，运输环节电动车配送，以及末端纸箱回收复用，成效显著（见图2）。

图2 菜鸟全链路绿色物流减碳方案

（二）成功构建面向全行业的数字化碳资产管理系统

菜鸟立足行业场景，发挥技术优势，开发一系列碳资产管理系统和全生命周期减排产品，提供低碳物流解决方案。推出面向商家和消费者的碳减排解决方案，研发面向行业的碳资产管理系统应用，以线上积分模式激励消费者，促进全流程减排。

四、取得成效

（一）包装减量再创新高

菜鸟开发符合不同行业特性的简约包装的方案，从源头上减少纸箱使用，积极推广原箱和旧包装发货，2023年一年内合计减少包装材料用量超18.4万吨。在包装回收方面，菜鸟驿站用数字化方式记录的纸箱回收再利用的数目达到2382万个，再创新高。

（二）绿色清洁能源比例不断提升

菜鸟大力推动短途城配电气化，菜鸟速递使用的城配电动车数量占比达33%，小蛮驴配送物流订单超2900万元。菜鸟仓库屋顶分布式光伏装机量从去年的24.9

兆瓦提升至 30.0 兆瓦，同比增长 20.5%，结合交易清洁电力，2023 财年仅此一项实现减碳 21003.2 吨。

（三）数字化技术加持，推动行业共同减碳

除自身减碳之外，菜鸟也为行业主管部门和生态伙伴提供低碳物流解决方案。在浙江、安徽、湖南、广西四省邮政管理局支持下，菜鸟开展了邮政快递行业的数字化碳资产管理系统试点，推动行业科学减碳，首个试点系统已在安徽上线。2022年7月，伊利与菜鸟签订绿色战略合作协议，依托"全链路减碳数字化系统"，共同建立旧包装的绿色回收链路，覆盖了消费者参与、转运清点、回收再造、预测模型的整个环节，解决消费者的包装回收触达难题，培养绿色消费行为，推动绿色低碳消费成为"全民习惯"。

第五部分　绿色用品消费

案例33　立白集团：可回收包装研发与应用

一、基本情况

广州立白企业集团有限公司（以下简称"立白集团"）是中国民族日化领军企业，创建于1994年，总部位于广州市，先后获得"全国先进基层党组织""中国质量奖提名奖""中国工业大奖提名奖""国家消费品标准化试点创建单位""全国质量标杆""中国绿效企业最佳典范奖"等殊荣。

响应习近平总书记"绿水青山就是金山银山"建设生态文明的国家战略，立白集团现已形成原料、配方、技术、制造、产品上下游绿色全产业链，被世界环保大会授予"国际碳金总奖"，被生态环境部授予"中国环境标志企业优秀奖"，被工业和信息化部评为"工业产品绿色设计示范企业"，广州番禺生产基地获评"首批国家绿色工厂"（见图1）。

图1　广州立白（番禺）工厂获首批国家绿色工厂

二、主要做法

（一）创新工艺设计，降低洗衣凝珠 30% 碳排放

洗衣凝珠是立白集团在洗涤剂领域创新开发的一款绿色洗涤剂，以节能节水降低环境排放压力为目标，使用了浓缩化的配方设计及环保原料，美中不足的是其外包装为不可回收再利用的复合材料。为了打造一款全新的、从里到外 100% 纯粹的绿色产品，立白选择从洗衣凝珠产品包装进行开发，并优选了外部产业链上下游合作伙伴协同研究，以期完成整个包装从原料供应到产品销售的全产业链的工艺验证，并推动从产品设计到最终回收再利用的完整闭环。

2019 年 10 月，立白集团和陶氏化学正式启动日化洗涤产品可回收包装研究及应用项目，项目内容围绕可回收包装的设计、搜集、分类、回收、再应用 5 个方面开展。通过研发团队与供应链技术团队的紧密合作，在 2020 年 9 月上市了第一款 100% 可回收的全聚乙烯（PE）材料的塑料软包装（见图 2），使用这款包装的产品同期上市销售。

图 2　立白洗衣凝珠产品可回收包装材料图片

新材料在凝珠包装上实现了产品外观、印刷效果、光泽度、产品的陈列与可回收性能之间的平衡，在上市之前的消费者调研中，大部分人认为全 PE 的软包装触感比普通复合袋更软，降低了产品包材的塑料质感，给消费者带来更加环保的体验。

此项技术应用在立白洗衣凝珠产品上，获得第三方权威机构 TUV 莱茵的双易标志认证以及碳足迹认证，应用新材料和新技术的包装比传统的复合袋减少了30% 的碳排放。

（二）单一材料塑料软包装解决难回收难题

日化洗涤产品可回收包装研究及应用项目，首要的就是筛选符合可回收材料设计方案的原料供应商及加工商。立白集团与全球包装行业最大的原材料生产商——陶氏化学公司进行合作，选用了一款创新型材料——双向拉伸聚乙烯（TF - BOPE）。这是一款革命性产品，与传统聚乙烯薄膜相比较，双向拉伸聚乙烯（TF - BOPE）薄膜具有更高的机械性能和材料刚性、更佳的光学和印刷性能，是陶氏包装与其他科学团队合作下，根据中国洗涤行业的特殊要求，主导研发的一项突破性解决方案，这种材料的特殊性能使其具备更容易回收利用、使用便利性更强的优势。在整个亚洲市场上，立白集团率先推出用单一材料的塑料软包装洗涤产品，从设计源头解决了复合塑料袋不能回收的难题。

三、典型经验

（一）改进日化产品包材，扩大可回收包装范围

立白集团通过改进产品包装材料，进一步扩大可回收包装范围，于 2020 年上市了 100% 可回收的塑料软包装，开创了日化行业的先河，是亚洲唯一做到软包装100% 可回收的日化企业，该项研发成果应用到了洗衣凝珠产品的软包装上，后续逐步应用至洗衣粉、洗衣液等洗涤产品。2021 年 11 月 25 日，获得检测认证专业机构莱茵颁发的塑料软包装"双易"认证优秀评级的证书，这是国内首张"双易"认证的优秀评级证书，意味着立白集团成为行业首个通过单一材质设计技术实现"易回收、易再生"性能软包装的企业。

（二）通过"双易认证"实现软包装回收有据可依

2021 年 11 月，立白集团的洗衣凝珠参与并通过了"双易认证"（见图 3），拿到了顶级的优秀评级，是国内首个获得此"双易认证"证书的企业。此后，包装的易回收易再生的认证标准逐步发展并日趋成熟，在包装行业出现较多的符合双易认证案例。这意味着在拥有统一公信力的标准背书后，软包装回收将有据可依，有

统一口径进行消费者回收教育，将更有利于日化行业包装材料的回收率提高。

图3 立白集团"双易"认证证书

（三）宣传及打造塑料包装循环再利用新模式

立白集团通过在合作商超、线下门店等通过派送赠送装的形式开展回收知识的宣传，以推动实现环保及销售的双丰收。2021年开始，上游原材料供应商陶氏、中游品牌商立白及资源回收商爱回收三方签订了包装回收合作备忘录，以立白品牌方为开端，从包装设计源头进行可回收设计，经由消费者使用后再由资源回收商回收，回收后的消费后树脂（PCR）可以被品牌方再利用到产品包材中，构建了包材循环利用新模式，为行业提供了经验示范。

（四）开发新技术促进回收塑料再利用

除了进行提高回收率的宣传工作外，对于回收回来的塑料进行了再利用的研究。电商运输包装上通常需要一些充气枕来对内装产品进行缓冲保护。立白集团在2021年10月完成开发了含25%PCR的塑料制作了一款缓冲充气枕，目前已经在实际运营中投入使用，开辟了日化产品回收塑料再利用的新途径。

四、取得成效

（一）打造碳中和洗洁精

除了软包装的可回收研究外，立白在硬质包装的 PCR 再利用上也进行了积极地开发应用。例如，尝试在洗洁精瓶 PET 瓶上使用了 PCR 材料，打造了一款"黄河智造"洗洁精产品，以保护母亲河的口号通过活动配合资源回收将从黄河回收的废弃瓶子制造成 PET 树脂，这种 PCR 材料就可以用在立白的洗洁精瓶中，通过使用回收树脂作为平衡碳排放过程的手段之一，立白集团打造了一款碳中和产品——立白精品青提茉莉洗洁精，2022 年"双十一"期间成功推出，首批 10 万瓶产品当日售罄，取得了良好的经济效益。在 2022 国际绿色零碳节暨 ESG 领袖峰会上，立白集团荣获"2022 年绿色可持续发展贡献奖"。

（二）实现塑料软包装闭环使用，促进企业降低碳排放

通过本项目开展，立白实现了从产品的可回收设计、制造、经过消费者使用并废弃、回收再造粒为 PCR 以及 PCR 材料再利用的完整的塑料包材循环利用，成功实现塑料软包装的闭环使用，从根本上避免了塑料包装废弃及焚烧带来的环境污染及碳排放问题。在可回收包装技术逐步在立白产品上推广应用后，立白集团逐年减少碳排放，组织碳排放量和集团万元 GDP 碳排放量均呈现逐年下降趋势，2021 年相较 2019 年，集团万元 GDP 碳排放量下降 16.88%，绿色低碳发展战略实施效果显著，有望在 2030 年完成碳达峰的目标。

（三）推广绿色设计产品，以实际行动助力行业脱碳

通过项目开展，进一步带动与促进了集团减碳降碳工作进展。2019 年立白集团获得行业首张"碳足迹"证书，同时主导及参与制定《绿色设计产品评价规范》《家用洗涤剂产品碳足迹等级和技术要求》《碳排放管理体系要求》《碳中和声明规范》等领先的"双碳"标准。目前，立白集团已有 139 项产品被评选为工业和信息化部绿色设计产品，占整个行业的 46.96%。产品中来源可再生资源的原材料已经占到 70% 以上，所用原材料的生物降解性超过 90%，为消费者提供绿色健康的产品，对降低碳排放，应对全球气候变暖和水体富营养化具有重要意义。作为发起减碳友好行动的企业，立白集团还积极参与电商平台绿色专场，多项绿色减碳降碳

措施并举，带动行业上下游共同减碳约 6397 吨/年。

（四） 软包装可回收技术带动行业上下游发展

软包装的可回收技术的发展促进了包材加工行业上下游发展。对于软包装袋的制袋设备厂商，因为可回收包装的应用，对制袋生产工艺、可印刷性能及热力学性能提出了不同要求，需要对制袋设备进行升级改造，从而促进厂商对包装设备进行技术开发与升级；对于原料供应商，现在可回收包装材质主要包括单一的聚乙烯和单一的聚丙烯（PP），可以通过不同技术路径来实现回收再利用。如对于单一聚乙烯材质，在可回收包装的发展逐渐火热的情况下，上游的聚乙烯膜加工商纷纷投入资金采购新设备，加工诸如双向拉伸聚乙烯（BOPE）、单向拉伸聚乙烯（MDOPE）等不同的适合可回收包装的薄膜，如黄山永新股份有限公司、广东威孚包装材料有限公司等已投入数千万元采购相关设备，进行上游布局，这也促进了软包装行业迅速发展。

（五） 软包装回收为包材加工行业技术进步创造契机

日化产品软包装具备较强的可回收改造潜力及环保低碳潜力，可回收包装也是目前软包装行业的热点，是软包装行业从高度分散高度同类且低利润的竞争局面转入依靠技术走高质量绿色包装发展的契机，也是软包装行业上下游包括设备、原料、回收端大发展的契机。目前国内日化软包装基本上由各品牌的供应商提供，也就是软包装行业的包材加工商。这个行业目前由于技术门槛很低，包材加工商数量众多，经过近十年的技术发展，产能非常富裕，行业处于依靠价格竞争、高度同类化竞争的阶段。新的软包装回收技术发展研究，可以促进包装加工行业依靠技术提升利润，避免陷入恶性价格竞争的陷阱，进而实现行业的优胜劣汰。

案例 34　顺达墨瑟：绿色节能门窗个性化定制

一、基本情况

高碑店顺达墨瑟门窗有限公司（以下简称顺达墨瑟）位于河北省高碑店市，成立于 2005 年。公司秉承"让建筑更节能，让生活更美好"的发展理念，以推广建筑节能为己任，致力于打造中国节能门窗第一品牌。顺达墨瑟是中国首家引进和推广节能门窗的企业，成为中国建筑节能门窗领域的先行者，也是第一个将门窗摆入家居市场开展零售业务的企业，率先提出了"个性化定制服务 + 智能制造"融合发展的定制化产业发展模式，对全国门窗行业转型升级起到了重要的引领、示范和推动作用，极大地促进了行业向节能化、智能化方向转型升级，为我国建筑节能做出了新的贡献。

公司拥有铝塑木全材料体系节能门窗技术系统，产品包括：构件式"木索"节能门窗幕墙技术系统、实木"中国风"节能门窗技术系统、铝包木节能窗系统、高性能铝合金节能窗系统、除霾净化窗技术系统、智能门窗技术系统、阳光房系统等 7 大类 27 个节能门窗产品，并通过了德国被动式房屋认证（PHI）、欧盟的欧共体认证（CE）、北美能源之星认证等国际绿色建材认证。

2022 年，公司入选工信部、住建部等六部门"绿色建材下乡活动"合作品牌，并被认定为"惠民行动领军企业"（见图 1）。

二、主要做法

（一）绿色节能门窗实施的背景

绿色节能门窗是指保温、隔热、水密性、气密性、抗风压、隔声、耐候性等多项指标都达到一定标准的高节能性门窗，是绿色建材产品。

众所周知，在全社会三大能耗中，建筑能耗占到 40% 以上，而建筑能量的流

图1　顺达墨瑟公司参加绿色建材下乡活动

失主要从门窗流失,通过门窗流失的能耗损失占到建筑总能耗的55%,门窗成为建筑能耗流失最大的"漏斗"和"黑洞"。因此,建筑节能,门窗是关键。

随着我国"双碳目标"、绿色建筑创建行动等绿色发展战略的持续推进,以及居民生活水平不断提高,人们的节能意识、环保意识和绿色发展意识不断增强,人们对节能产品的追求也日益增长。在门窗产业领域,人们早已摆脱了对门窗只是遮风、挡雨传统功用认识,对门窗的要求已发展为更多地注重产品节能、可靠、耐久以及与建筑物融合的品质特征和优质的技术支持、服务等全方位个性化需求。因此,风格多样、节能性好,面向家居零售市场的定制化节能门窗,逐步成为当今消费的潮流及行业发展的趋势。

(二) 绿色节能门窗全流程创新盈利模式

1. 个性化设计与实现流程创新

随着节能门窗零售市场迅速增长,传统的生产模式局限性被逐步放大,主要表现为日益增长的个性化产品市场需求和个性化产能不足的矛盾;零售市场需求多样化和产品标准化生产的矛盾。

为了更好地满足节能门窗零售市场发展需求,促进节能门窗的社会化普及与推广,公司在行业中率先提出并打造了"个性化定制服务 + 智能制造"融合发展的定制化产业发展模式,开发了"尊蒙"门窗个性化定制服务系统,建设了全国首个节能门窗生产系统智能制造工厂。

在客户服务方面,个性化定制服务系统全面打通了客户定制化需求—零售终端下单—产品设计服务—智能生产—安装服务—售后保障的整个流程,实现了全流程的信息化管理，提高了公司个性化定制服务水平和订单管理效率。

在产品设计方面，系统搭建了产品组合选择模块，客户可以根据自己的需求，在信息化终端自主选择和搭配门窗五金、型材、开启方式及颜色等信息。系统根据选定产品，自动生成产品 3D 效果图和报价信息，极大提升客户的消费体验。

2. 商业及盈利模式创新

门窗行业的商业模式主要分为两种：大宗业务标准化模式和个性化定制服务模式。

传统的大宗业务标准化模式，其客户主要为房地产开发商，这一模式是在大地产、大建材市场模式下形成的 B2B 模式，主要应用于民建和公建等大型房地产开发项目，单个项目以标准化、大批量为特点。这种模式下，房地产企业为做好设计、材料采购、施工管理等环节的成本控制，门窗产品更多还是选择传统的低端标准化门窗产品，这在一定程度上并不利于节能门窗行业的发展。

新型个性化定制服务模式，其主要客户群体为家居零售客户，属于 B2C 模式。随着绿色、低碳、环保的理念在消费领域不断升温，当不断进阶的绿色消费理念融入消费者的日常生活时，消费者对企业的可持续经营提出更精细化的需求与期待。经过多年发展，节能门窗已经摆脱了传统大建材的产品定位，成为零售家具市场的重要组成部分。

顺达墨瑟节能门窗个性化商业模式，具体包含六大内容：一是在产品设计方面，根据客户需求提供个性化产品和定制方案；二是在价值提升方面，为客户打造节能、健康的生活环境；三是在供应链生态建设方面，与高品质、绿色、环保原材料供应商建立稳定的合作生态；四是在市场细分方面，绘制消费者细分市场图谱，更加精准地开发节能、环保、健康的产品；五是在数字化方面，搭建大数据云平台、建立 5G 应用场景，为尊蒙系统赋能新一代信息技术，打造全流程个性化服务体系（见图 2）；六是在商业生态方面，通过尊蒙系统、智能化工厂及技术支持，打造节能门窗个性化定制服务产业模式。

3. 运营模式创新

节能门窗个性化定制推动了公众消费向节能化、绿色化转变，公众的绿色消费行为又促进了市场主体摒弃传统运营模式向个性化、智能化方向转型升级。围绕个性化市场需求，公司研发出种类齐全的节能门窗产品系统，搭建了"尊蒙"门窗个性化定制服务系统，实现全流程全周期信息化管理。

（1）智能化提升产品和技术创新。

通过定制化服务流程的搭建，在产品和技术创新过程中实现了客户的深度参与

图2　个性化定制云服务中心

和客户－企业间全流程互动，能够更好了解客户个性化定制需求，产品和技术创新方向更加精准，极大地满足了市场对于绿色节能门窗产品的需求。

同时，"尊蒙"节能门窗个性化定制服务流程在实现智能化标准化的过程中，通过技术、知识、人力资本等高端服务要素投入，为企业开展新型节能产品创新、技术创新提供要素基础，推动了企业的科技创新水平。

（2）精准化提升生产效率与质量。

畅通客户与生产关系，客户可根据信息终端，在"尊蒙"系统中查阅跟踪客户产品的整个设计、生产、配送、安装服务过程，引进客户质量监督机制和产品质量追溯模式，强化产品全流程生产质量管理、生产安装时效管理，确保服务质量和产品质量达到客户预期，提升客户服务体验感，增强客户服务满意度。

（3）差异化提升产品附加值。

由单一生产转向为用户提供增值服务和综合解决方案的过程，不仅能够提升用户体验和增加用户黏性，还能在企业竞争中实现服务的差异化。先进的服务理念与出色的服务水平，让公司避免卷入行业"价格战"，从而赢得了更好的利润空间和发展前景。

自顺达墨瑟率先开启了我国节能门窗零售市场以来，经过18年的积累和发展，已经成为我国节能门窗定制化服务领军企业，并引领了整个行业由传统制造业向服务业和制造业融合发展。2022年，顺达墨瑟个性化门窗产品定制服务实现收入2.5亿元，占总营业收入的48.3%。

三、典型经验

通过现代服务业与现代制造业融合发展，进一步提升了企业节能门窗定制化产

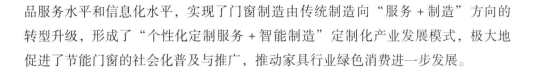

品服务水平和信息化水平，实现了门窗制造由传统制造向"服务＋制造"方向的转型升级，形成了"个性化定制服务＋智能制造"定制化产业发展模式，极大地促进了节能门窗的社会化普及与推广，推动家具行业绿色消费进一步发展。

（一）以客户体验为中心，建立个性化定制与智能制造融合发展模式

打通了客户定制化需求—零售终端下单—产品设计服务—智能生产—安装服务—售后保障整个流程，帮助客户全流程参与和管理订单进程，进一步提高公司个性化定制服务水平和订单管理效率。

（二）围绕定制化发展需求，建立非标多型号小批量订单柔性化生产模式

智能化产线可根据门窗设计要求自动调整生产模式，实现了不同型号产品的生产连续性，极大地释放了产线产能，提升了生产效能，解决了门窗家装市场对零售订单的柔性定制需求。

（三）搭建大数据云平台，建立节能门窗数据库为个性化产品设计做支撑

围绕产品研发数据和客户定制需求数据，搭建了大数据云平台，目前已积累数十万门窗研发和客户需求数据，建立了定制化需求下的产品模型数据库。大数据平台的建成，为前沿产品设计开发提供了大数据支撑，极大缩短产品研发周期。为项目开展提供数据支撑，减少研发成本。

四、取得成效

（一）创新模式提质增效，助力企业企经济效益最大化

随着个性化定制服务和智能制造工作的深入开展，在产品创新方面，企业研发了7大系列27个节能门窗产品系统，建立了绿色节能门窗产品矩阵，不断满足了市场消费者需求。在生产运营方面，随着企业智能化、信息化水平的不断发展，极大地提升了企业的生产运营效率，有效缓解了企业各部门存在的信息不对称问题，降低了企业内部沟通成本，合理安排生产要素的投入使用，促进了企业绿色全要素生产率提升。主要表现为：原材料库存降低48%，节能门窗生产效率提高34%以上，能源利用率提升8%，企业综合运营成本年节约40元/平方米左右，产品不良

品率降低 2%，产品生产周期由原来的 50 天缩短至 20 天以内。

（二）绿色发展节能减碳，助力家居生活绿色健康

2010 年新华社内参调研得出结论："如果把我国现有门窗都换成节能标准 2.0 的门窗，年可节约标煤 4.3 亿吨，相当于全国煤炭总产量的 20%。"随着定制化节能门窗的出现和发展，高端节能门窗产品已经被大众消费者接受和追捧。通过个性化定制服务的开展，节能门窗已经实现了大众化、市场化推广，对于促进我国双碳目标实现，提升人们绿色健康的家居生活方式具有重要意义。

（三）绿色节能门窗成效典型示例

2017 年公司参与建设了被动式超低能耗建筑项目——高碑店列车新城项目（见图 3）。本项目 26 万平方米门窗工程全部采用高性能铝包木被动窗系统。相较于普通门窗（传热系数 $K = 3.0 w/m^2 \cdot k$），本项目门窗产品（传热系数 $K = 1.0 w/m^2 \cdot k$），根据数据测算：每平方米门窗每年可节约 35.07 千克标准煤，全年小区节约 9100 吨标煤。

图 3　高碑店列车新城绿色节能门窗项目

案例 35 海尔集团：助推家电全生命周期绿色化发展

一、基本情况

海尔集团是全球领先的美好生活和数字化转型解决方案服务商，旗下拥有 4 家上市公司，布局智慧住居和产业互联网两大主赛道，构建了全球引领的卡奥斯工业互联网平台和大健康生态品牌盈康一生，旗下创业加速平台海创汇已孵化加速 7 家独角兽企业、107 家瞪羚企业和 124 家专精特新"小巨人"。

海尔坚持贯彻落实绿色发展理念，将绿色低碳发展融入企业战略，发挥工业互联网平台优势，加快推进产业数字化智慧化绿色化转型升级，构建绿色低碳生产体系，发展再循环等绿色产业，已拥有绿色低碳家电认证 33 个，产品节能环保、绿色低碳、健康安全等全球认证 80 种，获得 6 个类别、10 个型号产品的碳足迹证书；国内工厂 100% 通过 ISO14001 环境管理体系认证，先后有 11 个工厂获得国家级"绿色工厂"称号，1 家工厂入选全球"可持续灯塔工厂"；牵头或参与起草的与降碳或低碳相关的标准清单 10 余项。

二、主要做法

（一）在研发端加快推动低碳绿色产品升级换代

1. 加快绿色低碳技术研发应用

2022 年，海尔成立了集团科学与技术委员会，计划投入 1000 亿元，聚焦绿色双碳等 6 大技术领域开展研发，持续推进产品和服务的绿色低碳升级。

全球首发换热器可变分流科技，将冷热能力发挥到最大，使单台家用空调产品年耗电量减少 389 千瓦时；全球首创气液两相静压气浮技术，并首次实现静压气悬浮中央空调的商业化应用，可实现零摩擦，相比传统水机节能 50%；率先突破绿色节能的碳氢制冷技术，并成功研发出 −150℃物联碳氢深低温冰箱——"深蓝"，提高制冷剂单位容积制冷能力的同时实现省电30%；智家大脑建立人工智能（AI）节能模式，通过精细化的设备能耗数据采集和分析处理，通过无感主动控制帮助用户合理错峰使用家电设备，打造节能绿色的智慧家庭。

2. 与采购供应商合作推进原材料减碳

聚焦环保材料替代、轻量化设计等环节，与供应商合作开发原材料节能减碳方案，优先选取可再生、可回收的环保材料或对环境影响较低的环保型材料用于产品及零部件制造，提升环保材料使用比例。

聚焦设备外壳、净水机滤芯外壳、商用反渗透（RO）膜组件等关键物料的材料减碳，与供应商合作开发满足有害物质限制指令认证（RoHS）的可回收环保材料，已实现规模化应用，将海尔无霜冷冻冰箱的可再生利用率提升到90%以上，显著高于73%的国家标准。聚焦制冷装备保温材料的低碳化替代，与供应商合作逐步推进R600A环保制冷剂、激光诱导荧光发泡（LBA）等新技术应用，已推出了全球变暖潜力值（GWP）≤20的新型冰箱产品，远低于GWP＜500的国家标准要求。

（二）在生产端构建贯穿全产业链的绿色制造体系

1. 打造绿色制造体系推进生产过程减碳

加大可再生能源的使用比重、减少产品生产过程中的碳排放、加强排放物管理与处置、提升资源使用效率，持续推进各产业节能重点技术升级，累计已在全球15个园区实施64个节能减排重点项目，逐步在全球范围带动形成绿色制造体系。

在能源管理上，海尔从"端—云"两侧协同推进能源端节能减碳。在云端，建设了跨平台联动的智慧能源管理平台，集成了电、水、安防等18个子系统，各子系统自主调节、协调配合，实现节能运行。在终端，推进多项节能减排技术应用，包括"热能回收"技术，可将工业废热回收转化，用于锅炉预热、生活热水、采暖和供给建筑内部供电；不断提高太阳能等可再生能源使用量，通过外购、利用厂房顶建设分布式光伏等方式使用绿电超过1000万千瓦时；配套光驱储能技术，借助光伏发电产生电能和热能，对超过需求的能源进行存储备用。

在制造环节上，海尔通过研发采用新技术新工艺、采用新设备、改进生产管理等手段，不断实现生产制造现场的绿色低碳化改造。在新工艺应用上，在多个产品线上实现了绿色新工艺落地，如将喷粉件改为相变材料板（PCM），减少加工环节的粉尘排放；将注塑设备加热圈改为红外纳米加热圈，节能30%以上。在设备升级上，采用磁悬浮空调等新型高效设备替换螺杆机组空调等高碳排放设备，实现节能提效（见图1）。

图1　海尔中央空调互联工厂生产场景

在排放管理上，海尔持续完善环境管理体系，通过明确污染物控制及处理程序、推进降废技改项目等方式，海尔各工厂的固废回收利用率、工业危废无害化处理率、建筑危废和生活垃圾无害化处理率均达到100%。

2. 不断优化提升包装和物流减碳水平

海尔积极探索供应商库存管理（VMI）模式变革、加快智能仓储、智慧物流、环保包装等新技术应用，推进"仓储—运输—交付"全流程提效减碳。

在仓储环节，建成即墨、黄岛、胶州等智能仓，实现大件商品从入库到出库全过程无人化作业；通过VMI模式将供应商的供货频次由每天一次优化到每周一次。在运输环节，自建智慧物流系统，实现配送路径自优化，同时积极使用新能源车辆，减少碳排放。交付环节，优先选择可降解或可回收的绿色包装材料，同时首创电动车品类循环包装箱，减少快递纸箱使用，降低了20%的包装材料消耗。

（三）在回收端积极探索构建再循环产业生态体系

海尔积极践行生产者责任延伸制，向上游的废旧家电回收、下游的拆解再利用延伸布局，构建"回收—拆解—再生"的再循环产业生态体系。

1. 构建线上线下融合的废旧家电回收体系

线下，海尔通过整合 3.2 万家线下门店、10 万余名服务人员、100 余个物流配送中心，建立了覆盖全国 2800 多个县市的废旧家电回收网络，实现了全国每一个乡镇和小区的上门回收。线上，打通以旧换新与家电回收渠道，方便用户在官网、App、微信公众号等线上渠道提交废旧家电回收申请、在线估价，获得以旧机兑换新券、积分或现金等优惠；服务兵接到需求后上门带走废旧家电，如果用户有更新换代的需求，则可以实现收旧和送新一次上门、一次物流完成。截至 2022 年底，海尔通过各渠道回收废旧家电总计已达 613 万台。

2. 打造中国首家家电材料再循环互联工厂

2022 年 9 月 2 日，海尔智家再循环互联工厂在青岛莱西正式建成投产，成为中国家电行业首个绿色再循环互联工厂。工厂通过首创的智慧物联技术，达产后年拆解能力将达 300 万台，年产 3 万吨再生塑料，提供 300 多个就业岗位。在自建拆解循环利用工厂基础上，海尔已与全国 40 余家拆解厂签订战略合作协议，确保每台废旧家电得到合规处置。

三、典型经验

（一）发挥工业互联网平台优势，助力全生命周期节能减碳

依托卡奥斯国家级工业互联网平台沉淀的工业知识库、模型库、算法库，整合应用人工智能、云计算、大数据等新一代信息技术，助力全生命周期节能减碳。

在能源管理方面，智慧能源管理系统以大数据驱动企业能源管理升级，实现系统性节能降耗；在供应链物流方面，智慧物流管理系统以智能运维模式推动供应链仓储、配送整体效率提升，实现整体性减排降碳；在循环利用方面，多方联合打造国家级行业再循环产业大数据平台，让全行业的回收企业、拆解企业、再生料研发企业上平台、用平台，构建一个智能、高效、可追溯的回收、拆解和再利用体系。

卡奥斯工业互联网平台针对企业、行业、园区等多维度节能减碳需求，已形成 560 多个场景，以及 1000 余套定制化减碳解决方案，吸引了 450 多家企业上平台、用平台（见图 2）。

图 2　卡奥斯智慧能源管理平台帮助天津八里台镇打造双碳园区

（二）积极融入"一带一路"建设，以全球化布局助推全生命周期绿色化发展

海尔积极对接青岛上合示范区建设战略，依托自身在"一带一路"国家布局的 4 个研发中心、11 个工业园、38 个制造中心等资源，以全球化布局助推全生命周期绿色化发展。

在技术创新方面，海尔依托海外研发中心，整合日韩变频算法、澳洲直驱电机、以色列材料等先进技术，实现了多类产品的节能效率跃升；在标准输出方面，海尔与巴基斯坦科技部共建空调实验室，协助巴基斯坦建立空调能效标准体系，为巴基斯坦国家能效标识的实施提供测试保障和能效证书；在生产减碳方面，海尔在北美与 Einride（一家提供电动和自主运输解决方案的公司）达成合作，探索在常用运输路线上部署了电动货运卡车进行物流运输，每车年均可减少 210 吨二氧化碳排放，为海尔全球的物流运输减碳提供了示范样本。

四、取得成效

（一）以绿色低碳产品促进终端消费绿色化

海尔积极开展绿色低碳家电认证推广工作，已有多项产品及技术入选国家工信部绿色设计产品、"能效之星"、国家级能效"领跑者"、国家发改委《绿色技术推广目录》等。2022 年，新增获得绿色低碳家电认证 18 个，累计已获得认证 33 个。

其中，海尔冰箱获得首个"中国绿色产品认证"。在产品认证基础上，海尔积极探索对产品的全生命周期进行碳足迹认证，2022 年共获得 6 个类别、10 个型号产品的碳足迹证书。

在商用消费上，采用磁悬浮技术的海尔中央空调，累计已在 5000 余个建筑项目中应用示范，10 年累计节能 23 亿度电，相当于减少二氧化碳排放约 200 万吨。在家用消费上，海尔中央空调累计为 65 万户家庭提供了低碳清洁的取暖解决方案，每个采暖期可实现二氧化碳减排 828 万吨，氮氧化物减排 2.3 万吨，约合植树造林 252 万平方米。

与此同时，海尔积极服务"一带一路"共建国家和地区，为全球低碳发展提供中国方案。如海尔生物太阳能疫苗冰箱系列产品已进入包含"一带一路"共建国家在内的 78 个国家和地区，全球累计装机 15 万台，每年可降碳 109500 吨，相当于 4500 亩成年树林的碳中和量。

（二）以全生命周期管理带动产业链上下游绿色发展

海尔以 2021 年为基准年开展了对国内 43 家整机工厂的碳盘查，通过节能改造实现单位产值能耗减少 30.3%，单位产值水耗减少 19.3%，相当于节约 9.1 万吨标准煤，减少碳排放 24 万吨。

海尔推动供应商绿色化发展，截至 2022 年，供应链工厂已全部通过 ISO 14001 环境管理体系认证；已有 11 家工厂获评国家工信部"绿色工厂"，2 家企业获评"绿色供应链管理企业"；为此，海尔荣获了（国际）清洁能源部长级会议颁发的"2019 全球能源管理领导奖"等多个奖项。

案例 36　创元农资：绿色转型焕活力 质量提升促发展

一、基本情况

绵阳市创元农资有限公司是绵阳市最大的农用薄膜生产商，扎实践行习近平总书记"绿水青山就是金山银山"理念，深入贯彻落实党中央、国务院关于加强塑料污染治理的决策部署，聚焦"白色污染"治理，在技术迭代升级、产品质量提升、品牌培育孵化等方面精准发力，突破了可降解材料与土壤环境、土壤内微生物相适应的关键技术问题，推出的全生物降解农膜 90 天即可实现完全降解，企业日均生产规模翻了 3 倍，产品远销全国各地，并向国际市场延伸，为推进高标准农田建设和产业绿色低碳转型起到了良好的示范引领作用。

二、主要做法

（一）以技术端的集成创新全面重塑行业绿色标准

积极构建"专业机构 + 行业专家 + 原料厂家"技术合作攻关模式，近年来先后邀请质检机构、行业专家、科研人员等 50 人次进行技术会诊攻关，共同研讨农用薄膜以及农用液体制剂的研发和创新工作，集中力量攻克生产工艺"瓶颈"，渐进式优化农膜抗撕裂等指标性能，并针对降解效率和降解速率的共性技术问题，从生产原料着手，与原料生产厂家建立闭环试验长期合作机制，逐步探索出一条"标准解读—技术研发—试验验证—工艺改进"的产品转型路径，突破了制约农膜行业整体水平提升的高端原料、助剂等技术瓶颈，推进了行业技术进步和自主创新能力提升，新推出长寿薄膜、轻薄型薄膜、多用途薄膜、防虫薄膜、除草薄膜等系列产品，实现了不可降解农膜到全生物降解农膜的绿色转型（见图 1）。

图1 农膜田间试验

（二）以生产端的结构优化全程厚植绿色质量底色

坚持对原料成本、应用质量进行年度定期评估，探索更多可降解原料和技术的应用，持续优化供应链管理，筛选优质供应商，从源头提升原料供应品质，筑牢绿色产品生产基础。针对下游市场需求，优化产品设计、产品包装和产品功能，优先体现绿色可持续发展理念，提升资源利用效率，减少生产过程中的资源消耗和废弃物排放，推出更多创新型可降解产品，满足市场的多样化需求，提高全生物降解农膜市场竞争力。注重与政府、企业和行业组织建立合作关系，探索更多与国际标准接轨的可能性，推动制定实施可降解农膜支持政策，推广应用全生物降解农膜，扩大其在用户中的社会影响力，逐步提高市场使用比例（见图2）。

图2 生产现场

（三）以市场端的品牌培育全链打造绿色环保名片

在抓牢技术基础、抓实质量保障的前提下，持续投入研发资源，与高校、科研院所等合作，开展绿色生产技术研究与攻关，提高产品环保性能和技术含量。与上下游合作伙伴建立绿色供应链，推动整个产业链绿色转型，实现产业链低碳、环保、高效发展。加大绿色消费观念宣传力度，提高消费者环保意识，引导消费者选择绿色、环保产品，推动绿色市场不断扩大。拓展市场渠道，利用电商平台、线下实体店等，将绿色、环保产品推向更广泛的消费者群体，提高企业品牌的知名度和影响力。为消费者提供优质的售后服务，确保产品在使用过程中能够实现绿色、环保目标，提升消费者满意度。依托国家品牌孵育帮扶政策，及时建立品牌培育梯队库，先后注册了"祥元"等系列商标，并向国家知识产权局申报了国家实用新型专利等知识产权保护，将品牌打造与绿色低碳生产、绿色环保消费模式相结合，充分发挥绿色消费的强大推动力，努力将绵阳创元打造成绵阳市绿色产业发展的闪亮"名片"。

三、典型经验

（一）把技术标准作为绿色转型的核心

绵阳创元底子薄、自身研发能力有限，但思路清晰，始终将技术标准作为企业发展的关键核心，有效利用市质检所、西科大等科研机构和高等学校的科研资源，形成资源互补的良好合作关系。抓住行业绿色环保"风口"乘势而起，鼓励企业引入高新技术和标准化人才，引进国外先进绿色技术，不断强化高新技术、"绿色"标准对企业的引领作用，助力企业实现技术标准与绿色低碳产业的深度融合，凭"技术标准"这一核心竞争力，大力推动企业向节能环保、环境友好、高质量发展的方向加快转型。

（二）把体系构建作为质量提升的抓手

质量提升是绵阳创元这类"小企业"抓住市场"大未来"的制胜法宝。绵阳创元从优化生产工艺，针对产品质量短板等方面进行"一对一""点对点"的靶向完善，比如设计简化工艺流程提高农膜生产效率、调试校正生产机器规范农膜规格、增加抗拉复合层提高农膜抗撕裂性能、选择多糖类天然材料增强农膜的生物降解性能等，促使企业产品不断升级迭代。同时，推动企业优化质量管理模式，建立以质量为根本的市场竞争体系，从根源提升企业的竞争力和生命力，比如从标准解读、岗位优化、技能培训等各方面对企业进行重塑，建立健全企业质量管理体系，提高企业产品整体质量，推动企业绿色转型升级，进而实现对整个产业的规范化指引。

（三）把品牌打造作为产业发展的引擎

通过绿色环保品牌的打造，企业不仅在产品质量、技术研发、环保要求等方面有了更高的标准，还吸引了更多关注环保、品质的消费者，提高了企业在农业领域的市场竞争力。品牌就是影响力，品牌就是竞争力，绿色品牌形象有助于提升企业知名度，拓宽市场份额。在绿色品牌的引领下，企业也将更加注重生产过程中的环保工作，提高资源利用效率。此外，绿色品牌还有助于推动企业技术创新，研发更具市场竞争力的绿色产品，实现产业链转型升级，有效破解研发成本高、风险大、收益不稳定等现实问题，将绿色消费理念的形成、绿色产品需求规模的增长转化为绿色产业发展的动能，实现绿色消费发展到产业迭代升级的良性循环。

四、取得成效

（一）经济效益显著提升

目前，尽管生物降解农膜使用价格高于普通地膜价格 40% 左右，但由于农户在种植土豆、花生、红薯和萝卜等根茎类农作物时，不仅可普遍增产 10%，且无残留无须捡膜，免除农膜回收成本，不破坏土壤结构，有益于可持续种植，性价比更高，因此更倾向于选择使用生物降解膜。企业通过成本管控、技术提升，农膜销售范围从绵阳一地逐步拓展至全川，并辐射新疆、甘肃、宁夏、内蒙古部分地区，实力显著增强，已发展成为本地最大的农用薄膜生产企业，日均生产规模由原来的 5 吨上升到现在的 15 吨，企业年产值由不足 800 万元增长至 8000 万元。

（二）社会效益不断扩大

企业可降解农膜从单一产品，逐渐创新丰富，已有长寿薄膜、轻薄型薄膜、多用途薄膜、防虫薄膜、除草薄膜等系列产品，无论是玉米、土豆、花生和大豆等粮食作物，还是萝卜、大蒜、辣椒、茄子和西红柿等蔬菜作物，都各有专属农膜，进一步满足农户种植需求。2019 年我国绿色农膜市场份额约为 30%，2022 年这一比例已上升至 50% 左右，绿色环保农业产品在市场中的占比逐年递增。可降解农膜市场的不断拓展，也为企业带来了更多的用工需求，对比 2020 年，企业生产工人数量增长近 50%，企业代理商数量增长近 15%。

（三）生态效益持续显现

企业开发出系列薄膜产品，实现不可降解到可生物降解的绿色转型，推出的全生物降解农膜 40 天可基本降解、90 天即能完全降解，在同行业市场竞争中更具优势。2023 服贸会农业碳达峰碳中和产业论坛上发布的可降解地膜覆盖水稻种植技术指出，采用全生物可降解地膜的稻田种植项目，结合相关水稻减排措施，可显著减少稻田甲烷及氧化亚氮排放，若将该类技术与全生物可降解地膜应用于全国稻田项目，预计每年可实现 2514 万～7543 万吨不等的二氧化碳减排量，农膜的产业绿色转型未来可期。

第六部分　文化和旅游领域绿色消费

案例37　裕尚文旅：以"三次创业"为契机　共促绿色消费未来

一、基本情况

仙女山归原小镇项目，位于重庆武隆仙女山国家旅游度假区内，由武隆区裕尚文化旅游发展有限公司开发打造。归原小镇地理条件优越，背靠武隆喀斯特AAAAA级旅游景区、仙女山国家级旅游度假区，立足于建设"产城景融合发展核心示范区"，发挥对仙女山、白马山的"联动作用"，坚持走生态优先、绿色发展之路，着力打造国内最具价值的康养度假胜地。

小镇内有林海、高山草甸、崖壁风光、天坑竖井、峡谷、云海景观等绝美的自然风光，平均海拔1092米，气候温湿，四季分明。小镇总规划占地3000余亩，总建筑面积约45万平方米，以优质的旅游资源为基石，依托百年村庄荆竹村，规划了民宿、餐饮、文创、亲子、农业、山趣六个版块，建设了归原小镇民宿聚落，打造了天坑小燕窝、悬崖图书馆等多业态多形式旅游项目，呈现多业态融合、全方位体验式旅游消费场景。

归原小镇景区2021年荣获国家AAAA级旅游景区，所在的荆竹村2022年被评为联合国"最佳旅游乡村"、入选世界旅游联盟"旅游助力乡村振兴案例"，2024年入选国家文化和旅游部"文化和旅游赋能乡村振兴'十佳'案例和优秀案例"名单，成为引领文化旅游消费的排头兵。

二、主要做法

武隆区上下始终坚持以习近平生态文明思想和"两山"理论为指导，实施"生态优先、旅游引领、三产融合、强区富民"发展战略，深入开展生态产品价值实现机制试点试验，以"提升绿色消费品质、增强绿色消费能力、营造绿色消费氛围"为重点打造一批产业特而强、功能聚而合、形态小而美、机制新而活的文旅消费引领示范型特色小镇。

（一）完善配套设施，提升绿色消费品质

坚持系统谋划、集约节约，结合全区全域旅游发展规划，通过"田园＋乐园＋庄园"的规划理念，打造"旅游景区＋田园综合体＋特色小镇＋高端民宿＋美丽乡村"综合体，与云上恋桥、小火车风景线等重要基础设施联动，形成与仙女山旅游景区、度假区互补互促的消费新场景。围绕武隆旅游艺术、运动、研学、婚恋、康养、服务"六大产业链"，建设"非遗传习所"，打造高端民宿产业集群，建立"互联智慧＋服务"模式，打造15分钟便民生活圈、社区智慧便民服务驿站，提升公共服务水平。

（二）强化要素供给，增强绿色消费能力

通过城乡融合示范改革，盘活土地、资金、人才要素，严守"三区三线"。除原有传统民居外，建设用地中住宅用地建设占比原则上不超过30％，依托百年村庄荆竹村，打造慢屋、雪漫山等民宿聚落品牌。通过企业自筹、政府支持、银行贷款等多形式进一步扩大投融资渠道。推进国际创客村建设，完善创客工作室、创客书屋、创客宿舍等公共空间，定期举办"创客沙龙""企业家与村""艺术家与村"系列活动，建成青年创新创业基地，吸引40余家企业、个体和创客120余人到当地兴业，带动就业2000余人。

（三）优化产城景融合，营造绿色消费氛围

深化"一二三产业＋旅游"融合改革，整合全村旅游资源，打造"归原小镇"等旅游品牌和"云上荆竹""渝见鲜果"等公用品牌，形成集高端度假酒店、精品民宿集群、主题果园等为一体的农商文旅融合业态。遵循乡愁原味、绿色生态的原则，壮大村内优势民宿产业，启动"艺术家与村""建筑师与村"计划，通过组建

"乡宿联盟",带动周边民宿集群及农家乐、居民自建房屋统一建筑风格,先后建成了"荆竹古道""无有图书馆""归原茶馆"等一批标志性建筑,打造了独具辨识度与时代记忆的乡村建筑标准图集。

三、典型经验

归原小镇是武隆区以"三次创业"为契机共促绿色消费未来的成功案例之一。小镇发展紧紧围绕《2023年推动武隆区绿色发展若干举措》有关要求,锚定加快建成"世界知名旅游目的地、绿色发展创新示范区"目标,坚持不懈放大绿色优势。

(一) 绿色消费带动产业发展

瞄准绿色消费市场需求,依托特有的康养条件和气候优势,开辟绿色消费新"赛道"。

1. 打造文旅低碳产业,引领绿色消费动力

以乡村旅游为龙头带动,构建"政府+联盟+基层党组织+农户"农文旅发展模式,搭建技术研讨、市场营销等发展平台。以归原民宿为中心,辐射周边村社发展30个、5000余亩高山水果采摘体验园,栽种蓝莓、葡萄、西梅、草莓等20余种水果,形成"休闲康养+民宿+采摘体验"综合休闲农业发展模式。数字赋能提升传统产业质效,建成"寻梦园"等高山绿色水果示范园、向忠怀院士基地,推动"大田托管"和"智慧监管",建设3000亩高标准基本农田,规模种植烤烟3000余亩,山地特色果蔬采摘基地2000亩,推出红苕粉、竹笋干、豆腐干等产品。

2. 创新旅游体验模式,激活绿色消费潜力

坚持"文化为核,旅游为果"的发展理念,培育小镇康体登山步道、森林瑜伽、有机农场、揽月台等独具特色魅力的绿色消费新场景,丰富游客体验感。创新开发"集集乐创意游"新模式,实行景区电子印章收集机制,分梯度、分类别提供景点门票兑换、折扣享受或文创产品置换,提升景区绿色管理能力,不断激发绿色消费潜力,让前往的游客能够留得住、住得下、玩得开。

3. 促进城乡深度融合,丰富绿色消费层级

以市场主体、市民下乡带动乡村发展,促进城乡深度融合丰富绿色消费层级。利用农村集体建设用地和租赁农村宅基地等方式盘活存量建设用地资源和低效建设

用地。结合实际产业发展规划，大力招引各类创客、技术人才，组建"中国乡宿联盟"，吸引各类创业及服务型人才100余人。通过培训，村民实现了就地就业，部分种地农民变成了乡村网红咖啡师、茶艺师等旅游从业人员，其占比达到该村有效劳动力人口的50%。

（二）绿色消费引领绿色生活

近年来，归原小镇注重全过程贯彻绿色低碳理念，引导周边群众消费理念、消费行为转变，形成了独具特色的绿色消费生活方式。

1. 科学布局生产生活生态空间

坚持顺应自然、融合自然的原则，保留根植于渝东南武陵山地区独特地理文化环境的生活方式和建筑特色。用现代创意再造村内的公共文化空间，利用当地瓷砖、木材和夯土墙来呼应和推广村庄传统文化，农房风貌整体协调，乡土特色、田园韵味突出，整体风貌与村庄自然生态、民俗文化要素和谐共存。

2. 引导绿色消费的良好风尚

成立区特色小镇建设领导小组办公室，加强对特色小镇培育创建工作的组织领导和统筹协调。采取新闻发布、专题报道、项目推介、绿色论坛等方式，及时报道特色小镇建设工作进展情况、思路、经验，营造加快推进特色小镇创建的良好社会环境和舆论氛围。倡导绿色生活方式，宣传绿色消费、引导绿色经营、推动绿色出行、推进绿色创建，努力以"绿色细胞"构建"绿色家园"。

四、取得成效

仙女山归原小镇聚焦文化旅游绿色消费全面促进社会效益和经济效益双提升，2019年，归原小镇成功创建成为"市级乡村文化乐园"，同时荆竹村被列入"全国首批乡村旅游重点村名单"；2021年，荣获国家AAAA级旅游景区；2022年，以归原小镇为核心的荆竹村被评为联合国"最佳旅游乡村"、入选世界旅游联盟"旅游助力乡村振兴案例"。

（一）擦亮小镇"颜值"

以村落为重点，重拾乡村生活，挖掘乡村文化，成功打造有乡味、有温度的村落生活场景。

1. 推动建立乡宿联盟

政府、村社、企业共同成立"中国乡宿联盟",打造"慢屋""好院子""山里旅社""悬崖餐厅""马里奥餐厅"等30余家民宿和餐厅,孵化特色民宿12家,建成以"归原"为核心的中高端民宿集聚区,全村住宿房间达2750余间。通过流转土地林地、闲置旧房,防止大开大挖破坏自然环境、田园景观,修旧如旧重点做好加固美化文章,累计修复裸露山体500余亩,分布种植适地树木7000余株,艺术装点景观小品60余处,彰显生态化、本土化、特色化。

2. 打造一村一品特色文化品牌

2019年,荆竹村列入全国首批乡村旅游重点村名单,并带动周边村民开展红酒品鉴、刨猪嘉年华、非遗手工节、禅茶文化等田园文化节主题活动,逐步形成了田园文化生活节品牌。100多场专项文化活动既让游客感受了田园生活的美好,也让全村村民通过文化活动与城市产生独特的链接,给村里带来了新的气息。2022年搭建"荆竹村晚"舞台,举办山歌、唢呐等互动演出200余场,乡村旅游项目和游客体验日渐丰富。

(二) 提升小镇"气质"

将生态保护和旅游开发相结合,切实在"两山"之间架起"蝶变"桥梁,"荒原变归原、荆竹变金竹"的绿色观念深入人心。

1. 产业带动就近就业

小镇项目建设解决了当地60%的农民务工,让农户不出外即可就业。带动农户发展特色餐饮、民宿、采摘等脱贫致富产业。其中所涉农业社贫困户8户、6户在项目务工,保障贫困户的经济收入来源。原村民收入每年增加9%以上,脱贫户最低人均纯收入突破万元。

2. 旅游引领增收致富

仙女山归原特色小镇被纳入2022年度重庆市特色小镇创建类清单,每年接待游客约50余万人次,实现旅游收入700万元,集体经济加快发展,旅游带动盘活闲置资产,实现农民多元化增收,全村集体经济年经营性收入达180万元,村民人均可支配收入达23225元,高于重庆市全市平均水平。

归原小镇规划前、规划后状态如图1、图2所示。

图1　仙女山归原小镇规划前

图2　仙女山归原小镇现状

案例 38 九牛大峡谷旅游：望仙谷"绿色发展" 促进"和谐共生"

一、基本情况

望仙谷位于江西省上饶市广信区望仙乡，由九牛大峡谷旅游景点综合开发有限公司投资建设。景区总投资 42 亿元人民币，规划面积为 6.1 平方公里。项目一期已投资 18 亿，二期项目于 2022 年 10 月开工建设，规划建设体量 26 万平方米，计划投资 24 亿元。规划建设内容包含九牛立体停车楼、西门游客中心、停车场（5200 个车位）、索道、崖壁小火车、儿童乐园、五星级酒店（400 间客房）、网红白鹤桥、云海崖悬空文化街区、温泉度假馆、研学营地、寺庙、禅文化馆、非遗文化街区、民宿酒店（850 间客房）、会展中心、演艺中心等。整个二期预计 2025 年建成。

望仙谷以山、水、谷、村、寺、林、田为资源本底，以已渐行渐远的本土文化为根基。是集赣家民俗、山水人文、风味美食、休闲度假、亲子研学为一体的国家 AAAA 级旅游景区（见图 1）。

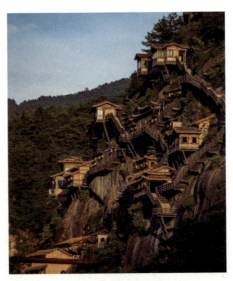

图 1 悬崖仙宿

二、主要做法

（一）背景、特点

望仙谷位于江西省上饶市广信区望仙乡，当地地貌以半丘陵为主，拥有罕见的环状花岗岩峰林地貌。1998 年开始，望仙乡逐步成为江西著名的花岗岩板材生产基地、石材之乡，最多时石材加工生产线 270 条。由于开采技术及加工工艺落后，加之石材加工的废水乱排、废石粉乱倒，导致土地损毁、植被破坏、生态退化、地灾隐患等绿色生态环境问题突出。面对日益恶化的生态环境，2007 年广信区正式关停了当地的石材开采、加工企业。关停后留下的废弃矿山满目疮痍，沟壑污水纵横，生态环境问题急需治理。望仙谷建设前后对比照片如图 2 所示。

（a）建设前　　　　　　　　　　　　（b）建设后

图 2　望仙谷建设前后对比照片

（二）主要创新点

望仙谷积极践行"绿水青山就是金山银山"的发展理念，打通"两山"转化通道，采用"故乡重生计划"对望仙谷进行生态重塑和规划开发，景区内建筑沿用赣东北民居传统的建筑方法，采用了大面积的夯土墙、碎石墙搭配木质小窗，极具江西地域特色。

坚持"先保护再开发，边开发边保护"的原则，发挥当地自然资源与乡村文化的优势，因地制宜开展建设。落实江西省《碳达峰实施方案》总体要求和十大重点行动的具体举措，开启望仙谷低碳景区建设工程建设包括双坑绿色停车场充电桩、小型污水处理厂工程项目等。

秉持"复原乡村建筑,复活乡村生活,复兴乡村经济"的初心,全力推进"绿色发展"促进"和谐共生"。

(三) 解决的主要问题

1. 丘陵山脉,交通闭塞

望仙村地貌以半丘陵为主,地势南高北低,海拔175米,距离城区约60公里,境内丁溪河由南向北逶迤而过,顺着盘山公路而上,公路盘曲,越行越陡,尽头群山环抱,交通条件差。

2. 地瘦土薄,生态破坏

望仙村是罕见的环状花岗岩峰林地貌,1998年开始,当地逐步成为江西著名的花岗岩板材生产基地、石材之乡,最多时曾有200多条生产线。因开采技术和加工工艺落后,加上石材加工企业的废水未经处理乱排乱放,废弃石粉随意倾倒,溪谷里的水都被染成了牛奶色,对当地生态环境造成严重破坏。

3. 田园抛荒,变空心村

2007年,石材开采加工被正式叫停,但因为当地过去过度依赖石材产业,加上田少且贫瘠,没有找到接替产业的年轻人纷纷外出打工,村子里只剩下老人和小孩,村民观念落后,渐渐变成了空心村。

(四) 方式方法

1. 坚持问题导向,明确绿色思路

望仙谷以问题为导向,聚焦山体水体保护、废弃矿山治理、植被护坡复绿等重点工作,探索"绿色+文旅"的模式,对碎片化的自然资源进行集中整合优化,发挥望仙谷自然资源与乡村文化的优势,开发绿色生态游、传统民俗文化演绎等多元化旅游产品,打通"两山"转换通道。

2. 坚持市场开发,助推价值转化

为弘扬传承本土传统文化,望仙谷引进各项非遗手工艺作坊、文创店家、弋阳腔、木偶戏、板龙灯等各类民俗文化人文风情活动,营造浓郁的传统文化氛围。以本地出产的各种农产品为原材料,打造了红糖、酒、酱油、醋、油、年糕、豆腐、木竹、布染等多个传统农业手工作坊,在街道中汇聚具有本地浓郁特色的各类风味小吃,让游客在体验传统文化的同时品尝舌尖上的乡土美味。同时,带动周边村落发展乡村民宿,建立村落民宿统一管理体系,打造乡村特色旅游村,完善了农耕示范基地、乡俗文化广场等周边公共设施。

3. 坚持绿色宣导，促进和谐共生

望仙谷在售票窗口、游客中心、餐饮接待、旅游各景点等醒目区域粘贴"生态文旅建设你我他""绿色发展和谐共生提醒语"等建设宣传标语及宣传海报。

同时景区广播不间断播放绿色文旅游建设参观注意事项，营造温馨、绿色、文明的参观氛围。除此之外，还充分利用其线下门店的资源优势，在门店电子屏幕上播放绿色文旅的公益宣传片，积极利用各类宣传途径、形式，多视角、多层次、多渠道营造浓厚社会宣传氛围，宣传展示绿色文旅建设亮点，推动景区"绿色发展"促进"和谐共生"。

三、典型经验

（一）始终秉持"复原乡村建筑，复活乡村生活，复兴乡村经济"的理念

景区建设遵循"旧物新用、修旧如旧、资源活化"方式，提升古村落整体气质。通过古居古桥修葺、古渠古道修缮、古树古石保护、古物古事挖掘，保护现有的森林及淡水资源，不断完善景区各项基础设施，实施排水工程、道路工程、电气工程、园林景观改造工程、公共设施建设工程、环卫工程等，既保留了历史痕迹，又融入了现代便利和审美因素更具人文情怀，为保护、传承、弘扬村庄文化留下了足够空间。

（二）坚定传承最纯粹的历史特色、民俗文化和非遗技艺

深入挖掘本土历史文化、地域特色文化、民族民俗文化、传统农耕文化等，打造赣家特色夯土房民宿、戏曲表演、手工艺品、手工作坊、夜景灯光秀、非遗体验等一系沉浸式体验文化项目，实现对乡村传统文化价值的重新认识、活化及再利用，建立起乡村民俗文化遗产保护传承的产业链条。

（三）农文旅深度融合，多维度提升旅游综合"质感"

精心打造集"农业＋文化＋绿色"创意、特色饮食体验和观光旅游为一体的农文旅基地。通过华坛山镇建设一号农场，在允许范围内对土地进行改造及高质量种子种植。

始终坚持采用环保、无公害的方式，以减少农药、化肥的使用，保护生态环境，提高农产品质量和产量的种植农产品，同时建设了增添体验感与娱乐性的设

施，让游客可以看到产品原材料的生长环境，体验到传统农业种植；并搭建多种平台、整合社会资源、融合乡村一二三产业，引入"人才、资本、流量"，实现"宜业、宜居、宜乐、宜游"功能落地，不断形成绿色文旅消费的闭环。

（四）创新发展模式，带动就业及周边经济效益

不断探索传统产业与"互联网＋"相结合的线上线下联动方式，在线下打造以望仙谷为中心的产业圈，带动周边旅游、民宿、餐饮业的发展，给村民增收和乡村发展带来新的动力。

在线上利用网络媒体频道、论坛、博客、微信、微博、抖音、社交网络服务社区（SNS）、旅游热线等自媒体平台互动渠道作为景区旅游营销载体，建立网络营销渠道，与知名旅游网站等营销合作开展旅游营销，加速带动绿色消费可持续性发展。

四、取得成效

（一）助推绿色发展，实现生态价值

自望仙谷揭幕营业至今，年均客流超过 130 万人次，接待省外及华侨人数达 60 万人次，营业店铺超过 130 家，综合营业收入超过 3.5 亿元，带动周边旅游及其他产业综合收入 10 亿元左右。望仙谷从废弃矿山转变成现在持续火爆的国家 4A 级旅游景区，实现了"绿色发展"带动了"生态价值"的华丽转变。

（二）产业助力振兴，带动群众致富

自石材加工产业全面关停后积极改善生态环境，望仙片区的森林覆盖率也由过去的 73% 上升到 81%。在改善生态环境的同时，也取得了良好的社会效益，提供直接就业岗位 1000 余个，带动当地周边就业 5000 余人，带动贫困户就业 100 余户，周边乡镇的零星民宿发展到上百家，创业返乡人数达 1150 人，周边村民经济年收入合计达 1.5 亿元，带动周边群众致富。

（三）强大品牌体系，促进和谐共生

望仙谷先后获得了"国家 AAAA 级旅游景区""国家级旅游休闲街区""全国

非遗与旅游融合发展优选项目""全国乡村旅游重点村""省级夜间文旅消费集聚区""省级特色文化街区""省级旅游休闲街区""江西省省级森林康养基地""江西省服务业龙头企业""江西省重点建设项目""江西省四星级休闲农家乐"等荣誉项目称号；更是获得社会各界的高度认同，外交部原新闻发言人赵立坚微博推荐，央视《新闻联播》、《焦点访谈》、央视新闻、央视经济频道、央视农业频道、中国国家地理、《人民日报》、网易新闻、江西电视台等超过 500 家媒体接连报道。全国首个生态日当天，《焦点访谈》专题报道并点赞肯定了望仙谷通过废弃矿山修复转换成绿水青山的发展模式。

人不负青山，青山定不负人。从"卖石头"到"卖生活"，从废弃矿山到国家 4A 级旅游景区，从大山深处的落寞乡村到人气爆棚的绿色文旅仙侠世界——望仙谷，是文化和旅游产业深度融合的发展成果，是"绿水青山就是金山银山"的有力见证，更是广信深入践行"两山"理论的亮丽风景（见图 3）。

图 3　望仙谷岩铺老街绿色文旅全景照片

案例 39　刘三朵八宝茶：以茶兴旅，倡导绿色消费理念

一、基本情况

宁夏刘三朵八宝茶科技有限公司（以下简称刘三朵八宝茶）成立于 2017 年 5 月，公司建立了八宝茶非遗文化传承体验中心、八宝茶新产品研发中心、原材料种植基地、生产加工基地、八宝茶产品追溯系统等现代化产业链体系，打造集八宝茶文化保护、生产、教学、展示、体验、销售、研究为一体的文化传承基地。公司本着诚信为本的宗旨，自成立以来受到了社会各界的认可，先后获得了诸多荣誉：宁夏回族自治区"专精特新"中小企业称号、宁夏回族自治区科技型中小企业、宁夏回族自治区文化产业示范基地、宁夏老字号品牌、宁夏宝藏品牌、宁夏旅游商品研发基地、宁夏文旅厅授予的"十大特色旅游购物店"等荣誉称号。荣获第二届中国（宁夏）国际大健康产业博览会最受欢迎的十佳品牌奖、国新办宁夏专场新闻发布会指定伴手礼、央视网《华人频道》指定为专用茶品、海峡两岸（宁夏）旅游商品展览暨"食尚宁夏"展销一等奖、中国西部旅游营销大会获"十佳旅游商品奖"、第六届北京国际旅游商品及旅游装备博览会"优秀旅游商品奖"、中国西北旅游营销大会暨旅游装备展"十佳旅游商品"等多项荣誉奖项。而刘三朵八宝茶作为见证丝绸之路上商贸流通的传承商品，历经五代奉茶人对配方的改良和传承，如今已成为宁夏回族自治区级非物质文化遗产。

二、主要做法

（一）建立宁夏八宝茶非遗文化体验中心

作为宁夏非物质文化遗产的传承企业，刘三朵八宝茶积极推动八宝茶文化的宣传和普及，建立了宁夏八宝茶非遗文化体验中心，中心下设 7 个八宝茶文化体验功能区，包括八宝茶历史文化展示区、盖碗茶盏展示区、手抓八宝茶体验区、八宝茶

原料功效展示区、多功能影像宣传区、茶艺师茶艺展示区、八宝茶非遗历史文化展示区。公司培养了专业讲解员对以上展示内容进行讲解，游客可以在此馆深入了解八宝茶的文化历史、不同原料的功效、体验八宝茶的制作（见图1）、观看茶艺表演、购买茶产品以及纪念品等多种形式的文化活动。还可以自己DIY一碗属于自己的盖碗茶，品尝地道的宁夏特色茶点，在休闲消遣的同时获取知识、体验人生。体验区的剪纸版画和枸杞树更能让游客身临其境，领略塞上江南宁夏神奇的风土人情。中心年度接待游客10万人次，实现文化旅游绿色产品销售收入1850万元。

图1　游客进行手抓八宝茶体验

（二）推出八宝茶非物质文化研学游活动

非物质文化遗产是不可忽视的瑰宝，有着文化、历史及艺术价值，为了加大八宝茶非物质文化遗产的宣传、保护、传承力度，特别是在青年群体中普及、推广八宝茶相关知识与文化，刘三朵八宝茶推出了"八宝茶文化研学＋生态旅游"相结合的非物质文化研学游活动。青少年在专业人员的指导下学习八宝茶的制作、茶礼茶艺、历史文化知识等，以旅行为载体，在行走的过程中获取知识。涉及体验教学、仪式教学、互动教学、情景教学等多种教学方式的研学游，使青少年能够深入了解宁夏八宝茶的文化与传承，感受文化传承的力量。

（三）打造宁夏八宝茶文化线上、线下营销展示窗口

刘三朵八宝茶作为宁夏八宝茶的推广使者，为了推广和传播八宝茶文化，促进产品销售，打造了完善的线上、线下文化旅游产品营销展示窗口。线上主要通过抖

音、快手、小程序、淘宝、微信视频号等媒体平台（见图2），创作和发布优质原创茶文化相关内容和产品，吸引潜在游客，增加关注度和传播效果。线下通过参加茶文化节、博览会、文化峰会、产品推荐会等大型活动进行推广，吸引更多人了解和参与。同时，与各大旅行社合作，将八宝茶文化旅游纳入旅游线路，提供套餐和特别体验活动，吸引目标游客群体。与宁夏各大景区及星级酒店合作，进行产品实体投放，提高品牌知名度和认可度。

图2　线上产品营销展示窗口

（四）开发特色生态旅游产品

刘三朵八宝茶以茶文化生态旅游为主题，开发了五大系列100多种生态旅游茶品，以满足不同消费者的需求，改变年轻人不喜欢喝茶的消费局限现状，倡导以"健康生活方式"为主的绿色消费。在产品形态、包装设计及饮用方式上树立"安全实用、节约资源、绿色简约、消费友好"的包装新理念，降低对环境的影响，共同维护行业健康可持续发展。

三、典型经验

（一）以茶兴旅，促进文旅融合发展

在传统八宝茶基础上，深入挖掘八宝茶文化内涵，组织领域专家及研发团队，采用数十种药食同源的花草，研制出适合不同人群、不同体质的八宝养生茶产品，

并将其转换成经济成果和旅游产品。同时，积极与高等院校合作，培养八宝茶文化旅游开发人才与旅游服务人员，提供优越的就业条件来吸引高素质的茶旅专业人才。此外，推动茶产业和旅游产业的市场化发展与运作，发挥八宝茶行业中龙头企业的带动作用，利用宁夏八宝茶非物质文化的传承和高品质产品，因地制宜发展茶文化旅游产业，并带动其他相关产业发展，化资源优势为经济优势。实现以茶兴旅、以旅促农的融合发展模式。

（二）提升旅游体验，扩大绿色消费

通过与沙坡头、西夏王陵、漫葡小镇、沙湖、贺兰岩画、苏峪口、黄河大峡谷等各大景区合作，将八宝茶生态文化旅游纳入旅游线路，通过开展民俗节庆茶俗游、茶礼学习游、茶养生保健游、亲子互动游和茶研学游等旅游项目，让游客亲自动手体验八宝茶的制茶、泡茶过程、观赏茶艺表演、品茶文化的同时，感悟塞上江南宁夏的地方特色文化，领略茶文化旅游带来的体验乐趣。吸引了众多游客前来打卡体验八宝茶全产业链当中的各个环节，有效增强文旅融合的体验性和互动性，提升游客旅游体验，促进绿色消费。

（三）拓展新媒体渠道，传播茶文化旅行理念

充分利用线上、线下多种媒介进行宣传。线上借助抖音、快手、小程序、淘宝、微信视频号等媒体平台，传播茶文化旅游信息、分享茶文化旅游理念，增加关注度，加强与游客互动。线下举办或参加各类茶旅推介会和博览会，利用节事活动的爆炸效应扩大茶文化旅游宣传，提高茶文化旅游的国际市场影响力。并与沙坡头、西夏王陵、漫葡小镇、沙湖、贺兰岩画、苏峪口、黄河大峡谷等旅游景区互动合作，推出了精品茶文化旅游线路，在各个景区实现茶旅的相互宣传和推介，形成了口碑宣传效应，宣传渗透性更强、效果更好。

四、取得成效

通过以八宝茶文化为主题、以茶产品为载体、以旅游为内容、以产业化为导向的一体化茶旅融合发展模式，实现了八宝茶产业和旅游业的资源、市场、效益、生态共建共享，取得了显著的经济效益。刘三朵八宝茶累计接待旅游人数达 30 万人次，实现旅游综合收入 2800 万元，年均增长 35%，间接带动本地农民和手工艺者经济收入提高 28%，为社会提供劳动就业岗位 380 个，带动了全区旅游上下游产

业实现了规模和速度双增长、质量和效益双提升，为新常态下区域经济转型升级、稳定增长提供了强有力的支撑。

刘三朵八宝茶积极弘扬绿色文明消费观念，促进八宝茶绿色消费普及发展，推动良好社会风尚。在包装设计、制造过程等方面注重绿色环保属性，树立"安全实用、节约资源、绿色简约、消费友好"的包装新理念。根据不同八宝茶品类、品种、品质的要求，做到包装材料适当、结构优化、用料适度、无害加工、绿色生产，确保八宝茶产品的安全环保。积极探索环境友好型绿色包装设计，倡导使用可循环利用、可降解包装材料，减少包装资源浪费，降低对环境的影响，切实履行社会责任，共同维护行业健康可持续发展。

案例 40　茶卡天空壹号文旅：立足区位优势　激发绿色消费潜力

一、基本情况

青海茶卡天空壹号文化旅游有限公司成立于 2015 年 12 月，主要从事旅游景点的投资、建设与经营，是海西州乌兰县政府招商引资的重点企业。围绕青海省打造国际生态旅游目的地目标，青海茶卡天空壹号文化旅游有限公司立足资源禀赋和区位优势，深入挖掘高原盐湖风光特色，大力发展生态观光旅游产品，积极倡导绿色旅游消费理念，着力提高盐湖资源综合利用效率，促进工业文化和生态旅游深度融合发展，助力生态旅游强省建设。

公司投资开发的茶卡壹号·盐湖景区（以下简称盐湖景区），位于茶卡盐湖东部，占地面积 14.19 平方公里，总投资 6.2 亿元，于 2019 年 7 月正式开园，是以盐文化为核心，融合德都蒙古文化、古羌景颇文化、游乐体验、农垦文化项目等打造的，集观光、休闲、特色文化体验、生态度假等多功能为一体的体验式综合性景区，2019 年被正式评定为"国家 AAAA 级旅游景区"，获评"青海文化旅游产业示范基地"。

二、主要做法

（一）倡导节能减排，打造无废景区

茶卡壹号·盐湖景区牢固树立绿水青山就是金山银山理念，坚定不移走以生态优先、绿色发展为导向的高质量发展新路子，成立了"无废景区"建设工作领导小组，从组织管理、环境保护、污染管控、文化宣传等方面制定实施方案，强化景区综合能源管理、景容景貌管理、生态环保管理制度落实，为景区整体服务提升提供支持。加强景区用水用电用能管理，主动并入茶卡镇天然气管网，坚决避免因景区位置偏远使用煤炭、液化石油气、生物油等所产生的污染问题。因地制宜地建设

污水处理和垃圾收集、分类设施，加大景观设施设备与区域卫生情况巡查检查，提升景区环境风貌。

（二）优化交通结构，倡导绿色出游

盐湖景区将绿色设计、节能管理、绿色服务等理念融入景区建设运营，不断完善游步栈道等基础设施。盐湖景区设置沉水栈道、观景长廊等各类生态体验游步道7.4千米，引导游客步行游览，加强人车分流管控，一方面减少了交通工具使用，另一方面也避免了游客对部分区域薄盐层的踩踏。同时，景区在游玩过程中为游客提供环保鞋套，加强鞋套重复利用，确保不会对盐湖资源造成"白色污染"。

（三）修好内功，注重游客服务体验

盐湖景区始终坚持游客至上的理念，围绕游客所需完善服务内容、优化服务流程、强化服务体验，持续以窗口服务为抓手，加强管理和培训，切实解决旅游服务短板，全面提升景区服务质量。景区游客服务中心内除能满足购票及游客休息外，还提供了旅游咨询、行李寄存、导览、购物、医疗安全、婴儿车租赁、轮椅租赁、充电宝租赁等综合服务；景区内游览线路合理，形成环线，避免游客走回头路，产生视觉疲劳；休息凉亭、垃圾桶等设施数量充足、布局合理；安全警示牌、指示牌等数量完善，能够满足游客安全观光；专人负责景区各项基础设施维护巡查工作，确保及时发现并解决问题。

（四）依托特色资源，积极开展研学实践教育活动

2023年9月，由本公司申报的茶卡天空壹号景区（即盐湖景区）被评为"省级中小学生研学实践教育基地"。盐湖景区现已有行中课程、户外实践、室内实践以及探索发现四大版块内容，此后还将不断提升基地的专业化水平、保障能力和服务品质，不断加强基础设施和环境建设，增加教育设施，增强教育功能，持续研发符合不同年龄段中小学生特点、育人效果突出的研学实践教育课程，真正实现以研促学的教育目的。2023年9月，盐湖景区入选第三批省级中小学生研学实践教育基地（营地）名单。

三、典型经验

近年来，盐湖景区以发展"生态旅游"为核心，以坚持游客满意为导向，以

"盐+"为发展路径，"高质量发展"为目标，加大供给丰富、个性、高品位的旅游产品，满足游客观光游览、疗养度假、专题旅游、特种旅游等多元生态旅游需求，提高旅游者获得生态体验、生态教育的核心旅游体验满意度。

（一）完善管理闭环，绿色消费理念迈向一个新高度

景区以闭环管理的方式，在设定客群目标、制订营销方案、跟进消费服务全过程，提倡绿色消费理念、倡导绿色消费行为，引导游客及企业员工开展绿色出行、绿色购物等绿色消费实践。

（二）注重游客体验，生态旅游共情进入一个新领域

景区围绕市场需求、客户偏好，依托盐湖、湿地、草场、雪山等自然景观，用心展现茶卡盐湖盐文化和德都蒙古文化，推出一批盐湖主题住宿体验、高原漂浮、高原徒步、高原竞技、盐湖盐疗等旅游产品，为游客提供更多元化的选择空间和共情体验。

（三）加大产品开发，生态旅游服务走上一个新台阶

景区不断优化产品结构，积极研发盐湖资源与德都蒙古文化、景颇族文化及新时代消费市场需求相结合的旅游产品，从单一的景观景点，慢慢转变为集吃住行游购娱为一体的综合性景区，为景区持续健康运行和优化提升提供了充足动力。

四、取得成效

凭借独特的盐湖魅力以及深厚的盐文化，茶卡盐湖已成为青藏高原旅游线上一道亮丽的风景线，曾入围"西北100景"，也被评为"青海四景之一"、《国家地理》杂志更是称其为"人一生必去的55个地方"之一（见图1）。随着中西部生态旅游热的掀起，盐湖景区的独特风情与文化内涵进一步凸显，"绿水青山"和"金山银山"的现实转化路径进一步打通。从经济效益来看，截至2023年底，景区已累计接待游客超130万人次，客单价近90元/人，实现营业收入1.1亿元。从生态效益来说，景区倡导消费者在消费时选择未被污染或有助于公众健康的绿色产品，引导游客采取低碳出行观光方式，努力帮助旅游者获得美好的旅游体验，更好地保护了当地盐湖旅游资源，有力拓展了生态产品价值实现的新模式。

图 1 总长超 6 公里的木质步行栈道

案例 41　甘泉县国资集团：绿色高质量开发建设旅游景区

一、基本情况

甘泉县国有资本投资运营集团公司成立于 2016 年 3 月，属国有独资企业，目前主要负责甘泉大峡谷景区的建设运营。甘泉大峡谷景区于 2017 年 8 月正式建设运营以来，在各部门的大力支持下，秉承"绿水青山就是金山银山"的发展理念，遵循"敬畏自然、保护生态、科学利用"的开发原则，一是坚持规划先行高起点绘就蓝图；二是坚持保建并重高质量建设景区；三是坚持科学管理高效率运营景区。全力做好建设、保护、运营三篇文章。经过 6 年发展建设，景区基础设施日趋完善、服务水平不断优化、品牌影响力持续扩大，2019 年成功创建国家 AAA 级旅游景区，2022 年被评定为国家 AAAA 级景区、陕西省文明旅游示范单位、延安市中小学生爱国主义教育基地，已成为陕西北线旅游环线的重要旅游目的地。

二、主要做法

（一）绿色运营，坚持保护优先

景区把"保护峡谷"的理念贯彻于峡谷运营始终，采用生态环保材料，聘请地质、资源保护专家在峡谷开发利用过程中把好资源保护关口，确保峡谷资源的永续利用。对标国家高 A 级旅游景区标准要求，先后从旅游交通、游览、旅游安全、卫生、资源和环境保护等方面入手，在项目建设时不搞大拆大建、不破坏生态环境，极大地保护了峡谷资源的完整性。结合现代游客对于旅游参与与体验的新要求，策划推出了常规观光游、深度摄影游、徒步探险游、亲子研学游、婚纱旅拍游等峡谷细分化的旅游产品，在日常运营过程中，通过景区广播、扩音喇叭时刻提醒游客保护峡谷资源，定时安排员工进入峡谷进行引导疏通，提高游客游览的通行度，在 App 平台上，景区采取网上预约购票，特别是旅游高峰期或节假日期间，采取限时预约措施，不仅有效缓解了景区承载压力，还为游客提供了舒适的旅游环境。在运营方式上，为了维护峡谷生态，景区采取轮流开放的方式，有效地保护了峡谷植被可持续利用。

（二）绿色交通，坚持低碳出行

甘泉大峡谷位于陕西省延安市甘泉县境内，地理位置优越，境内高速、铁路、航班航线等交通网络体系健全、功能设施完善。延安南泥湾机场已开通直达西安、北京、上海、重庆、广州、杭州、昆明、沈阳、青岛等地的航班；包茂高速、黄延高速、西延铁路、G210为主的交通道路相互衔接穿城而过，旅游交通便利。为了激励游客出行乘坐交通工具，公司制定了大量的团队优惠政策，先后与400余家旅行社签订合作协议，除了常规晋陕连线、晋陕豫连线，西安、延安周边游等，西安古韵、蜗牛两家旅行社依托古都西安火爆的旅游市场，开发了"西安—甘泉大峡谷"一日游、二日游等系列产品，开通了西安到峡谷的景区直通车。在对外交通合作方面，与陕西国铁旅服传媒集团有限公司达成合作关系，开通了西安至上海的甘泉大峡谷号高铁全包列车；与华夏航空达成战略合作关系，通过"航司＋景区"跨界融合发展的方式，针对华夏航空直飞延安的重庆、武汉、贵阳、沈阳、天津等新的客源城市，以"12城市摄影邀请赛"为前置手段，联合开发和培育"甘泉大峡谷中短途小众化主题定制游"。

（三）绿色出游，坚持文明宣传

甘泉大峡谷景区抢抓省级文明旅游示范单位创建机遇，以"优质服务、优良设施、优美环境、安全高效、宣传文明"为主题，以全面提升甘泉大峡谷景区旅游服务、营造文明旅游氛围为重点，全力推进文明景区创建工作。一是坚持"走出去"宣传推广。借助专业论坛、文旅产业峰会大会、丝博会、旅博会等重大节会活动，全方位讲好甘泉大峡谷故事；制作了景区宣传册、宣传折页、摄影集等宣传品，充分利用合作旅行社、机场车站、旅游巴士、宾馆饭店等渠道开展景区品牌形象及文明旅游宣传。二是做好"请进来"宣传报道。邀请了央视、《人民日报》、《中国日报》、《中国国家地理》杂志等头部媒体对甘泉大峡谷进行了宣传报道，极大地提升了甘泉大峡谷的影响力。三是依托景区广泛开展宣传。景区在停车场、乘车区、休息区、餐厅、景交车等点位设置文明旅游宣传标语、海报，摆放宣传资料；游客中心户外电子屏幕、官网、微信、抖音平台等发布、播放文明旅游图片、视频。随着制度建设不断完善，卫生环境显著提升，服务水平明显升级，宣传引导更加规范，实践活动有声有色，于 2023 年 2 月评定为陕西省文明旅游示范单位（见图 1）。

图 1　甘泉龙巴沟大峡谷景区

三、典型经验

（一）绿色发展，坚持规划先行

景区正式开放以来，认真落实习近平总书记"两山理论"和"原生态是旅游的资本"的重要要求，在编制规划阶段特别邀请了地质、生态方面的专家严格把关，坚持"敬畏自然、保护生态、科学利用"的开发原则，确定了"世界地质公园、国家 5A 级旅游景区、全球摄影圣地"三大奋斗目标。围绕创建国家 5A 级旅游景区，景区建筑选址巧用地形，保持建筑与自然景观有机融合、协调统一。

（二）永续发展，探索峡谷资源的永续利用

围绕打造全球摄影圣地，通过央视、《中国国家地理》、中国新闻网等头部媒体加大宣传力度，分城市集中召开摄影大赛，最大限度地保护了峡谷的原生态。在编制规划的过程中，通过公开必选的方式，选定北京巅峰置业为规划编制公司，经过 1 年多研究讨论，几经易稿，最终形成较为接地气、最大限度地保持峡谷原生态的《甘泉大峡谷总体规划》《控制性规划》《修建性详细规划》等规划设计，为景

区开发建设奠定扎实基础。

（三）绿色活动，坚持文体融合

紧扣世界活丹霞、中国梦幻谷的品牌定位，借助传统节庆、节假日，甘泉大峡谷景区先后开展了"我为峡谷植棵树""修一条便道方便你我他""闹秧歌""闹元宵""包粽子""陕北说书""重走长征路"等活动，让广大游客参与体验传统文化、地方民俗；积极举办承办举办"穿越时光　追逐光影"甘泉大峡谷春节千人徒步大赛、"延安之光耀百年"——庆祝中国共产党成立一百周年、"活丹霞·梦之谷"甘泉大峡谷全国12省市摄影邀请赛、"悦跑大峡谷　喜迎十四运"马拉松、"中国梦　梦之谷"摄影比赛、"太极风　峡谷行"大型太极秀展演等文体赛事活动；组建景区志愿者队伍，定期开展环境保护、扶贫帮困等系列公益活动，极大提高了景区的对外知名度。

四、取得成效

（一）旅游人数、旅游收入逐年增长

截至2023年12月，甘泉大峡谷景区累计接待游客逾145万人次，实现经营收入9200万元。特别是2023年度，景区共接待国内外游客36万人次，同比增长249.51%，恢复到2019年120%；实现营业收入3200万元，同比增长319.95%，恢复到2019年的237.04%。

（二）景区带动作用初显

随着峡谷的做大做强，一是间接带动峡谷周边乃至全县范围的农家乐、酒店、住宿、餐饮和交通运输业的发展，截至2023年底，全县酒店、民宿、餐饮、农家乐较景区运营前增加260家，从业人数达3200余人，特别是景区游客中心所在村镇旅游接待功能显著提升。二是景区可直接提供就业岗位110余个，能为当地提供200多个灵活就业岗位，同时景区的建设运营带来了近万人次的临时务工机会，在此基础上，推出"推荐官＋景区"新产品，为在旅游行业有一技之长的村民提供平台，形成了互惠共赢的发展新模式。三是景区在自身发展的同时，也带动了甘泉县劳山国家森林公园、美水泉、豆腐小镇等乃至永宁古寨的共同发展。

第七部分 绿色电力消费

案例 42 盛隆冶金：积极践行降碳减排 实现工业绿色发展

一、基本情况

广西盛隆冶金有限公司（以下简称"盛隆冶金"）是一家集生产、加工、配送、贸易为一体的大型钢铁联合企业，是集焦化、烧结、炼铁、炼钢和轧钢的长流程钢铁企业，及其配套的能源、检化验、自备原料、成品码头等全工序钢铁联合企业，是工艺技术装备先进、品种规格齐全的大型综合钢铁企业。盛隆冶金高度重视冶金流程的循环经济的发展以及与产业协同的产城融合发展，先后建成了废水循环利用、废渣综合利用、煤气发电、余压余热发电等，并延伸企业上下游产业链，协同处理焦油深加工、钢渣制砖及其硅酸盐的研究；大力实施推广节能环保措施，率先实施超低排放各项环保措施，建成烟气全部采用活性焦脱硫脱硝技术，原料大棚、皮带通廊全封闭等设计，节能环保成效显著。

同时，盛隆冶金拥有国家发明专利 225 项，注册商标 15 个；承担多项市级以上重大研发项目；参与起草和修订 8 项国家、行业及地方标准。荣获国家级"绿色工厂"（见图 1）、地市级"五美企业"、"园林式单位"、广西"高新技术企业"、"广西优秀企业"等荣誉称号。

图 1 2022 年荣获国家级绿色工厂

二、主要做法

（一）全面推动资源高效利用

为建设"资源节约型、环境友好型"企业，盛隆冶金实施"高效清洁智能超临界煤气发电"。超临界煤气发电技术的成功研发及应用，显著提升钢铁冶金企业低热值煤气利用效率，推动低品位能源清洁高效利用的再次革新，实现冶金余能高效、清洁、智能、安全回收利用，为钢铁企业进一步降低生产成本、响应国家双碳政策、实现节能降耗发挥积极作用。2022 年 3 月 31 日，全球首套高效超临界煤气发电机组——8#145MW 发电机组在广西盛隆成功并网发电，刷新了煤气锅炉发电机组运行压力、温度和发电效率等多项"世界纪录"。

（二）多措并举加大减排减碳力度

近年来，盛隆冶金大力开展节能、节水、减排等系列攻关，通过加强能源管理体系建设、推进能源管理精细化等方式，全面提升能源管理质效，实现单位产品能耗下降 6%、碳排放强度降低 4.5%，各项能源单耗和总能耗指标都优于行业标杆值。推行烧结机头烟气治理，全部采用国内先进的活性炭脱硫脱硝工艺，即可协同处置多种污染物，同时不产生二次固废，有效减排。通过策划、组织实施超低排放改造工作，加大资金投入，对全厂物料储存点位数 18 个、生产工艺产尘点位数

738 个、物料输送点位数 3803 个的无组织排放源共计 4559 个源点开展无组织排放改造工程；围绕盛隆码头建设、厂内运输车辆升级换代、配套建设充电桩和换电站、门禁和视频监控系统等清洁运输项目进行完善和升级改造。

（三）推进数字化赋能绿色制造

建设环保智能管控系统平台，建立全面清洁运输监控管理体系，厂界、主要运输主干道布设空气微站，主要污染源排口全部安装连续排放（CEMS）在线监控设施，主要产尘点治理设施上方设置总悬浮颗粒物监测设备（TSP），焦化厂界布设挥发性有机物（VOCs）监测仪，重点产尘点布设高清视频监控，对生产设施参数、治理设施、监测设施运行数据集中管控，实现对污染源治理全面监控（见图 2）。新建项目的电机和变压器全部采用国家二级能耗标准的节能电气设备，陆续改造原装备的电机和变压器。此外，在风机和水泵方面能实现变频控制技术的，全部采用变频控制措施。

图 2　集中管控平台控制室

三、典型经验

通过首台套低热值超临界机组，充分回收利用低热值煤气资源生产电力，大量减少二次能源（煤气）的放散，提高热能的利用效率，提高低热值机组效率 3%～5%，从而节约大量的燃料。

（一）烟气—煤气换热器系统

为利用高温烟气的余热，机组设置一套烟气—煤气换热器系统，利用较高的排烟余热加热入炉燃气，可提高锅炉整体热效率，降低燃料耗量，增加发电量，减少外购电量消费，从而达到节能、减排、增效的目标。采用超临界机组全厂热效率纯凝工况下为43.5%，高于国内同类型机组；国内同类型超高温亚临界机组为40%，超高温超高压机组为38.5%，高温超高压机组为37%。机组效率的提高，使得发电量更加绿色低碳；因发电全部自用，不足部分进行外购，而目前外购电绝大多数以燃煤发电为主，发电量效率的提高也使得企业外购电相对减少，用电也更加节能环保、绿色低碳。

（二）5#烧结余热发电技术

最大程度回收烧结生产工序各环节所产生的热量，充分利用第三段回风温度，提高1、2段取热温度；合理设计双参锅炉的容量、温度、压力；大烟道现场温度模拟，根据现场大烟道温度分布，合理设计烟风取热量，实现锅炉热效率最大化，最终达到节能目标。

（三）干熄焦发电技术

利用干熄焦炉原有热量分布，提高干熄焦锅炉主蒸汽压力，并增加一次再热系统，提高蒸汽焓值，实现机组效率提升，达到节能目的。

四、取得成效

（1）盛隆冶金积极开展产线升级改造，建设高效率、低能耗产业设施装备，打造全流程绿色生产，助力低碳发展首台套低热值超临界机组，可提高机组效率3%~5%，可降低供电煤耗19%，年可节约22.75万吨标煤，减少碳排放105.57万吨；使用节能电机、变压器以及变频控制技术能实现节能20%以上；烧结余热回收技术实现吨烧结矿30~32千瓦时，达到行业领先水平（行业平均水平20~25千瓦时）；干熄焦发电技术吨焦发电量达到170~175千瓦时，在国内同行业中遥遥领先（行业平均水平140~145千瓦时）。

（2）盛隆冶金采用先进的清洁生产工艺和污染控制技术，超低排放改造后，吨钢颗粒物排放量0.415公斤，吨钢二氧化硫排放量0.305公斤，吨钢氮氧化物排放量 0.589 公斤，吨钢污染物排放量大幅下降。

（3）2024 年 1 月，《广西盛隆冶金有限公司（无组织、清洁运输）部分超低排放改造和评估监测进展情况》在中国钢铁工业协会官网正式公示，标志着盛隆公司顺利通过审核，成为西南地区、广西壮族自治区第一个完成超低排放清洁运输、无组织排放公示的民营钢铁企业，为企业降本增效、节能降碳、实现绿色低碳发展赋能。

案例 43　昆山能源：织密便民充电网为绿色出行提供"源源电粮"

一、基本情况

昆山市能源建设开发有限公司（以下简称"能源公司"）成立于 2002 年 8 月 29 日，是昆山创业控股集团有限公司的控股子公司。公司经营电力开发，发电厂、电力设备建设，天然气开发利用，电力建设常用设备、材料，电厂用燃料（不含化学危险品），天然气利用所需的设备、材料的销售，对外投资的经营管理，以及电动汽车基础设施运营。能源公司主营业务为能源产业投资、开发、运营管理等，先后投资过电力、天然气、热能、信息化建设、房地产、水质净化治理、金融、新能源、互联网等领域的项目，在多年的经营活动中，取得了良好的经济效益和社会效益。

随着全球对环境问题的日益关注，以电动汽车为代表的绿色出行方式迅速普及，成为绿色生活新风尚和绿色消费新势力。然而，电动汽车普及面临着一个重要挑战：充电基础设施不足。为解决这一问题，充电网建设变得尤为重要。能源公司围绕新能源汽车充电桩基础设施建设，将充电服务覆盖城市各个角落，方便电动汽车用户随时随地进行充电，为绿色出行提供"源源电粮"，力争成为昆山能源管理标杆企业。

二、主要做法

能源公司坚持政府引导和市场运作相结合，全力推进昆山新能源充电基础设施建设规划布局。

（一）坚持规划引领，夯实绿色基础

新能源充电设施建设是推动新能源汽车发展的重要环节，也是实现可持续交通发展的关键举措。根据《昆山市新能源汽车充电设施布局规划（2020—2035）》等

相关规划性文件，明确 2025 年全市新能源汽车推广应用累计超 50000 辆，其中私人乘用车领域新能源汽车推广应用超 30000 辆；按照"适度超前、布局合理，车桩协调、充换结合，安全可靠、智能高效"的原则，构建覆盖全市的充（换）电服务网络，力争车桩比达 2∶1。

能源公司作为昆山本地国有企业，正逐步从传统能源行业向新能源行业转型，于 2021 年启动新能源充（换）电业务，集中资源解决人民群众"充电难"问题。公司与厦门大学开展战略合作，充分发挥各自优势，加快建立布局合理、运行高效的全市新能源汽车配套基础设施体系，打造智慧、便捷、安全的充电基础设施网络，有效解决新能源汽车充电难题，促进新能源汽车的普及和发展，为推动昆山经济绿色低碳高质量发展赋能蓄力。

（二）坚持需求导向，优化设施布局

通过市场调研、问卷调查等方式了解用户对充电设施的需求，如充电桩类型、数量、位置等方面，加强对用户充电习惯、车辆行驶轨迹等大数据分析研究，结合昆山城市规划、公交场站及大型停车场情况等，摸排各类充电设施需求，全力打造"示范站—快速站—目的地补电站—便民服务站"四级充电体系，致力于满足多场景多维度下的群众充电需求，全面提升全市充电便捷性。《2023 年昆山市绿色充电工程实施方案》明确，新建新能源汽车个人自用充电设施 1.5 万个，累计超 2.7 万个；新建公用、专用充（换）电场站不少于 60 个，累计超 450 个；新建公用、专用充电桩不少于 300 个，累计超 3500 个；建成市区范围 10 分钟可达，全市范围 15 分钟可达充（换）电服务圈。能源公司多举措参与实施：一是科学布局，通过多次实地踏勘，参考充电热力分布，综合考虑周边环境因素，交通便利主干道附近建设示范站或集中式快充标准站、在商圈或景区建设小型目的地补电站、在政府对外办事机构建设快慢结合便民站。二是智能引导，在手机 App 端、小程序端上线导航服务，并不断优化地图精度，引导充电需求车辆准确到达电站。三是强化运营，加强日常巡检维护，定期检查和维护充电设施，充电设备在线率 98% 以上，不断提升用户充电体验。

（三）坚持数字赋能，打造智慧平台

依托大数据技术，推动构建充电、出行的数字孪生体系，通过数据分析和用户反馈，提供个性化充电服务，提升充电设施的操作性和安全性，不断提高用户满意度。2023 年初，搭建集充电服务、客服系统、数据统计、安全监控等功能于一体

的"昆能充"平台,已正式上线运行。截至2023年底,平台累计注册用户超8.33万人,充电量超3400万度。从充电车辆看,平台高频用户5363人,全市新能源网约车4800辆,与高频充电用户较高程度吻合。从充电量看,日均充电量约9.6万度,其中南、北2个示范场站的日充电量均在1.2万度以上。从充电时间段来看,高峰充电时间段有2个,分别是12:00~13:00和16:00~17:00,主要是营运车辆驾驶员在交换班前充电并利用充电时间用餐。数字赋能,通过实时数据监控和分析,帮助公司了解充电设施的使用情况、充电桩的运行状态以及用户的充电需求,及时发现问题和异常,做出调整和维护,提高充电设备的可靠性和稳定性,打造智能、高效、可靠的充电管理平台。

(四)坚持适度超前,探索智能微网

积极探索具有光伏、储能、汽车充电放电功能的智能微网建设,并通过"昆能充"平台实现统一管理和智能调度,针对充电场站负荷调控场站功率,构建新能源与供电网络的信息流、能量流双向互动体系,未来可有效发挥动力电池作为可控负荷或移动储能的灵活性调节能力,为新型电力系统高效经济运行提供重要支撑,促进节能减排可持续发展探索经验。

三、典型经验

昆山坚持贯彻创新、绿色、开放、共享的发展理念,把低碳发展作为昆山市经济社会发展的重大战略和生态文明建设的重要途径,坚持生态惠民、生态利民、生态为民,构建绿色发展方式和生活方式。能源公司作为昆山唯一一家具有新能源充电场站建设运营资质的国企,承担起昆山地区充电场站项目的建设,致力于加快构建覆盖全市新能源充电设施,全力打造"示范站—快速站—目的地补电站—便民服务站"四级充电体系,建设规范、管理到位的新能源充电设施服务体系,以满足不断增长的充电需要,建成市区范围10分钟可达,全市范围15分钟可达充(换)电服务圈,保障市民绿色出行,践行绿色低碳生活。具体体现在以下三个方面。

(一)促进充电设施的发展

充分利用停车场等资源场所,重点加强对政务服务窗口单位、为民服务中心、医院、学校等公共服务机构周边情况分析研究,包括周边小区调研、周边竞品分

析、充电需求分析、工程可操作性等多个角度分析论证，成熟一批建设一批，充电设施的覆盖范围得到了显著扩大，为新能源汽车提供了更多的充电选择。同时，鼓励和支持充电设施互联互通的发展，建设充电设施公共服务平台，提供实施信息查询，鼓励充电设施共享使用，构建充电设施运营商之间的合作机制，为新能源汽车充电提供更便利服务，推动新能源汽车保有量不断攀升，新能源产业链持续向好发展。

（二）减少传统能源的依赖

新能源充电场站可加大对可再生能源应用投入，如分布式光伏，提高效率和稳定性，增加绿色电力的供应能力，有效减少对传统能源的依赖，以满足充电场站的电力需求。"光、储、充、检"一体化综合充电场站建设，可提供充电、餐饮、休憩、小型会议活动、车辆衍生服务等综合服务，有效提高了昆能充品牌知名度，扩大商圈、打出效应，进一步提升新能源汽车充电体验感。同时，结合绿色电力消费，可以间接减少碳排放，改善周边环境，提升人们生活品质，实现清洁能源转型，为生态文明建设作出积极贡献。

（三）提升电力消耗的控制

新能源充电场站构建高效的智能微电网系统，通过采用先进的电池储能技术和智能能源管理系统，更好地利用可再生能源，实现对电力消耗的有效控制。同时，积极参与电力市场化需求侧响应，保障电力供应的稳定性和可靠性。新技术应用使得充电速度大幅提升，缩短充电时间，提高用户使用体验。不断建立健全充电场站监管机制，加强充电场站运营和电力消费监管，确保绿色电力消费的实施，为参与绿电交易、碳排市场打下良好基础。

四、取得成效

（一）提供便捷的充电服务

能源公司充电设施的建设和发展，为电动车用户提供便捷的充电服务，不受传统加油站时间地点限制，随时进行充电。2021 年 4 月至今，能源公司已建设新能源充电场站五批，累计建成 106 个，在全市运营商中位列第二。能源公司已建有示范站 2 个（见图1），快速标准站 18 个，目的地补电站 46 个，便民服务站 40 个；

共有充电终端 1413 个，其中直流终端 645 个，装机功率 37000 千瓦，交流终端 768 个，装机功率 5500 千瓦。同时，建立"7×24 小时"服务响应体系，2023 年全年累计为 9000 人次解决各类充电问题 2 万多个，竭尽全力为群众安全出行保驾护航。

图 1　昆山能源北部充电示范站

（二）推动新能源汽车普及

充电设施建设促进了电动车的普及和推广。由于充电设施的增加，用户对电动车的续航焦虑有所减轻，更多人愿意购买电动车，推动电动车市场向好发展。截至 2023 年底，全市新能源汽车保有量 5.87 万辆，渗透率超 46%。能源公司"昆能充"平台以新能源汽车充电平台互联互通为核心，具备充电服务、安全监测、数据统计分析、综合能源运营等功能。同时，针对充电场站负荷调控能力，场站光伏、储能、汽车充电放电实现统一管理和智能调度，构建局域智能微电网，探索虚拟电厂发展。此平台当前注册用户 8.4 万人，活跃用户约 8000 人，在日均充电量（约 9.6 万度）、直流快充利用率（平均充电时长约 2 小时）、日均服务车辆数（约 4800 辆）属全市运营商前列。其中，网约车注册用户突破 4300 人，市场占比达 90%。

（三） 促进环境质量向好发展

电动车的使用相比传统燃油车能够减少尾气排放，降低空气污染和噪声污染，对改善环境质量起到积极作用。充电设施建设又会带动新能源产业的发展，促进充电设备、电池等相关产业的发展，为经济增长和就业创造新的机会。充电设施的建设和使用，体现了城市对环保和可持续发展的关注，提升了城市的整体形象，促进了城市的发展和繁荣。2023 年，能源公司已建场站完成充电 3400 万度，占全市充电总量 40%，实现业务收入 3700 万元。

案例 44 云南国际：石漠化脆弱区域 "生态修复 + 光伏"技术研究

一、基本情况

国家电投集团云南国际电力投资有限公司（以下简称"云南国际"）聚焦科技创新驱动能源产业发展，围绕推动绿色低碳发展、碳捕集、利用与封存（CCUS）、绿色消费、数字化转型等开展了一系列项目研究。针对云南省喀斯特地区地质背景特殊、生态环境容量小、石漠化严重等问题，2020 年由国家水电可持续发展研究中心向国家能源局提出意见函，拟联合云南国际在云南区域建设"生态修复 + 光伏"示范项目，探索石漠化问题的解决方案，并取得国家能源局批示同意。

在昆明市发展改革委的指导和协助下，云南国际牵头组织开展实地勘察，选取了石漠化问题较为突出的昆明东川作为示范区，建成了全国"光伏发电 + 集水灌溉 + 生态修复"示范项目。项目于 2020 年 5 月启动建设，11 月全部建成投运，总占地面积约为 27 亩，装机 1.029 兆瓦，包括集水灌溉、绿色发电、智能控制三大系统，集生态修复、集水灌溉、清洁能源、景观游憩于一体，打造形成了可复制、可推广、可操作的"生态 + 光伏"工程范式。项目于 2022 年获联合国粮农组织推荐，被誉为基于自然解决方案的成功实践案例。

二、主要做法

在"双碳"背景下，项目坚持生态优先，深刻理解了新能源与生态环境的关系，科学评价了新能源项目的生态环境影响和效益，深入挖掘了新能源的生态价值，研究了生态修复类新能源项目本体工程和生态修复工程设计、施工、运维技术，积极探索了同石漠化等各类生态脆弱区土地修复结合的新能源开发模式。

（一）对光伏支架高度进行了优化设计

项目以光伏生态修复和场区综合利用为目标，将光伏电池板支架离地高度抬升

至 2.5 米，为阵列区域生态修复和土地利用创造了条件。

（二）布局集水灌溉系统

项目创新性利用光伏组件收集雨水，在光伏板下方设集水槽，在山坡设置集水沟，使光伏板和山坡成为充沛的水资源集蓄通道。项目水窖和高位水池年总蓄水量可达 700 多立方米。运用 5G 灌溉远程控制系统自动调控，为区域生态系统提供旱季"保命水"。

（三）配置光伏阵列气象—土壤微环境在线连续监测系统

该系统动态监测光伏电站建设后场区近地面空气温度、湿度、风速、光照等局地气象环境要素，以及土壤温度、湿度等特征，实时掌握场区气象—土壤生态环境状况，为因地制宜、因"光"施策，奠定生态修复数据基础。

（四）在光伏阵列区配置和布局了生态修复及综合利用模式

项目基于云贵高原石漠化脆弱区气候特征、农林业经营技术和光伏场区立地特征，构建场区适生作物、经济植物、生态修复功能植物、特色畜禽种类筛选及配置、布局、栽种、管护、养殖等技术，集成石漠化脆弱区复合光伏生态修复协同增效模式。

（五）系统并持续开展了项目的生态环境影响和效益科学评价工作

云南国际联合国家水电可持续发展研究中心科研团队，针对项目的影响、修复、利用，开展了全链条技术研发与全生命周期的评价工作，为不断创新可复制、可推广、可操作的技术提供科技支撑。

三、典型经验

面向光伏发电行业发展拓展用地和极端脆弱区域生态修复需求，为深入挖掘光伏行业的碳中和效益，对传统开发模式进行升级，提出了兼具碳中和多元生态效益和成本的"生态修复 + 光伏"模式（见图 1、图 2）。

图 1 "生态修复 + 光伏"项目实施后石漠化区域生机盎然

图 2 国家电投"生态修复 + 光伏"东川示范项目实景航拍

该模式以光伏电站工程项目为依托,从光伏电站区域自然—人工复合生态系统结构稳定、功能完整和价值提升整体视角出发,通过在石漠化脆弱区建设光伏项目，挖掘光伏发电固碳减排潜能，实现光伏发电项目成本约束下的生态—经济效益最大化与减排效益最优化，显著提升光伏电站区域的生态健康水平。

该模式综合运用了生态学、土壤学、农学、林学、微生物学、数学等多学科理论和方法，通过生态调查、实验室化验分析、栽培试验、高通量测序技术、数学模拟等多种研究途径及方式方法，开展了系列研究，主要经验包括以下几项。

一是连续监测光伏阵列板上、板下微气候，以及板下不同位置土壤特征的变化，以场外为对照，定量分析并科学评价了光伏组件对近表层小气候、土壤生物群落和植被立地条件的影响；

二是剖析光伏电站建设对植物群落的影响，研发形成了高适应性、强抗逆性、高附加值作物及经济植物的优选技术、植物配置和植被优化布局模式；

三是识别筛选固碳或固氮微生物，形成了光伏电站土壤微生物改良与固碳氮功能提升技术，实现了光伏阵列区域土壤改良与固碳增汇；

四是综合运用模型精准核算电站区域生态效益与成本，提出了可确保生态修复效果、合理降低亩均修复成本的可操作、可复制、可推广的工程优化方案。

四、取得成效

（一）经济效益

经匡算，项目25年平均上网电量0.013亿千瓦时，每年可节约标准煤约0.05万吨。项目围绕区域特色产业发展，构建了高附加值作物互补技术方案，推动了一批符合光伏产业融合发展需求的研究成果转化与推广，以花生种植为例，在光伏阵列行间种植花生，其分枝数、根瘤数、单株结荚数、荚果质量、百仁质量、粗蛋白等均显著高于场外，其中单株结荚数增加15.1个/株，百仁质量增加59.9%，粗蛋白含量增加19.8%，有效增加了光伏阵列区单位面积土地的产出和附加值。

（二）社会效益

依托光伏电站，实现了场区土地综合利用，并创造了工作岗位。截至目前，场区已经实现红薯、花生、土豆、豌豆等10余种农作物生产，并配置了鹅掌柴、假连翘、红花檵木、百日菊等10余种具有生态修复功能的植物，在此基础上，布局了光伏鹅、光伏鸡等畜禽养殖，并创造了50余个固定和流动工作岗位。系列综合利用技术研发与应用实现了区域光伏产业结构升级，提高了企业科技软实力和核心竞争力，为国家或地方的光伏产业的发展提供了全链条解决方案，向行业输出集团公司"生态修复+光伏"范式，共享清洁低碳的国家电投解决方案，促进行业高质量可持续发展。

（三）生态效益

目前，通过光伏电站场区作物分区栽培、种植模式等综合管理，场区植被覆盖度、水土保持功能提高，区域小气候环境得到改善。观测研究显示：光伏电站建设和生态修复对阵列区域土壤与小气候条件的改善和土地利用产生了良好的影响，板下静风频率比场外对照区提高了50%，空气湿度日均增湿2%，0～20厘米深度土壤湿度增加21%，种植黄金菊后土壤微生物量碳比场外提高了26.5%，土壤有机碳提高了39.1%，实现了场区综合生态价值提升。

第八部分　先进绿色低碳技术应用

案例 45　酒钢集团：加快产业低碳转型 构建绿色消费体系

一、基本情况

酒泉钢铁（集团）有限责任公司（以下简称"酒钢集团"）位于甘肃省嘉峪关市，始建于 1958 年，是国家规划建设的第四家钢铁联合企业，也是我国西北地区建设最早、规模最大、黑色与有色并举的多元化现代企业集团。经过 60 多年建设发展，已初步形成钢铁、有色、电力能源、装备制造、生产性服务业、现代农业六大产业板块协同发展的格局。近年来，酒钢集团深入学习贯彻习近平生态文明思想，牢固树立"绿水青山就是金山银山"的理念，坚持"三新一高"发展导向，以全面绿色转型为引领，以清洁生产和能源绿色低碳发展为关键，企业绿色高质量发展稳步推进。

钢铁行业碳排放量约占全国总排放量的 15%，是落实国家"双碳"目标的关键领域。持续推进"高强、高耐蚀、高功效"钢铁新材料产品的研发，加快产品发展与绿色消费领域用钢需求匹配，构建绿色制造与绿色供应链，有利于实现节能、节材、环保及资源综合利用等目标，也可以引导建筑、机械、汽车、造船等下游用钢产业绿色消费。同时，推行钢铁产品绿色设计，有利于应对欧盟碳关税壁垒，实现我国钢铁产品对外贸易的可持续发展。

二、主要做法

酒钢集团积极践行绿色发展理念，全面贯彻落实"双碳"工作，统筹有序推进传统产业高端化、智能化、绿色化改造，推动装备与产品转型升级。积极探索绿色低碳可持续发展模式，通过优化能源结构、提高绿色产品产业化水平和产品质量，初步实现钢铁产业和电力能源产业耦合发展，以绿色产品带动绿色消费。

（一） 强化战略引领，推进产业绿色低碳转型

以"双碳"目标为导向，在酒钢集团"十四五"规划中，明确坚持绿色低碳发展理念。研究制定酒钢集团《碳达峰碳中和实施方案》《钢铁产业超低排放改造工作方案》《绿色发展体系建设方案》，全力推进产业链绿色低碳转型发展。加快传统产业升级步伐，健全推进机制，明确将"三化"改造列为"一把手"工程，切实加强组织领导，保障"三化"改造项目落实落地。

（二） 优化用能结构，推动绿色电力消费

酒钢集团加快能源结构调整，充分发挥新能源富集和源网荷一体优势，大力发展新能源，逐步实现能源消费低碳化。酒钢智慧电网及新能源就地消纳示范项目纳入国家沙漠、戈壁、荒漠基地项目并启动实施，金塔白水泉一期 200 兆瓦光伏发电项目、玉门红柳泉一期 200 兆瓦风电项目已建成。马鬃山 200 兆瓦风电项目、12兆瓦分布式光伏发电项目实现全容量并网，为钢铁产业绿色发展提供有力支撑。

根据《甘肃省新能源消纳实施方案》，酒钢集团因地制宜探索新能源消纳新模式，提出开展发电权置换消纳新能源的方案，通过降低自有火电机组发电负荷，消纳省内新能源厂站弃风弃光电量。从管理组织机构、交易合同的签订，现货交易的实施，新能源出力的预测，机组运行方式的调整，检修计划的实施等各个方面建立完整的制度，指导新能源消纳工作顺利开展。

（三） 强化科技引领，加强绿色低碳产品供给

把科技创新作为绿色低碳发展的强劲引擎，增投入、建机制、搭平台、理通道、创环境，开展"卡脖子"技术攻关。紧盯国家战略需求，持续加强新产品研发，加快培育拳头产品。钢铁产业紧抓新能源产业发展契机，以高强度、高耐蚀、高耐候、长寿命的绿色钢铁新材料研发为主要目标，积极探索一条以高附加值、高技术含量、替代进口为导向，走多品种、小批量、差异化之路。推动与"一院三所"合作，组建成立"一院三所"工作组，积极推进与中国科学院兰州化学物理研究所、中国科学院西北生态环境资源研究院合作协议的有效落地。联合高等院

校、研究机构、重点企业、重点客户等20家单位组建"甘肃省钢铁新材料研发及产业化应用创新联合体"，启动面向大国重器的冶金新材料项目。

积极开展绿色制造体系建设。认定国家级绿色工厂2个，省级绿色工厂5个，国家级绿色设计产品2个，省级绿色设计产品1个，省级工业节水型企业4个，国家级绿色矿山2个。加强工业余热余能回收利用，推动城市清洁取暖。开展煤电机组供热改造，实施酒钢集团—酒泉市肃州区热电联产清洁降碳集中供热项目，建设长输供热管线向酒泉市肃州区供热，替代燃煤供热小锅炉。

三、典型经验

（一）钢铁、电力能源行业耦合发展、协同降碳

钢铁、火力发电均为产业政策严控的高耗能高排放产业，呈现碳排放总量大、强度大的双重特征。"双碳"目标下，钢铁和电力行业都面临绿色低碳转型挑战。通过扩大对绿色能源电力的生产和其在钢铁行业中的消费比重，能够实现电力行业和钢铁行业的耦合发展，实现两个行业碳排放的协同下降，共同开创两个行业的高质量发展新格局。一方面，钢铁等工业用能行业将成为新能源消纳及电气化提升的重点领域；另一方面，新能源装机的发展、新型储能技术突破、氢气制储运等将带动相关用钢需求，为钢铁行业提供发展机遇。

（二）加快绿色低碳技术创新应用，推动产品提档升级

面对处于充分竞争行业、区位偏离中心市场的现实条件，酒钢集团确立了以科技创新为支撑，以价值创造为导向，以加快发展高附加值产品为目标的转型发展思路。瞄准细分市场，按下技术创新"快捷键"，强化"技术＋产品＋服务"营销模式，在拳头产品、优势产品、重点产品"拓市场、占市场"上持续发力，大力开发具有高性能、轻量化、长寿命、近终型、可循环等特征的钢铁绿色低碳产品，做到"人无我有人有我精"，一个个"拳头产品"相继问世，一大批"酒钢造"品牌越叫越响。充分发挥创新联合体等高能级创新平台磁场效应，统筹各类创新力量，针对"卡脖子"关键问题，加快重点科技项目攻关，努力破解技术瓶颈。积极打造国有企业原创技术策源地，给自主创新成果打上"酒钢集团"烙印，持续打造产业链创新新优势。

四、取得成效

（一）绿色低碳产品助力国家重点工程

深化绿色发展理念，扎实推进绿色制造体系建设。宏兴股份公司、东兴铝业陇西分公司获评国家级绿色工厂，高端餐厨具用马氏体不锈钢、润源公司蒸压加气混凝土砌块获评国家级绿色设计产品。成功发布连续热浸镀锌系列合金镀层钢板及钢带和不锈钢铁素体、马氏体、奥氏体、双相冷轧钢板及钢带等5类产品的环境产品声明（EPD）。马氏体不锈钢通过SGS第三方循环再生认证。镀锌家电板通过美国翠鸟认证（美国绿色产品认证）。

强化产品全生命周期管理，扩大绿色低碳产品和服务有效供给。新一代高耐蚀金属涂镀层锌铝镁钢板实现了我国在高耐蚀材料领域产品零的突破，大气环境下耐蚀性能是普通镀锌板的2~4倍，已广泛应用于光伏、高铁、大型变电站及汽车制造等领域；光热电站熔盐储罐用347H不锈钢达到国际领先水平；2205、2507双向不锈钢对标世界一流，产品品质已达到世界先进水平，成功应用于白鹤滩水电站等项目。第四代钠冷快堆用316H不锈钢，替代进口，稳定供货国家重点工程霞浦核电站项目（见图1）。马氏体不锈钢产品成功应用于高端厨房刀具、医疗器械、剃须刀、水电钢等领域，先后通过欧盟重金属迁移测试和宜家耐腐蚀性检测，高端剃须刀用不锈钢实现进口替代，国内市场占有率80%以上。

图1　酒钢双向不锈钢产品供货白鹤滩水电站

（二）绿色低碳技术取得新突破

"二氧化碳绿色洁净炼钢技术及应用"项目获 2021 年中国冶金科学技术奖特等奖，碳钢薄板厂 1#转炉已实现转炉底吹二氧化碳，钢铁料消耗降低 1.01 千克/吨以上。悬浮磁化焙烧选矿技术成功用于工业生产（见图 2），与强磁选工艺相比，精矿品位提高 12 个百分点，回收率提高 26 个百分点，单位产品可比综合能耗和污染物排放指标大幅领先，技术达到国际领先水平，对我国难选铁矿资源的高效开发利用具有重要示范作用。"难选氧化铁矿石悬浮磁化焙烧关键技术开发与工业应用"获 2022 年度甘肃省科技进步特等奖。

图 2　酒钢集团粉矿悬浮磁化焙烧示范工程全线投产

（三）发电权置换消纳新能源

酒钢集团利用自备火电机组和钢铁、电解铝负荷侧调峰能力，通过降低自有火电机组发电负荷，消纳省内新能源厂站弃风弃光电量。2018—2022 年，累计消纳新能源 92 亿千瓦时，使得甘肃电网弃风率、弃光率大幅降低，为解除甘肃省弃风弃光"红色预警"做出了积极贡献。通过开展新能源消纳，降低火电机组出力，五年共节约标准煤约 271 万吨，减少烟尘排放量 286 吨，减少二氧化硫排放量

1063 吨，减少氮氧化物排放量 1356 吨，减少二氧化碳排放量 840 万吨。

2400 兆瓦智慧电网及新能源就地消纳示范项目一期 400 兆瓦风电光伏项目已建成，2025 年全面建成投产后，新能源用电量占比达到 25.9%，形成风、光、火、余热余压发电多能互补的能源结构，构建"绿色能源 + 绿色低碳产品"新发展模式。

（四）余热供暖经济环保暖民心

实施热电联产机组乏汽余热回收供热改造，已实现向嘉峪关市集中供热区域提供 100% 清洁采暖热源。酒钢集团—酒泉市肃州区热电联产清洁降碳集中供热项目一期工程已于 2023 年 11 月投产，实现嘉酒区域长距离集中供热，为酒泉市肃州区提供集中供热面积 800 万平方米。到 2030 年，实现向酒泉市供暖总面积达到 2300 万平方米，年可减少烟尘排放 3455 吨，减少二氧化硫排放 7371 吨，减少氮氧化物排放 3501 吨，减少二氧化碳排放 120 万吨，对"酒嘉双城经济圈"协同发展、建设节约型社会、实现可持续发展战略做出突出贡献。

案例 46 中伟股份：废旧锂电池综合回收体系建设

一、基本情况

中伟股份是全球前驱体材料龙头，2020 年、2021 年、2022 年连续 3 年出货量、出口量稳居全球第一，是国家高新技术企业、国家技术创新示范企业，获得"国家单项冠军""国家智能制造""绿色制造工厂""绿色设计示范企业"等称号，拥有国家企业技术中心、贵州省工程技术中心、湖南省技术创新中心等。中伟股份作为专业的锂电池新能源材料综合服务商，作为国家战略性新兴产业中的新材料、新能源领域的领军企业，更加迫切需要转变经营模式，积极进行"双碳"目标的探索与实践，实现绿色低碳转型，降低产品碳排放。

2022 年，中伟发布"双碳目标"，将在 2040 年实现运营碳中和，在 2050 年实现供应链碳中和（见图 1）。同年，中伟钦州产业基地通过 SGS 碳中和认证，获得"达成碳中和宣告核证证书"，成为中伟首个"零碳工厂"。

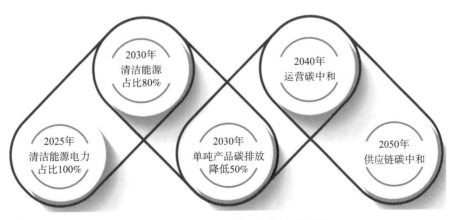

图 1 中伟股份"双碳目标"实现路径

建设废旧锂电池综合回收体系是中伟股份实现"双碳目标"的重要一步，将助推中伟股份打造"三元前驱体—电池—综合回收利用—三元前驱体"的循环产业链生态闭环，极大提升公司发展的势能。

二、主要做法

经过七年多的积极探索，中伟股份已基本建立起适合自身发展需求的废旧锂电池综合回收体系，主要做法有以下几项。

（一）资源有限，循环无限，打造废旧锂电池综合回收体系

随着新能源汽车动力蓄电池装机量的快速攀升，全球锂、钴、镍金属资源稀缺及供需紧张程度呈现快速上升的趋势。据预测，2035 年后，可开采的锂、钴、镍分别只能支撑当年需求量 35 年、14 年和 36 年，随着全球电动化战略转型的加速，资源短缺问题日益突出。根据全球新能源汽车销售预测分析，2023 年我国退役动力电池将达到 104 万吨，2030 年将达到 350 万吨。通过回收全球动力电池可再生的锂、钴、镍、锰资源量分别约占当年需求量的 28%、28%、23%、42%。未来伴随着动力及储能电池的大规模退役，预计 2030 年退役电池量将达 437 吉瓦时，可回收碳酸锂、磷酸铁、硫酸镍、硫酸钴分别为 23 万吨、39 万吨、346 万吨、27 万吨，回收市场价值达 1695 亿元。通过对废旧动力电池的循环利用，可有效解决资源枯竭的问题，助力双碳目标实现。

在此背景下，中伟股份提出"前驱体材料制造＋新能源材料循环回收"双轮驱动模式，于 2016 年成立全资子公司——贵州中伟资源循环产业发展有限公司，专注于废旧动力锂离子电池再生及梯次利用，打造全新的新能源材料循环体系。目前，中伟循环已建成动力电池回收处理能力 7.5 万吨/年，镍金属回收处理能力 4 万金属吨/年，钴金属回收处理能力 3000 金属吨/年产能。在废旧锂电池综合利用产能建设的坚实基础上，配套建设废旧锂电池回收网络、电池回收信息化系统等，形成废旧锂电池"回收网络＋专业化处理"的综合回收体系，构建起"三元前驱体—电池—综合回收利用—三元前驱体"的产业链生态闭环。

（二）科技创新引领，攻克废旧锂电池综合回收关键共性技术

针对废旧锂电池预处理难、工艺流程长等问题，经过多年的不懈努力，中伟股份开发出废旧锂电池"定向循环"技术，采用先进的分选识别系统将原料进行物理除杂，以国际领先水平的萃取分离和固相合成技术，将含废弃镍钴原料完全

"定向循环"制备成高性能三元正极材料原料，真正实现废弃三元镍钴锰渣、废旧锂电池循环再生过程的短程、节能、高效。通过该模式生产，金属的回收率可达98.5%，成本比以原矿为原料生产电池低30%左右，实现废弃三元镍钴锰渣、废旧锂电池的循环利用。该模式从根本上解决了废弃三元镍钴锰渣、废旧锂电池在全社会的循环利用问题，真正实现了废弃三元镍钴锰渣、废旧锂电池回收利用产业化、资源化、无害化。

（三）放眼全球，构建国内、国外废旧锂电池综合回收网络

针对废旧动力电池高度流动、高度分散且存在安全环保隐患的特性，以及履责成本高昂的行业堵点、安全环保的国家关切痛点，中伟股份建立起面向新能源汽车生产企业和运营企业、电池生产企业和运营企业、报废汽车拆解企业及新能源汽车消费者等全方位服务对象的电池回收网络，提供高效安全环保的新能源汽车动力电池逆向收集共享服务及基于大数据分析的残值评价建模、企业决策定制等增值服务，通过线上牵引、线下网点（收集＋区域中心）与物流优化的支撑，形成"废旧电池残值评价—交易—检测分级—破碎加工—物流优化配送—数据服务"的一站式电池收集闭环服务。在此基础上，中伟股份已开启全球化布局，构建国内、国外废旧锂电池综合回收网络。

三、典型经验

总结中伟股份建立废旧锂电池综合回收体系的经验，主要有以下几项。

（一）立足长远，产能先行

锂价的巨幅波动使废旧锂电池综合回收行业的参与者数量大大增加，这里面既包含了动力电池企业、整车厂、材料厂，也包括了很多第三方公司，尤其是在锂资源价格持续大幅震荡的影响下，参与玩家呈现出井喷式增长。目前，废旧锂电池综合回收仍处在行业发展中期，规范化程度低，相对较为混乱。随着相应政策的出台和监管力度的加剧，行业将慢慢走向平稳发展。从长远看，废旧锂电池综合回收产能布局是获得行业话语权的前提，随着退役大潮来临，也将决定企业发展势能，是布局的前提。

（二）科技支撑，标准为核

随着废旧锂电池综合回收行业从初期逐步过渡到竞争期，行业大规模退役潮到来，行业竞争逐步加大，锂价的剧烈波动也有望实现一定程度的行业出清，这个时期行业最大的痛点在于机械自动化拆解的精度、效率和资源回收率，以及基于对退役电池理解的综合处置和利用方式，主要竞争点就在于技术积淀和行业理解。上述梯次利用和再生利用两种综合利用行业关键痛点，都有待于科学技术的进步加以解决，作为行业参与者，只有通过科技创新才能在激烈的行业竞争中处于领先地位。目前，废旧锂电池综合回收仍处在行业发展中期，规范化程度低，相对较为混乱，各种标准、规范充斥行业，且目前政府政策以探索和指导性政策为主，随着行业的快速发展，预计规范性的政策体系将逐步建立，标准的建立将有助于稳固市场地位。

（三）放眼全球，布局网络

作为废旧锂电池综合回收第三方企业，具有专业化程度高、资源依赖度高的特点。第三方企业最大的优势在于技术工艺完备，专业化程度高。可将废旧电池进行处理后，得到新的原材料，进而实现"电池回收 + 梯次利用 + 再生利用"的一体化和专业化处理，缺点是废旧锂电池综合回收渠道铺设和资源获取相对较为困难，通常需要和电池企业和整车企业进行合作。随着行业竞争的日趋激烈，以及大规模退役潮的到来，建立面向新能源汽车生产企业和运营企业、电池生产企业和运营企业、报废汽车拆解企业及新能源汽车消费者等全方位服务对象的电池回收网络，能够确保企业有充足的废旧锂电池资源用于生产，也能提升企业在未来的盈利预期，对于提升企业竞争力具有重要作用。

四、取得成效

经过七年多的积极探索，中伟股份已基本建立起适合自身发展需求的废旧锂电池综合回收体系，建设有建成动力电池回收处理能力7.5万吨/年，镍金属回收处理能力4万金属吨/年，钴金属回收处理能力3000金属吨/年产能。通过科技创新，开发出"定向循环""整体热解"等技术，实现动力电池回收利用20万吨，预计2025年实现动力电池回收全价值链的布局，建成全球范围最大规模的动力电池回收利用基地，推动行业向智能化、数字化、高值化方向发展，成为践行绿色低碳发展的探索者、引领者。

案例 47　岳阳林纸：以纸代塑
践行绿色消费观

一、基本情况

岳阳林纸股份有限公司前身为岳阳造纸厂，始建于 1958 年，于 2004 年在上海证券交易所上市（股票代码 600963），公司控股股东泰格林纸集团是中国诚通集团旗下中国纸业投资总公司的控股公司。中国诚通集团是国务院国资委管理的大型企业集团，也是国务院国资委确定的唯一一家以"林浆纸"为主业的中央企业。经历多年的发展，岳阳林纸产业链延伸，从事制浆造纸、林业勘察设计、森林碳资产管理、水环境综合治理等，形成了以"浆纸 + 生态"为主营业务的双核发展产业格局，涉及生态浆纸、生态园林、生态化工、生态农林四大产业，造纸产能 100 万吨/年。

作为国家级绿色工厂，岳阳林纸生产的环保型文化用纸、包装用纸、办公用纸、工业用纸、食品包装纸、商品浆以"环境友好、清洁生产"为核心理念，坚持管理绿色化、原料绿色化、生产过程绿色化、产品绿色化，拥有中国环境标志产品验证证书。

岳阳林纸站在"发挥央企绿色示范带动作用，服务国家绿色崛起"的高度，发挥好示范标杆的作用，积极响应国家政策，从加强绿色低碳产品质量和品牌建设等方面采取了系列行动，助力中国实现"2030 年实现碳达峰、2060 年实现碳中和"的目标。

二、主要做法

（一）加大人力财力投入，促进产品持续创新

岳阳林纸的"以纸代塑"系列产品旨在研发出具有高品质、经济适用的绿色新型包装纸。通过提升自主创新能力，将原有传统包装纸生产线转产为"以纸代

塑"系列新产品，开发食品包装纸、食盐包装纸、吸管纸、高端手提袋纸、防油烘焙纸等，突破纸张施胶、防潮、耐破等关键工艺技术，实现纸张可降解生命周期，解决塑料白色污染环保难题。

岳阳林纸拥有国家级技术中心、博士后科研工作站，与国内外 20 多所知名高校和科研院所建立了产学研合作关系，聘请了近 50 位专家教授为公司高级顾问，为"以纸代塑"系列产品研发提供了强大的智力支持。依托上级央企中国诚通集团、中国纸业强大的资金实力，岳阳林纸自筹 1.28 亿元，投入"以纸代塑"系列产品研发。

岳阳林纸以低碳、绿色、清洁为目标，研发团队不断试验、探索，为"以纸代塑"做出应有的社会责任。2019 年，公司技术中心完成手提袋纸生产开发。2020 年重点进行优化改进。2021 年《以纸代塑新材料研究及应用》荣获第三届中央企业熠星创新创意大赛优秀奖。高松牛皮纸荣获"2023 环保纸产业创新奖"银奖（见图 1）。

图 1　高松牛皮纸手捧袋

（二）顺应消费者需求变化，创造绿色消费新场景

为了开发出满足消费者需求的"以纸代塑"产品，岳阳林纸于 2022 年开展项目实验室研究，根据市场对产品质量的需求，组织技术研发人员通过市场走访，收

集样品，并对标国外进口产品，结合纸机特点及公司自制硫酸盐纸浆（KP浆）的优点，研究以针叶木为主搭配适量的阔杂木进行混合蒸煮制取硫酸盐化学木浆，浆料洗涤后送至长网多缸纸机，通过打浆、配浆、添加特殊的化学助剂等工艺技术开发出满足客户需求和环保要求的"以纸代塑"系列产品。

岳阳林纸积极研究应用不同纤维原料、化学助剂、高浓打浆设备、胸辊摇振装置、伸性装置等技术，探索新材料、新设备和新工艺对防油性能、防潮性能、阻隔性能、抗张能量吸收（TEA）和透气度的效果。为提高"以纸代塑"的替代率，对应不同塑料制品抗水、抗油、耐热、耐酸碱、易加工等的功能性，纸制品在功能性上也加大了开发力度，为"以纸代塑"纸制品赋能。

目前产品已广泛应用于多个消费新场景（见图2），如干果、小麦粉、大米、茶叶等包装，蜜饯类包装，冰激凌等冷冻品的包装，鞋品、服装、包、配饰及部分时尚生活用品及零售商品的手提袋等，并仍在不断创造绿色消费新场景，有效减少了塑料白色污染的环保问题。

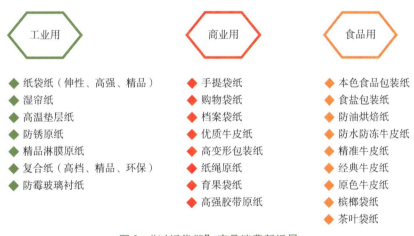

图2　"以纸代塑"产品消费新场景

（三）推动自动化建设，突破关键技术难题

随着工业化快速发展，企业不断投入自动化设备（见图3），制袋企业、化工辅料加工、水泥厂等生产企业不断提高产量，致使纸袋在快速灌装过程中所承受的外力、温度大大超过标准，纸袋纸受热变脆，破损率高，易造成经济损失。"以纸代塑"项目通过技术研发解决纸张防水防油表面施胶工艺技术、无塑阻隔涂层涂布工艺技术、纸张防潮处理工艺技术、纸张增强耐破处理技术等问题，达到食品级

国际认证机构要求,突破纸张可降解生命周期,主要突破的技术难题有:(1)研究高、低浓组合打浆技术对纸张强度的影响;(2)研究针叶材+农林加工边角余料的制浆技术;(3)研究胸辊高频摇振造纸技术及应用;(4)研究提高防油烘焙纸防油性能技术;(5)研究食品包装纸生产技术,满足食品级要求;(6)研究食盐包装纸表面处理技术,提高防潮性能;(7)研究饮料吸管纸生产技术,满足使用性能要求。

图3 "以纸代塑"项目制浆与抄纸生产车间

三、典型经验

(一)积极响应国家政策,加快绿色发展转型升级

在国家推行禁塑限塑环境下,"以纸代塑"给造纸企业带来新的机遇。岳阳林纸积极响应国家政策,倡导"绿色纤维绿色使用",实施"以纸代塑"系列产品关键技术研发项目。"以纸代塑"研发项目以节能提质、结构调整、技术改造为主线,以建设科技创新型、资源节约型、环境友好型先进造纸工业为目标,充分发挥新型造纸工业绿色、低碳、循环的特点,通过提升自主创新能力,打造绿色制造示

范性项目，带领造纸行业向高质量、低排放、绿色发展转型升级。公司在战略的顶层设计上谋划绿色可持续发展，始终坚持把经济建设与环保、生态、绿色融合起来，让资源、人才等各类要素向生态聚合，并通过优化内部运营管理、技术研发、市场营销推动产业转型升级。

（二）主动开展节能降碳与资源综合利用

岳阳林纸一直以环保能力提升来打造核心竞争力，高度重视技术改造产业升级，坚持科学发展，积极推行清洁生产、节能降碳和资源综合利用。公司有效利用林区采伐剩余物、木材加工剩余物、木材制材剩余物，开发高质量、高效益、符合社会经济发展需求的纸张产品，做到了废弃物资源化利用，有利于节约木材资源消耗。对于绿色包装的推进也有着积极作用，可大量减少塑料废弃物对环境的"白色污染"，有效保护人居生态环境，有利于提升传统包装纸产业的转型升级。与此同时，公司自主研发的"林业三剩物化学机械浆关键技术与运用"获得中国产学研合作创新研究成果奖，让传统造纸业实现了从资源消耗型向"资源创造型"的飞跃。

四、取得成效

（一）经济效益

目前项目产品高强纸袋纸、伸性纸袋纸、淋膜原纸、精品牛皮纸毛利润率可观，2023年"以纸代塑"系列产品实现销售收入4.3亿元，为公司创效7000余万元。

（二）生态效益

项目有效利用了林业三剩物为原料，不但很好地解决了造纸原料短缺的问题，同时使林业三剩物资源得到高值化利用，避免了自然腐烂或焚烧对环境的污染，生态效益显著。相比传统产品，进一步降低了木材纤维使用量，具有节约森林资源、有效降碳的效果；采用化学助剂辅助打浆，打浆能耗下降20%，节能效果明显，对节能减排、绿色循环低碳发展具有促进作用。

岳阳林纸积极探索"以纸代塑"之路，就是将绿色低碳理念融入自身发展之中。作为发源于岳阳、扎根于岳阳、壮大于岳阳的企业，岳阳林纸将立足产业定位，发挥自身优势，继续为生态文明建设和岳阳市长江经济带绿色发展示范区建设贡献智慧和力量。

案例48 天津电力：省级双碳运营服务中心支撑绿色低碳发展

一、基本情况

为深入贯彻习近平总书记生态文明思想，落实党中央国务院关于"双碳"重要战略目标，国网天津市电力公司牵头建设天津碳达峰碳中和运营服务中心（以下简称"中心"）。中心聚焦天津经济发展低碳转型要求，创新打造"1+3+5"（一个平台基础、三类服务主体、五大功能服务）的碳达峰碳中和综合运营服务体系，通过构建开放、共享、创新的交流合作平台，面向政府、企业及社会公众，提供碳减排服务、碳资产运营、碳排放交易、碳评估认证、碳技术研究等五大功能服务，努力打造"双碳"服务的"天津名片"。

国网天津市电力公司负责天津电网规划、建设、运营和供电服务，致力于为天津经济社会发展提供清洁低碳、安全高效的电力能源供应。2021年11月，天津市双碳工作领导小组办公室授权天津电力公司牵头成立天津碳达峰碳中和运营服务中心，以政府、社会、企业为主要服务对象，按照"数据为基、服务为主"模式运营，充分发挥平台优势、数据优势和技术优势，大力开展技术创新、机制创新、模式创新，积极探索推动双碳业务创新落地，打造全国引领的综合性"双碳"服务平台，助力形成绿色生产和消费模式，推动形成绿色低碳、文明健康的生活方式和消费模式，推动实现碳达峰碳中和。

二、主要做法

天津碳达峰碳中和运营服务中心，围绕服务能源领域消费绿色转型，积极探索技术和商业模式创新，在能源双碳数字服务、电—碳市场协同、低碳生态培育等方面先行先试，为碳减排、碳治理赋能赋智，促进绿色生产和消费，服务天津"双碳"目标实现。

（一）构建双碳运营体系，助力绿色低碳生产及消费

1. 坚持合作共建，打造服务绿色转型新模式

2021 年 11 月 30 日，天津市双碳工作领导小组办公室授权国网天津市电力公司成立天津市碳达峰碳中和运营服务中心，由天津公司牵头，天津市低碳发展研究中心、天津排放权交易所、天津泰达低碳经济促进中心共同制订中心建设方案，以助力天津市能源清洁低碳转型、服务企业减排增效需求为目标，聚焦排放总量及强度"双控"要求，促进绿电消费，创新探索服务绿色转型新模式。中心按照"平台化服务，市场化合作，专业化运营"思路，发挥四方专业优势，共同建设运营，服务政府碳排"双控"和企业低碳发展。

2. 坚持科学先进，打造支撑双碳运营新体系

中心创新打造"1 + 3 + 5"碳达峰碳中和综合运营服务体系（见图 1），依托新能源云天津碳中和支撑服务平台，构建碳减排服务、碳资产运营、碳排放交易、碳评估认证、碳技术研究五大功能，面向政府、企业、社会公众三类用户，服务政府碳排放宏观调控和监管决策的科学性，服务企业把握碳排放运行情况及趋势变化，服务各类用能主体节能降碳增效工作提供全方位、全过程的"双碳"综合服务。

图 1　天津电力碳达峰碳中和"1 + 3 + 5"运营体系

（二）建成科学先进平台，打造绿色低碳典型场景应用

1. 建成新能源云碳中和平台，夯实绿色低碳服务基础

2022 年 9 月，建成新能源云天津碳中和支撑服务平台，涵盖碳减排服务、碳资产运营、碳排放交易、碳评估认证、碳技术研究五大功能，24 项场景应用，创新园区碳监测、乡村碳监测、全行业企业碳核算、旅游碳普惠活动等特色场景应用，研发碳排放与经济发展脱钩分析、碳中和趋势分析、减碳效益评估等算法，支撑构建测碳、算碳、用碳、降碳全链条服务。

2. 开发双碳典型场景应用，助力绿色低碳转型发展

中心创新打造碳减排服务、碳资产运营、碳排放交易、碳评估认证、碳技术研究等五大场景应用，切实服务政府、园区及企业等绿色低碳转型发展。

碳减排服务聚合煤、油、气、电等能源行业数据及天津市碳市场交易信息，面向政府提供区域碳监测、行业碳监测、园区碳监测，展示各维度产能产值、能源消耗、碳排强度等数据。通过平台碳排放算法模型，全面提供碳排放全时、全景、全流动态的深度分析，实现碳排放的可观、可测、可溯，支撑地区碳排放宏观调控。面向企业提供碳排放监测分析、减排路径规划、绿电辅助交易等服务，支撑企业碳排放管理，助力绿色低碳转型。

碳资产运营面向政府部门，从配额发放总量、实际生产碳排放总量、区域控排企业情况、履约情况、碳资产持有情况等数据出发，分析辖区碳配额盈缺，科学指导重点区域碳配额发放、碳排放管理。面向各类企业，提供碳排放统计、碳资产汇总、碳交易分析、碳金融收支分析等功能，支撑企业全面实现碳资产综合管理，打通不同碳资产业务场景壁垒，实现企业从"被动碳配额履约"到"主动碳资产运营"的转型。

碳排放交易为政府部门、控减排企业、代理交易机构提供智能化交易管理和碳市场行情分析服务。帮助政府部门掌握区域内碳交易动向、企业履约情况、配额和自愿核证减排量（CCER）供需情况等信息，为 CCER 供需双方提供公开透明边界的信息共享平台，实现企业绿色收益有效提升，有力服务碳市场建设。发挥电力交易资源优势，创新融合碳市场交易信息及绿电市场交易信息，为市场多方主体提供"电—碳"市场分析研判，服务地方"电—碳"市场协同建设。

碳评估认证充分利用平台大数据汇集优势，结合海量企业能耗、产能数据分析结果及国家发布的各行业标准能耗强度水平，对企业碳效智能赋码。科学精准测算企业碳效水平，支撑企业找准自身定位，科学制定规划，加快推进自身绿色低碳发展。支撑政府在有序用电期间，优先保障高效能企业能源稳定供应，实现碳排"双控"有效落地。

碳技术研究打造双碳咨询平台，为各类用户提供可交流的技术平台，促进双碳技术广泛传播，形成良好、有序的行业氛围，推动行业高质量发展。建设双碳技术资源库，聚焦不同行业、不同类型低碳、零碳和负碳技术，构建减碳技术资源库，为企业低碳转型提供技术支撑，促进先进成果转化（见图2）。

图2　打造新能源云天津碳中和支撑服平台

3. 精准聚焦各类用户绿色需求，建立双碳业务服务体系

走访调研政府企业需求，遴选全市域数据基础良好、能耗结构丰富的7家省级及以上园区、214家高耗能企业，全面开展"双碳"业务需求调研，形成专项调研报告7份。创新构建双碳业务体系，梳理业务服务清单共41项，构建双碳业务体系，为业务开展奠定坚实基础。面向政府，依托新能源云平台强大架构及数据优势，提供区域级、行业级碳排放、能耗监测等19项服务（见图3）。面向企业，依托新能源云平台丰富场景和全流程服务，提供碳排放监测核算及报告，减碳路径规划、碳资产管理、零碳评估认证等22项服务，有效摸清企业排放现状，提出经济可行降碳方案，降低企业用能及运营成本。

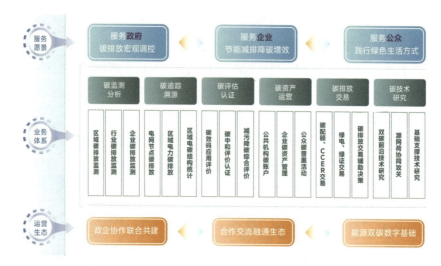

图3　天津电力碳达峰碳中和运营服务中心业务架构

三、典型经验

（一）政企合作共建共享，打造双碳综合服务平台

中心经天津市双碳工作领导小组授权成立，国网天津市电力公司联合天津市低碳发展研究中心、天津排放权交易所、天津泰达低碳经济促进中心共同建设。充分发挥政企合作优势，构建合作框架、政策框架、技术框架，在技术、数据等要素方面加大整合力度，促进要素聚合、发展融合，形成共享共建共赢的"双碳"生态圈。

（二）技术创新数字驱动，支撑绿色低碳服务

中心以数字技术为创新驱动，以数据挖潜为核心要素，以低碳发展为根本遵循，建设新能源云天津碳中和支撑服务平台，创新打造五大功能、24项场景应用，实现"电—碳"数据流、业务流、价值流的精准反映、状态及时、全域计算、协同联动，推进双碳服务可观、可测、可算、可控，为中心对外开展各项双碳业务及服务提供强大的数字化支撑基础。

（三）探索双碳服务模式，助力绿色生产消费

探索构建碳排放核算、碳资产管理、碳排放交易、碳中和认证的全流程一站式

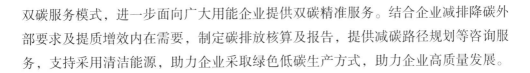

双碳服务模式，进一步面向广大用能企业提供双碳精准服务。结合企业减排降碳外部要求及提质增效内在需要，制定碳排放核算及报告，提供减碳路径规划等咨询服务，支持采用清洁能源，助力企业采取绿色低碳生产方式，助力企业高质量发展。

四、取得成效

（一）得到社会各界高度评价

中心面向各类主体提供"双碳"综合服务的典型做法，被国务院国资委社会责任局《中央企业社会责任（环保低碳专刊）》第 2 期收录，成果在国资系统进行广泛宣传。中心作为全国首个政企协作的省级"双碳"运营服务中心的创新实践，被国家工信部《中国工业和信息化可持续发展报告（2022）》收录。中心累计接待天津市委、市政府、市人大、市政协、国家能源局、国家电网公司、院士专家等各层面调研 110 余批次，赢得广泛好评，希望持续引领，打造"窗口""示范"。

（二）服务政府绿色低碳转型

中心汇集煤、油、气、电、热等能源消耗和碳排放数据超量 100Tb，依托"电—能—碳"算法模型，实现天津市 16 个行政区、6 大重点领域碳排放监测，为区域和行业碳排放管控政策提供有力支撑。推动天津静海区子牙循环产业园、武清区京津科技谷、宝坻区九园工业园等 5 家国家级、省级园区内全部企业信息数据接入平台，实现碳排放监测及减排增效管理。对静海区 1176 家涉气企业开展电税污碳综合评价，成果纳入《天津市静海区涉气企业大气污染物精准减排绩效分级操作指南》。与宝坻九园园区签订国网首单碳管理服务合同，助力打造绿色低碳转型示范样板。

（三）服务企业绿色低碳发展

碳中和平台入驻企业超过 2.1 万家企业，覆盖天津市 16 个行政区、19 个行业，能享受碳排放核算、碳资产管理、绿电交易等方面服务。服务重点排放企业减碳管理，依托平台为国安盟固利、贝特瑞新能源等重点排放企业提供集碳排放核算、碳资产辅助交易等服务，碳配额交易 3.6 万吨，助力完成碳市场履约，实现减排降本增效。服务外贸型企业绿色低碳消费，联合中国欧盟商会天津分会为空客、巴斯夫、施耐德等企业开展绿电交易、碳管理等培训，辅助交易绿电 8000 万千瓦时，满足外贸型企业碳关税等需求。

（四）服务公众绿色低碳消费

中心聚焦乡村绿色生活低碳旅游场景，打造天津市乡村旅游碳足迹模型，形成了不同时间维度的旅游碳足迹排放清单。中心联合美团等电商知名平台建立面向社会公众的碳普惠机制，建成"津碳旅"App 小程序，打造绿色出行、低碳生活、公共服务等 11 个低碳生活场景，注册人次达 1.8 万次，通过市场激励方式引导居民和游客推进绿色生活、绿色消费，形成公众获益、商家增收、全社会减排的良性循环。

案例 49　美团：青山计划助力餐饮行业绿色高质量发展

一、基本情况

美团是一家科技零售公司，以"零售＋科技"的战略践行"帮大家吃得更好，生活更好"的公司使命。自 2010 年 3 月成立以来，美团持续推动服务零售和商品零售在需求侧和供给侧的数字化升级，和广大合作伙伴一起努力为消费者提供品质服务。美团始终以客户为中心，不断加大在新技术上的研发投入。美团会和大家一起努力，更好承担社会责任，更多创造社会价值。

青山计划是美团 2017 年发起的餐饮外卖行业首个环境保护行动（见图 1）。秉承"更好生活、更美自然"的愿景，青山计划不断更新迭代，形成了绿色包装、

美团青山计划绿色低碳行动全景图

青山计划是美团2017年发起的外卖行业首个环境保护行动，秉承"更好生活、更美自然"的愿景，青山计划不断更新迭代，形成了绿色包装、低碳生态、青山科技、青山公益四大板块，推动构建外卖行业全价值链绿色低碳消费生态，助力国家和社会低碳转型。

绿色包装

包装回收及再生
- 塑料餐盒规模化回收
- 高值化再生利用

包装材料及制品生产
- 绿色包装推荐名录
- 绿色包装孵化创新
- 绿色包装交易平台及供应链建设
- 绿色包装标准制定

低碳生态

外卖餐饮商户
- 数字化助力商家低碳经营
- 可持续餐饮商户指南
- 商家课程及指引工具
- 商家青山档案及奖惩机制
- "小份菜"等餐品供给优化

消费者
- 无需餐具选项及激励机制
- 减少食物浪费产品功能设计
- 美团外卖环保日等宜导活动
- 个人碳账户

青山科技
- 美团青山科技基金
- 青山科技奖
- "科创中国"环保科技创新示范项目

青山公益
- 中华环境保护基金会"美团外卖青山公益专项基金"
- 生态扶贫
- 自然守护行动

图 1　美团青山计划绿色低碳行动全景

低碳生态、青山科技、青山公益四大板块，推动构建餐饮外卖行业全价值链绿色低碳消费生态，助力国家社会绿色低碳转型。

二、主要做法

（一）迭代产品设计，引领绿色消费新"食"尚

美团将绿色消费理念纳入平台机制和产品设计，构建"商家—平台—消费者"低碳生态，推动绿色消费新"食"尚。

在商家侧，美团将环保条款纳入商家协议，建立规则强化"无须餐具订单"执行管控，并对积极支持"无须餐具"功能等环保行为的商家进行流量扶持。通过互动设计、界面优化、奖励回馈等设置，将降低外卖环境影响、减少食品浪费等环保理念嵌入产品设计运营，引导商户和消费者共同助力餐饮行业可持续发展。美团联合餐饮行业发布《可持续餐饮商户指南》及配套《实践手册》，提出四大行动方向，十三项行动举措，持续促进商家可持续运营能力建设。通过约束和激励机制，引导商户做好低碳经营、践行绿色承诺。上线"商家青山档案"产品功能，针对积极支持"无须餐具"功能、上线"小份菜"的商家，为其点亮环保勋章并鼓励餐饮商家在"商家青山档案"中分享自身环保实践。

在用户侧，美团持续增加人人可参与的产品功能，配合激励机制、宣传倡导等措施，引导消费者践行绿色消费。2023年4月，美团碳账户上线，用户通过美团App识别吃干净的餐盘、点餐时选择小份餐食、点外卖时选择无须餐具，都能获得相应的碳积分。此外，美团充分发挥平台示范引领作用，推出切实举措，全方位促进形成"厉行节约、反对浪费"的良好风尚。在外卖点餐、提交订单和完成订单的全流程中突出"适量点餐"提示；优化用户反馈机制，强化餐品分量信息公示，发布《助力粮食节约餐品分量信息描述指引》引导商家以更加准确、易于理解的方式，有效传递餐品分量信息，便于消费者作出合理的消费决策；多种方式激励商户供给"小份菜""小份饭"，上线"小份餐食专区"；开展多形式多渠道宣传倡导，营造线上线下良好节约氛围（见图2）。

（二）推广绿色包装，促进外卖餐饮包装"增"绿

在供给及流通环节，支持绿色包装创新和供应链建设，牵头或参与11项包装相关国家标准和团体标准的制定，建立绿色包装名录纳入161种绿色包装产品，孵

图 2　商家青山档案、美团碳账户、小份餐食专区页面

化绿色创新包装，分三个阶段推进 16 大类菜品包装解决方案研究，在 2023 年 5 月联合行业机构发布《餐饮外卖绿色包装解决方案》（第一阶段）。搭建绿色包装交易平台：在外卖商家服务市场设立环保包装专区。在应用环节，上线"无须餐具"选项推进"源头减量"。在处置环节，推动塑料餐盒规模化回收和高值化再生利用。针对餐盒回收体系中存在的分类难、规模回收难、附加价值低等痛点，美团联合各方进行垃圾分类宣导、大数据优化选址、支持收运基础设施建设，目前青山计划已在厦门、上海、杭州、深圳、北京等全国 14 个省份 15 个城市的城市落地规模化垃圾分类及餐盒回收项目。餐盒高值化再生利用方向，开发了多款塑料餐盒回收再生制品，已将餐盒再生颗粒成功规模化应用于美团单车/电动车塑料配件，2023年 2 月，青山计划联合晨光文具推出国内首款由餐盒回收料制成的碳中和系列文具。

（三）构建低碳生态，联动商家和消费者"行"绿

在商家端，上线"商家青山档案"产品功能，鼓励餐饮商家分享自身环保实践。2021 年 6 月，美团外卖上的餐饮商家可以发布用户可见的环保档案，并通过践行"减少一次性用品使用""选择环保包装""宣导和参与包装回收"等多种环

保措施充实自己的环保档案信息。在用户端，推动餐具源头减量，2017 年首家上线"无须餐具"功能。此后，继续升级为必选项功能。截至 2023 年底，已有超过 4 亿美团外卖用户选择过"无须餐具"。同时，发挥自身优势，大力倡导绿色消费。自 2017 年 9 月开始，将每月最后一天设为"美团外卖环保日"，通过美团外卖 App、微博、微信等宣传资源，联合各类环保机构和公益商家宣传环保理念及公益行动，提升公众环保意识。

（四）成立青山科技基金，资助全产业链条"植"绿

为助力支撑碳中和目标的科学探索和技术转化，促进经济社会绿色低碳循环发展，2021 年 6 月，由美团发起，中国科协生态环境产学联合体、中国石油和化学工业联合会作为战略合作伙伴，相关单位共同支持的首个关注"碳中和与循环经济"的公益性基金——"青山科技基金"成立。基金主要针对"青山科技奖""科创中国"美团青山环保科技创新示范项目两大方向展开资助，希望鼓励更多青年科学家投身该领域研究，促进更多环保科技成果在产业中发挥价值。其中，首期环保科技创新示范项目遴选出 9 个示范项目，包括 6 个绿色创新包装项目、2 个绿色回收再生项目和 1 个绿色供应链项目，总资助金额为 1950 万元，项目配套产业资金共计 1.5 亿元。2022 年，以上环保科技创新示范项目加速落地实施、针对当前行业绿色转型难点、痛点，持续推动成果应用转化。2023 年 12 月，由青山科技基金支持、东华大学研发的"首款再生餐盒料制备低碳丙纶面料"正式发布，并制成速干 T 恤。第二期青山科技基金环保创新示范项目正在进行项目评审，预计 2024 年初发布结果。

（五）设立青山公益专项基金，带动全社会参与"造"绿

美团发起青山公益行动，与商家一起行善意，汇聚超过 109 万青山公益商家一起支持环保公益，与中华环境保护基金会共同发起"青山公益自然守护行动"资助两批 48 个项目，将持续关注生态修复、生计替代等方向；发起"美丽中国我是行动者—青山公益生态环境志愿服务项目"，资助社会组织在 165 个社区，开展了 259 场宣教活动，提供了超过 5 万小时志愿服务。与北京市企业家环保基金会在首个全国生态日，启动"青山公益洁净自然行动"伙伴招募，共同应对自然和人居环境中的垃圾等废弃物管理问题，首期资助 12 个公益伙伴。

三、典型经验

（一）着眼全生命周期环境影响评估治理方向的科学性

为系统评估外卖全过程的环境影响，美团与清华大学环境学院就外卖行业环境影响开展联合研究，基于全生命周期理论，构建外卖全产业链分析框架。研究总体表明，一次性包装的环境影响涉及生产—运输—使用—废弃处置的多个主体、多个环节，不同材质包装的环境影响在不同环节存在差异，并非直接使用某种材料简单替换就可以解决问题，需从全生命周期的角度，考虑科学的治理路径设计。

（二）基于生产流通环节分析减少塑料污染路径的可行性

为整体了解外卖包装实际生产流通情况，青山计划与相关机构合作，深入调查外卖行业包装制品生产到处置全环节。我国外卖包装生产流通呈现如下特点：生产端，制品企业集中度低，且中小企业居多，保证食品安全和性能是其关注重点；销售端，渠道呈现本地化、碎片化特征；使用端，因中餐品种丰富、高温高油等特性，外卖包装呈现以塑料材质为主、样式体积规格非常分散的特征；处置端，绝大部分外卖包装都进入生活垃圾终端处理系统，由于塑料餐盒以聚丙烯为主，属于再生价值比较高的废塑料，在市场的驱动下，在部分城市有较为成熟的塑料餐盒回收链，我国塑料餐盒整体回收率超过两成。

餐饮外卖包装材料中，由于中餐菜品的特殊性，目前塑料餐盒尚无更好的替代材料，难以一蹴而就。需要结合实际，通过源头减量、发展绿色包装和餐盒规模化回收等路径多策并举、稳步推进，并逐步打通各环节推动全产业链标准化、绿色化进程。

（三）促进构建各方参与机制切实推进治理实效性

餐饮外卖行业的绿色低碳发展，离不开全产业链上的参与主体承担共同但有区别的环境责任，在认知上建立正确的环保观念并达成共识，支持新型材质研发与技术突破，引导市场主体进行环保供给与需求的匹配，通过合理的机制设计促进消费行为的改变，共同作为"拼图"加速行业升级。在这个过程中，作为交易履约的平台，可承担重要的衔接角色，发挥广泛连接作用，促使各方在符合经济和市场发展规律的基础上，形成合力，推动产业链通畅运行，共同应对塑料治理难题，推进行业绿色转型。

四、取得成效

（一）构建绿色消费场域，带动消费者减碳

青山计划构建了企业引领、多相关方主推，最终消费者作为主力，为绿色消费买单的场域。已有超 200 万商家建立了"商家青山档案"，超 110 万美团入驻商家提供超过 740 万种小份菜，123 万商家加入青山公益行动。开展的环保宣导线上触达 54 亿人次，线下覆盖数百万人。青山公益首批资助的 30 家环保 NGO 伙伴在全国 17 个省组织宣教活动 259 次。4 亿消费者参与青山计划"无须餐具"行动。"无须餐具"功能上线五年，订单占比增长近 40 倍，累计减碳超过 22.6 万吨。

（二）引领"小份菜"新"食"尚，助力商家增收

近几年小份菜增长迅猛，美团上提供小份菜的商户数及小份菜菜品数量持续上升，2022 年商户数、菜品数量比 2020 年增长了接近一倍；同时消费者对小份菜的需求旺盛，在美团搜索"小份"这个关键词的用户超 13 万次/日，在成交量上，截至 2022 年 9 月，小份菜销量比 2020 年同期增长了 114.5%。小份菜带来线上消费新客群，有效带动商家增收。以北京福兰德酒楼为例，发现上线小份菜以来，在单均价稳住不变的情况下，推动门店订单量从 2019 年的每月 3000 单/店，提升到每月 9000 单/店，由于总销量的增加，其净收入额增长率超过 200%。

（三）推动外卖包装绿色转型，实现行业减碳

美团与行业组织、生产应用企业联合成立餐饮外卖绿色包装应用工作组，完成 6/16 餐品大类绿色包装解决方案，推出两批 161 种绿色包装名录，孵化 41 种创新包装；在全国 14 个省 15 个城市开展/计划落地规模化垃圾分类及餐盒回收项目，累计回收约 1.76 万吨塑料餐盒，助力行业减碳。此外，由青山计划资助的环保科技创新示范项目，已建成万吨餐盒回收再生产线，累计再生利用 4400 余吨，并成功将废弃餐盒制成细旦丙纶等高价值产品（见图 3）。

图 3　首款再生餐盒料制备低碳丙纶面料

案例 50 中远海运：绿色智能电动化箱船及充换电网络试点示范

一、基本情况

中远海运发展股份有限公司（以下简称"中远海运发展"）是中国远洋海运集团有限公司所属专门从事航运物流产融运营的公司。公司致力于围绕综合物流产业主线，以航运租赁、集装箱租赁及集装箱制造业务为核心，以投资管理为支撑，实现产融投一体化发展。

为全面贯彻落实习近平总书记致2021北外滩国际航运论坛贺信的重要指示精神及党中央关于"碳达峰、碳中和"决策部署，顺应绿色、低碳、智能航运业发展新趋势，中远海运发展围绕长江经济带"生态优先、绿色发展"的战略定位，牵头协调电动船舶产业链企业及相关单位，通过投资建造示范电动船舶以及内河沿海充换电网络体系，推动我国电动船舶产业发展及应用推广。

项目投入2艘700TEU[①]级电动集装箱船作为首批绿色零碳智能电动化试点船型，用于长江干线集装箱运输。该船由我国自主设计研发建造、拥有自主知识产权，在电动集装箱船装箱数、载重吨以及电池容量方面均处于世界领先地位。船舶采用船电分离模式设计，可根据航程需要灵活配置船用箱式电源，采用换电模式沿途加挂港口换电，实现全程绿色航行。该船型投入长江干线运营后，单艘每年可减少二氧化碳排放约2918吨，是零排放、零污染的绿色智能船舶。

船用集装箱式移动电源由中远海运发展与相关战略伙伴合作研发制造，并不断迭代升级。同时，中远海运发展联合产业链关键企业设立充换电配套服务公司，围绕枢纽港建设充换电服务体系，向全市场提供船舶电动化全链条综合服务。

---

① TEU 为标准箱单位，1TEU 相当于 1 个 20 英尺长集装箱的容量。

二、主要做法

（一）突出自主研发，打造长江水运绿色标准化船型

电动船舶涉及绿色电力、动力电池、电推系统、船舶建造、系统集成、规范认证、港口充换电配套等环节。700TEU 级电动集装箱船是全球首创，中远海运牵头联合国内产业链企业自主研发，攻克了长航程、超大容量电池动力集装箱船舶关键技术，最终形成长江水运绿色标准化船型，实现国内电动船舶产业高质量发展，船舶具体参数如表 1 所示。

表 1　　　　　　　　　　700TEU 级电动船主要技术参数

关键指标	参数	关键指标	参数
总长	119.80 米	推进电机功率	2×900 千瓦
型宽	23.60 米	备用发电机功率	2×900 千瓦
型深	9.00 米	设计航速	10.5 千牛顿
设计吃水	5.5 米	装载能力	642TEU（20 尺）/ 312FEU（40 尺）
船舶总吨	10177 吨	船舶净吨	6615 吨
最大载货量	8900 吨	集装箱箱型	20 尺、40 尺
船级	中国船级社（CCS）	建造规范	江海直达规范
箱式电源数量	最多可装载 1600 千瓦时的箱式电源 36 个	航区	长江 A、B 航区及特定航线 1-1、1-2

在船舶电动化的基础上，700TEU 级电动船（见图 1）应用智能运维、智能辅助驾驶、可视化航道预警等技术，进一步增强船舶智能航行能力。

图 1　700TEU 级电动船实船

（二）加强技术突破，创新换电模式提升航线运营效率

为推广我国电池动力船舶产业，保障航线运营的稳定性，中远海运发展联合招商局、中国能建及中国诚通所属相关公司发起设立绿水新航科技有限公司，开展船用箱式电池的设计、研发、制造、销售及围绕枢纽港建设充换电服务体系，向全市场提供船舶电动化全链条综合服务。

船用集装箱式移动电源（以下简称"箱式电源"，见图 2）由中远海运发展与相关战略伙伴合作研发制造，将动力电池及相关设备设施集成于 20 尺标准集装箱内，实现了电池箱的标准化与集约化，已获得中国船级社认证。现有电池容量 1602 千瓦时，并不断迭代升级中。

（a）外观

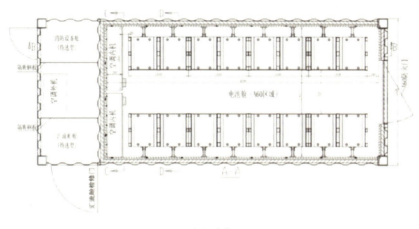

（b）内部

图2　船用集装箱式移动电源外观及内部布置图

电动船在航行时，箱式电源接入船舶动力系统，为船舶航行提供电能；靠泊后，通过吊装即可方便快捷地更换箱式电池补充能源。卸下的箱式电源还可作为港口储能设施，实现多能融合（见图3）。

图3　充换电示意图

（三）组建产业联盟，推动我国电动船舶产业快速发展

为优化资源配置，推动我国船舶电动化产业发展和技术进步，中远海运牵头组建了以业务合作为纽带的中国电动船舶创新联盟，成员涵盖绿色电力供应、动力电池、船舶设计建造、系统集成服务、港口码头、岸基充换电、客货轮运输、科研院所以及产业链投融资等领域。联盟以市场为导向，助推航运业绿色零碳发

展；通过搭建各单位之间沟通联系的桥梁，发挥上下游联动合作创新优势，为联盟成员的成长发展、技术项目合作、信息互联互通和交流学习创造条件，促进行业良性发展。

（四）推动船舶电动化行业规范标准形成

中远海运发展牵头及参与相关行业标准及规范制定，建立涵盖船用动力电池、箱式电源安全测试、岸基充电设施、充换电安全操作、运营操作等方面的标准。项目组已经参与制定 2 项电动船行业标准，还将继续牵头及参与 20 项电动船舶相关领域标准的制定，确保行业安全和规范发展，形成绿色智能航运完整闭环。

（五）深度挖掘港口绿色服务潜力

在保障航线运营的同时，中远海运发展将利用充换电网络，通过合理的运营安排，为港口实施多能融合，从港航运营出发，挖掘港口风光储充、动力电池梯次利用、海工储能等综合绿色潜力，为港口及地方开展电网削峰填谷、风光储充等分布式储能应用。

三、典型经验

（一）突破关键技术，以需求为导向，打造示范项目

700TEU 电动船项目以商业需求为导向，突破超大容量电池动力系统关键技术，全球首次将大容量集装箱式动力电池应用到万吨船舶，研制出适用于超大容量电池的直流系统、能量管理系统、智能航行、智能远程运维等具备自主知识产权的绿色智能关键技术和设备，最终研发出高效、节能、快速和安全的集装箱船，形成了长江航运绿色标准化船型，从而实现在内河电池动力船整个生态链上的示范应用。

（二）促进绿色航运产业链创新发展并形成产业集群

700TEU 电动船舶的设计建造、电推系统、电池管理系统（BMS），以及船用箱式电池的电芯生产、箱体结构、总装集成、产品认证等所有环节均由国内企业研发，所用均为国产设备，有利于推动我国形成绿色船舶研发生产体系，打造全球领

先的绿色航运产业，也符合长江沿线省市落实长江大保护、践行双碳战略、推动港口绿色转型升级的要求。

为进一步形成自主可控核心关键技术，中远海运发展将联合各产业方，推动建立包括技术研究院、产业链孵化项目基金在内的船舶电动化产业集群，聚焦电动船新能源产业链的关键技术，进而打造全国领先且具有全球影响力的船舶电动化产业集群。

（三）　通过技术论证，推动形成行业规范标准

为推动国家建立统一的电动船舶设计规范和充换电标准，中远海运发展积极组织中国船级社、交通运输部水运科学研究院、知名高校、国内动力电池龙头企业、集装箱制造龙头企业、国内知名造船厂等单位进行技术研讨，采用系统化的分层分级安全管控策略和安全措施确保船舶、电池集装箱系统、充换电操作的整体安全；并通过协调交通部批准项目换电模式（包括电站建设方案、充换电方案等）在长江沿线港口码头开展试点应用，进一步推动规范标准的制定。

（四）　形成可复制借鉴的商业化示范经验

项目打通船舶电动化产业链堵点，形成产业链联动。船电分离的换电模式提升了船舶运营效率，同时也有利于降低造船成本，易于复制推广，方便电池升级，并能兼容其他能源形式，应用前景广阔。配套建设的充换电设施也在满足船舶运营的同时，为港口及地方提供了源网荷储一体化应用。

在部分风光条件不足，或者绿电无法满足电站需求的码头，通过与水电企业开展绿电专供合作，以及与电网公司开展异地风光水绿色电力跨网调拨的合作，一方面保障了船舶充换电站的绿色电力供应，另一方面也解决了国内部分地区新能源发电消纳不平衡的问题。

上述项目优势形成了可借鉴的商业化示范经验，具备未来向珠江、京杭运河以及渤海湾、北部湾等水域推广的条件。

四、取得成效

（一）　大幅减少内河及沿海水域航运碳排放

以正在推进的700TEU电动集装箱船为例，该船投入运营后，预计单船全年可

减排二氧化碳 2918 吨，相当于 2035 辆家用电动车一年的排放量，相当于年植树 16 万棵。

（二）推动绿色航运升级更新

电池动力船舶对绿色航运发展具有很强的示范带动作用，将助推我国内河及沿海航运淘汰老旧船舶、优化运力结构，实现绿色升级，为解决长江经济带生态环保与经济发展这一两难问题提供解决方案。

（三）助力长江经济带绿色发展

船舶电动化是实现长江经济带绿色发展的内在要求，有望起到优化运力结构、提升长江黄金水道运输能力的作用，有助于构建以绿色电力为核心的新型航运能源配套体系，为长江经济带高质量发展贡献力量。

（四）参与构筑电动船舶产业体系及规范标准

将助力长江沿线省市形成以电动船舶设计建造产业为龙头、配套产业协调发展的绿色船舶研发生产体系。同时，可融入航运业减排政策、规则制定，建立港口充换电标准、电动集装箱船设计标准等行业规范。

（五）履行社会责任

推动长江干线集装箱船舶电动化，有利于贯彻落实国家"双碳"重大决策部署，积极履行社会责任。

同时，通过总结经验并辐射全国其他地区，形成示范效应，为我国内河、沿海航运业脱碳提供改革样本。

（六）改善航运业态

船舶电动化采用电池电力作为动力系统的能量源，将提升船舱环境及舒适度，降低工作强度和工作量，改善船舱作业环境，有望进一步改善航运业态，将舒适和健康扎根于航运业。

案例 51　中国银联：以金融服务促进绿色消费

一、基本情况

中国银联成立于 2002 年，是经国务院同意、中国人民银行批准成立的银行卡联合组织，负责建设和运营全国统一的银行卡跨行信息交换网络，制定跨行交易相关业务规范和技术标准。中国银联下设 36 家分支机构，覆盖境内 3000 万家商户，实现了银行卡支付在全球的联网通用。

为落实国家"双碳"战略，全面促进消费绿色转型，2022 年 5 月，中国银联推出围绕绿色低碳的"低碳计划"服务，通过制定绿色消费金融标准、打造低碳基础设施平台，积极服务政府碳普惠项目落地，携手商业银行推广金融碳账户，联动产业各方共同促消费，构建绿色生态网络。

二、主要做法

（一）制定绿色消费金融标准，为绿色金融发展奠定基础

作为国家重要金融基础设施的建设者和运营者，中国银联在监管机构指导下组织主要商业银行于 2023 年共同制定了《银行个人客户碳账户服务指南》（以下简称"个人碳账户标准"）这一金融行业标准。个人碳账户标准涵盖了金融机构碳账户开立、账户评价、数据采集、数据安全、系统建设等规范要求，统一规范了金融机构碳账户开立标准，为实现金融机构碳账户互联互通，推动绿色金融发展奠定了坚实基础，填补了金融行业低碳标准的空白。

同时，中国银联于 2021 年起联合上海、深圳等多地环境能源交易所，合作建立金融行业碳减排计算方法学模型/标准，基于绿色场景交易数据科学核算碳减排量，覆盖公交地铁、单车出行、步行、线上点餐、线上还款转账等 18 个绿色场景，使用云闪付 App 完成支付或参与绿色公益、健步走等行为，即可累积相应的绿色

能量及碳减排量，由此搭建起金融支付与绿色消费之间的桥梁。

（二）建设"低碳计划"开放平台，为绿色消费推广提供支持

为促进跨地区、跨行业、跨场景绿色消费的互联互通，基于上述标准和规范，中国银联于 2022 年 5 月开发上线了"低碳计划"开放平台，为政府、商业银行、合作伙伴的绿色消费推广提供支持。

同时，基于"低碳计划"开放平台，中国银联建立了"碳账户 + 绿色消费 + 绿色权益"的循环机制（见图 1）。一是以个人碳账户为标识，为用户建立采集、记录、汇总绿色低碳行为及绿色消费的账户体系。二是当用户发生绿色消费/行为后，银联根据碳减排模型自动实时核算出碳减排量，并向用户发放绿色能量/绿色积分奖励。三是通过联动地方政府、商业银行及商户，为用户提供票券激励、政府福利、绿色金融补贴、公益项目等权益及内容，实现绿色消费让利于民、惠民于心，形成绿色低碳的正向循环。四是将银联"低碳"开放平台能力向地方政府、商业银行全面开放，服务政府碳普惠、银行碳账户及绿色金融项目，有效联结政府、商业银行的力量，打造绿色消费生态圈。

图 1　绿色低碳循环示例

（三）联动商业银行开展绿色金融服务和促消费活动，为绿色消费发展提供助力

中国银联发挥卡组织优势，自 2021 年起推出"绿色低碳"主题卡产品，并组织工行、农行、中行、建行、交行等 34 家商业银行积极参与低碳卡的发行，配套

公共交通、骑行、新能源汽车充电等绿色生活服务权益，引导持卡人在绿色低碳场景消费。

此外，中国银联发挥支付在"促消费、扩内需"方面的重要作用，以"优惠日"为主题打造行业平台性营销品牌，携手商业银行共同助商惠民，触达超 1000个品牌、25 万门店，覆盖苏宁、沃尔玛、麦德龙、肯德基、中石油等优质商户及品牌，涵盖商超百货、餐饮美食、日常出行等用户消费高频场景。同时，中国银联联合工行、建行、农行等银行专项开展"工银爱购家电节""工银爱旅行""建行百城百区""农行宠粉日"主题活动，助力实体经济发展与消费提振。

三、典型经验

（一）建立统一标准，实现互联互通

为实现金融行业个人碳账户的互联互通，中国银联推动建立统一碳账户标准，将个人绿色消费数据进行统一归集及一体化展示，为开展绿色消费评价、绿色信贷等业务提供有力支撑，以金融力量推动绿色低碳发展（见图 2）。首批参与碳账户互联互通的银行包括建行、中信、浦发等，后续将逐步覆盖更多银行。

图 2 银行碳账户互联互通

（二）发挥平台作用，促进绿色消费

中国银联充分发挥银联网络平台枢纽作用，积极联动商业银行、政府及商户，

借助银联支付网络、平台能力及工具等，通过发放绿色消费券、推广新能源车补贴、开展绿色家电活动等方式，提振消费。截至 2023 年 11 月，中国银联承接全国超 200 个地区绿色消费券活动，引入资金 160 亿元，带动社会消费超 730 亿元。

（三）打造主题日活动，提升全民绿色消费意识

为进一步提升公众绿色消费意识，中国银联联合品牌商户如上海迪士尼乐园、抱朴再生等于 2023 年相继推出"世界地球日""六五环境日""环保低碳月""无车季"等主题日活动（见图 3），通过消费兑好礼、达标抽大奖、公共乘车打卡、步行挑战赛等形式，培育用户绿色消费习惯。

图 3　低碳计划主题活动

四、取得成效

随着绿色消费金融标准发布，依托银联联网通用网络和"低碳计划"开放平台，中国银联联合产业各方开展绿色消费市场宣传推广，进一步助力绿色消费发展。

（一）带动绿色消费交易

截至 2023 年 12 月，银联"低碳计划"用户规模已达 200 万，带动绿色消费交

易超 40 亿笔，累计减少超 2.5 万吨碳排放；在上海交通委的支持下，中国银联积极参与《上海市碳普惠绿色出行》项目，通过云闪付 App 开展多样化的活动，鼓励上海市民使用公共交通方式出行，利用兑换乘车券、打卡挑战等方式，提升用户参与积极性，形成广泛传播，带动上海地区绿色出行达 1 亿次。在上海市商务委员会、上海市发改委、上海市财政局支持下，中国银联承办"上海市促进绿色智能家电消费补贴"活动，组织上海地区苏宁、京东等 36 家企业参与，促进节能减排。截至 2023 年 12 月，累计面向超 27 万人次提供优惠，带动活动商品销售增长超 20%。

（二）拓展绿色消费场景

围绕绿色出行、减少出行/足不出户、无纸化生活、绿色金融等领域，中国银联联合官方碳交易所已拓展覆盖公交地铁出行、单车出行、新能源出行、步行、线上点餐、网上寄件、信用卡还款、转账等 18 个绿色场景，用户在以上场景发生绿色消费或产生绿色行为后，中国银联将自动为用户核算及累积碳减排量，通过实时核算与回馈激励相结合的方式，鼓励用户积极参与。作为银行卡清算机构，中国银联将持续扩展绿色场景，逐步延伸至电子发票、循环回收、绿色购物、绿色酒店等场景，将低碳理念融入支付、融入百姓日常生活。

（三）汇聚绿色公益力量

中国银联与三江源生态保护基金会合作启动三江源生态环境修复计划，持续治理 1000 亩沙地、2000 亩草地，并在"低碳计划"平台推出"守护三江源"专区，鼓励用户加入保护野生动物、治理退化草地、治理沙地的行动中。同时，中国银联携手三江源基金会推出文创盲盒产品，以雪豹、棕熊、藏狐、黑颈鹤、藏羚羊 5 种动物特征为基础精心设计，每卖出一个盲盒，中国银联就会向三江源生态保护基金会捐款，用于当地生态保护建设。

第九部分 产供销全链条衔接畅通

案例52 柿槟仓储:"统仓共配"模式打造城乡物流新通道

一、基本情况

河南柿槟仓储物流园是以济源市克井镇柿槟村委为投资主体、全体村民参股的有限责任公司,同时也是柿槟村经济转型发展的重大举措。物流园占地1200亩,由交通运输部规划设计院设计,计划总投资7.8亿元,目前累计完成投资3.8亿元。

公司始终坚持"以人为本、诚信求实、敬业奉献"的企业精神,充分发挥人才和资源优势,发扬艰苦创业、顽强拼搏精神,对内不断强化管理,对外积极开拓创新。先后收购控股济源市中通速递服务有限公司、河南省圆通速递有限公司济源分公司、河南极兔极致供应链有限公司济源分公司、济源丰网速运四家快递公司,致力于服务县乡村三级物流体系建设和绿色货运配送创建,打通"工业品下行"和"农产品上行"双向流通渠道,推动快递进村"最后一公里"工程落地落实,为乡村振兴战略实施提供专业、优质、高效的服务,争做践行乡村振兴战略"排头兵"。

二、主要做法

农村快递业务需求巨大,但由于村落布局分散、业务量小,快递进村有难度,导致进展缓慢。各个快递公司货物配送时间、地点、数量都存在差异,组织协调难度大、利益分配难以做到公平、合理，场地浪费现象严重，且容易出现泄漏商业秘密现象，每个快递企业在各区域均需安排快递员，彼此业务互不干涉，末端配送成本较高，影响快递公司的网点布局和建设。为解决难题，主要采取以下做法。

一是整合快递公司。通过收购、控股等形式，整合中通、圆通、极兔、丰网等四家快递公司物流资源，并与菜鸟网络合作，开发智能自动化分拣系统及设备（见图1），实现了统一分拣配送、统一调度、利益共享、风险共担，有效改善了快递企业以前独自经营、业务量小、配送成本高而没有能力在乡村设点运营的局面，真正达到提高效率，降低成本，实现了社会资源共享共用。

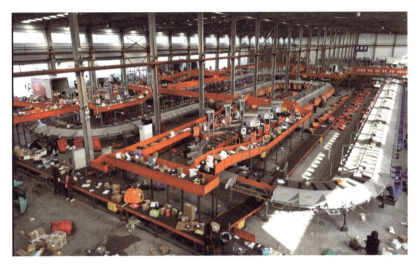

图1　与菜鸟网络联合开发设计的自动化分拣系统

二是建设共配中心。一方面高标准建设20000余平方米城乡智慧物流绿色共配中心，与菜鸟网络合作，开发智能自动化分拣系统及设备，全市近70%的快递统一进行分拣；另一方面整合末端驿站200余家，实现多站合一、一点多能、一网多用，数据互通，统仓共配。

三是合理规划布局快递驿站。整合之前，每个快递公司都有自己的驿站，造成有的区域存在多个驿站，有的区域没有驿站，布局不合理，群众取快递不方便（见图2）。因此，根据区域内快递数量，去除同一区域内的多家驿站，多家快递入驻同一驿站，空白区域合理设置快递驿站，以方便群众取货，群众跑一个驿站就能取走多家快递（见图3）。

图 2　整合之前各快递网点分布情况

图 3　整合之后各快递网点分布情况

四是推行绿色配送。实行绿色运输，根据设置好的驿站单量和位置，科学规划配送线路，采购数十辆新能源运输车辆，从油车换电车；实行绿色包装，在快递分拣、回收、打包、运转过程中，全部使用周转箱，并设置专门区域对周转箱进行清理回收，实现循环利用，减少包装袋的使用。

三、典型经验

物流园整合末端驿站 200 余家，通过资源共享、利益共分、风险共担，实行统一分拣、统一配送、统一收件、统一价格、统一结算。1 名业务员、1 个乡镇、1 个服务站可同时操作多家公司的快递，实现多站合一、一点多能、一网多用，数据互通，统仓共配，为四家快递提供集中分拣和统一配送。构建"集中进港、镇级分拨、村级配送"三级体系，打通快递进村的派收网络、快递成本、快件数量等梗阻，实现了快递企业降成本、村级网点铺开、群众方便收寄的多赢。

四、取得成效

河南柿槟仓储物流园是济源市最大的快递分拣中心和绿色配送基地，年周转快递量 3200 余万，约占全市快递量的 70%。其初步形成了集约、高效、绿色、智能的县乡村三级物流服务体系，实现了全市 16 个乡镇办事处全覆盖，成本降低了 17%，出港效益提升了 11%，派送时效提升了 40% 以上，助力济源市绿色货运配送高质量发展。

（一）快递分拣效率提高

整合前，各个快递公司根据区域相应的三段码进行分拣，效率低、错误率高。整合后，公司对全市进行三段码划分，相同区域多家快递用一个三段码，分拣效率有效提高。邀请菜鸟网络对分拨系统进行优化开发，设计快递分拣设备，对快递进行数字化赋能，提高快递的智能化、绿色化水平。人工分拣需要 10.5 小时的快递量，用设备后 3 小时就能完成分拣。每天快递分拣量可达 9 万单，误差率仅有 2‰，节省人工成本近 70%，极大地提高了快递分拣效率。

（二）配送成本降低

汽油车每百公里燃油费约 75 元，新能源配送车每百公里电费仅 36 元，每百公里节约运输成本近 40 元。同时通过科学规划配送线路，减少配送车辆 20 辆，每年节约燃油费及工人工资约 140 万元，有效降低企业运行成本。

（三）尾气排放减少

整合前各快递公司各类厢式货车、微型面包车等 50 余量，按照国六标准（ⅥA）排放标准测算，每年车辆各类尾气排放约 500 公斤，整合后全部采用新能源车辆，助力物流行业绿色发展。

案例53　寿康永乐："一城百店千商"催生鄂西北绿色供应链

一、基本情况

湖北寿康永乐商贸集团是湖北省十堰市一家以商超连锁零售为主体，集农产品生产、加工、购销、批发代理、物流配送、食品加工、电子商务、生态农业观光为一体的大型民营商贸企业。集团在十堰市建设绿色低碳发展示范区的浪潮中，率先推进绿色消费、引导绿色生产，打造绿色商品供应链，树立行业标杆。旗下寿康永乐生活广场（大型超市）于2017年获评湖北省首家国家级绿色商场；2019年寿康永乐集团华悦城（百货商场）荣获"绿色商场"称号，目前正投身于绿色货运示范企业建设。

寿康永乐集团积极响应国家节能减排号召，以"节能减排"为目标不断更新改造硬件设施，履行社会责任，采取线上线下多种宣传方式，倡导绿色消费理念，得到社会各界广泛关注和好评。

二、主要做法

寿康永乐集团在打造绿色供应链方面起步较早，在产品设计、中央厨房生产、商品采购、消费场景、商业服务方面融入绿色管理理念，全过程高效协同，力争将减碳效果传导至全产业链条。

（一）打造绿色仓储物流推动降本增效

1. 开展仓储设备设施节能改造

寿康永乐集团物流产业园总投资5亿元，占地面积300亩，拥有现代化仓库10余万平方米，仓库储量可达300余万件，年货物吞吐量可达7000余万件。为提高节能降碳效果，集团对冷库设备进行改造，通过购置冷凝热水装置和环保变频压缩机控制等设备，改造冷库制冷设备，将热量及冷凝水进行二次回收，以达到与太阳能设备联产生产生活用水（见图1），降低使用能耗。

图1 光伏太阳能

2. 实现全流程智慧流管理

物流配送中心依托仓库 WMS 管理系统（仓库管理系统），实现从收货入库到拣选、拆零、集货、出库、盘点等流程全覆盖。各环节作业利用计算机信息系统进行指令的下达和传递，实现了无纸化和半机械化作业。同时库内配套有车辆管理系统、物流计费系统、物流追溯系统、温度追踪记录系统、品质追溯系统、自动分拣系统、自动控制系统和自动包装秤重贴标系统，可实现各作业单元无缝对接。物流配送中心配备标准化托盘（1.2米×1米）15000个，还配有高位低位货架、高位叉车、电动平移、不间断电源（UPS）收货台车、RF 手持终端等物流标准化设施设备，高效物流标准化体系逐步确立并完善。

3. 推广全线新能源车辆配送

集团被纳入《十堰市新能源城市货运配送车辆推广应用计划》，将原有燃油车替换为新能源纯电动车，已购置 30 余台新能源物流车，占全部配送车辆的 60%（见图2）。配套建设 20 座新能源充电桩，除满足自身物流车辆充电需求，还为社会新能源车辆提供充电服务。据测算，"油改电"后，每台物流车的运营费用由 3500 元下降至 1200 元，节省费用近 2/3。

图 2　新能源物流车

（二）开展绿色商场创建提升消费体验

1. 开展商场节电节能节水设备改造

自 2017 年起，集团秉承人与自然和谐发展理念，在商场设计和建设阶段运用节能与环保技术，致力打造全新消费环境和消费模式的绿色商场。以华悦城为例，大厦全部应用发光二极管（LED）绿色节能光源，采用智能灯光控制系统，运用玻璃穹顶等自然采光，将灯光需求与实际应用结合到极致，既不造成光浪费，同时也营造了良好的灯光氛围；大楼亮化工程均采用 LED 光源，配以自动控制系统。旗下 12 个 3000 平方米以上的大型商超均安装了智能梯控系统，以减少电梯误操作，达到节能、节省维修费用的效果；安装楼宇自控系统，对各楼层和业务区域实现分散控制、集中监视、统一管理，从而营造舒适、安全的商业环境。对现有 10 万平方米以上的大型商业综合体中央空调开展节能改造，主要改造项目包括中央空调集抄能源计量系统及设备，如智能集抄电表、智能集抄水表、科中云电表集抄系统、山东科德水能源集抄系统等。通过中央空调硬件的变频改造，实现了不同时段、不同季节，控制开启不同的设备，直接降低了使用能耗。

2. 提升管理质效，打造绿色消费平台

一是建设绿色采购体系。集团在商品采购和商场招商活动中，优选绿色商品供应商，优先采购和使用节能、节水、节材等有利于环境保护的原材料、产品和服务。2022 年湖北省农产品供应链体系建设项目，寿康永乐集团共有 5 个绿色农产品供应链项目入选。二是推广无纸化购物小票。消费者购物后可以直接进入寿康永乐集团的会员系统查询电子购物凭证，以数字小票代替传统纸质，以科技赋能绿色消费，不仅节能环保、查看便捷，还可长久保存，有效提升了顾客的消费体验。三是推广环保包装。采用可回收或可降解的材料，减少塑料垃圾的污染。积极向消费者推广使用环保购物袋，转变消费者理念，提高消费者的环保意识，落实节能减排的生活理念。四是将生活垃圾分类作为推进绿色发展的重要举措，设置分类回收垃圾桶、再生资源回收箱，开展以旧换新活动等方式，引导消费者践行绿色低碳、简约适度的生活方式。五是组织绿色环保主题营销活动。如全国节能宣传周期间，开展了以"节能降耗，保卫蓝天"为主题的宣传活动，并发布"绿色商场减塑"的倡议，发挥绿色商场示范作用。利用墙报、电子屏幕等多种形式，开展面向消费者的宣传活动，并与场内促销活动进行衔接，营造了绿色循环消费的良好氛围。

（三）推进食品工艺改良，引导绿色生产

1. 引进绿色生产新设备、新工艺，促进产品的品质提升

引进制氮机以及往复式包装机、节能成型机（见图3），以无尘净化车间与现代化流水线带来高质量的无菌生产。通过充入氮气、添加酒精棉片的方式，面包及蛋糕类产品的保质期可由5天延长至30天，有效减少了产品的损耗和浪费，大大降低生产成本，实现了更高的产品质量和生产效率。制作工艺方面，坚持"轻油、轻糖、轻热量"的"轻食"理念，在保证糕点风味的同时更注重产品的健康营养。

图3 节能成型机

2. 运用古法工艺，降低生产环节碳排放

寿康永乐集团挖掘本地传统食品工艺，传承并研发出了一批系列麻果名点食品，主要原料是来自鄂西北的上等糯米或大米，保存了选料、泡米、发酵、上麻等古法工艺，以自然发酵代替膨化环节，最大限度保持食品原有风味并提升酥脆口感，减少加热加压的能源消耗，使久康麻果历经百年而长盛不衰。

三、典型经验

一是通过购置 5 套冷凝热水装置和 5 套环保变频压缩机控制等设备，改造现有库容 31570 吨的冷库制冷设备，以达到与太阳能设备联产生产生活用水，并降低使用能耗。

二是建设屋顶 4 兆瓦光伏发电工程，拟利用物流园屋顶建设分布式光伏项目，铺设 10400 块 385 瓦特峰值单晶硅组件，设计装机容量合计 4 兆瓦峰值，实现太阳能光伏发电应用，供应企业生产使用及新能源物流配送车充电。

三是使用 25 辆新能源纯电动车替代 25 辆市内配送物流车辆，减少燃油使用量，实现节能减排。配套建设 20 座新能源充电桩，满足自身物流车辆后可为社会新能源车辆提供充电服务。

四是开展国家级绿色商场创建，以绿色商场标准为指引，提高商场能源控制水平，发展绿色采购，倡导绿色消费。

五是运用传统食品古法工艺，改良食品加工环节，传承国货魅力。

四、取得成效

（一）节能效果显著

改造项目通过冻库冷凝热回收、太阳能联产热水、变频压缩控制技术、光伏发电系统、采购新能源车辆和中央空调节能改造、建设污水处理站等技术及设备的应用，有效降低能耗、减量污染物排放，劳动条件及劳动强度得到改善，不仅为寿康永乐集团节省了能源开支，降低了经营成本，以尽可能少的资源消耗取得最大的经济产出，最大限度地减轻经济增长对资源的供给压力，也为国家节约了宝贵的能源资源。绿色节能改造后，年节约柴油 146.76 吨，节约电力 921.46 万千瓦时，折标煤 1132.47 吨，年节省费用 686.78 万元。

（二）物流周转效率提高

通过开展物流智能化、标准化建设，已实现从收货、拣货、集货、装车、退货、容器拆并等全程 RF 操作，通过系统控制和压缩库存周转天数减少库存货品对资金的占用，改善了企业现金流和财务自由度。通过对运输线路进行预先维护，减轻了每天的排车作业工作量，可实现车辆、司机、装卸工的作业过程监测，有效降低了运输成本。作业人员从 130 多人下降到 80 多人，人员成本减少 38%；门店订单满足率提高 15%；送货时间缩短 52%；日拣货时间缩短 4 小时。

（三）有效提升企业商誉

通过创建绿色商场，打造绿色供应链，寿康永乐集团已成为湖北省绿色商场的标杆企业，跻身为 2022 中国连锁百强名单，"久康食品"荣获"中华老字号"。湖北寿康永乐集团商贸集团有限集团围绕"零售"主业传递绿色消费理念，影响上下游产业，夯实整个产业链条。寿康永乐集团在绿色发展理念的指引下，成为最受市民依赖的消费品牌，2022 年销售额已达 48 亿元，成为十堰零售行业的领军企业。寿康旗下布局的购物中心、大卖场、百货、精品超市、社区生鲜店、便利店、酒类专卖店、乡镇果蔬基地等业态共 300 多家门店已全方位渗透了十堰人的生活消费空间，成为展示十堰绿色低碳发展示范区建设成果的重要窗口。

案例 54　孩子王：供应链绿色转型在母婴童产业中的实践

一、基本情况

孩子王儿童用品股份有限公司是一家为准妈妈及 0～14 岁儿童提供一站式购物及育儿、成长服务的专业平台公司，多年来坚持以顾客需求为导向，开创了以会员为核心资产的"商品＋服务＋产业生态经济"的大店模式、育儿顾问式服务模式、重度会员制下的单客经济模式，目前已发展成为母婴童行业中全国城市网格化布局最广的连锁企业，拥有会员近 6000 万名、育儿顾问 6000 余名、上下游合作企业超万家。公司 2021 年在深交所创业板上市（301078），并先后获得"国家电子商务示范企业""全国供应链创新与应用试点企业""国家新型信息消费示范项目""首批线上线下融合发展数字商务示范企业""国家级服务业标准化试点企业""中国连锁百强"等荣誉称号。

作为全国供应链创新与应用试点企业、《绿色商场》国家标准起草工作组主要起草单位和国家级服务业标准化试点企业，公司近年来一直积极探索行业标准化体系建设，并作为供应链链主企业积极协同母婴童零售商、生产商以及物流运输商应用各项绿色标准推动供应链绿色化转型。近年来，公司以《绿色商场》国标为指引，积极推动零售门店节能降耗和物流产业链优化，利用数字化能力，开展智能化仓储物流建设，并在仓储、设备、器械、运输方面导入环保要素，推动绿色物流与智慧物流的融合式发展，不断提升绿色供应链建设能力。

二、主要做法

（一）案例实施背景

母婴行业市场经营相对比较分散，进入门槛低，目前市场主体主要是中小规模连锁店，在经营过程中普遍存在综合能耗过高、标准化物流应用较低以及绿色供应链应用场景较少的现状，本案例重点以节能和供应链标准化、绿色化在母婴童行业的应用为核心，一方面响应国家节能减耗的要求，在全国门店范围内推行国标《绿色商场》，应用照明节能方案以及提高门店可降解包装袋使用量占比，另一方面通过自建5大智慧物流产业园区，打造智慧物流生态布局，引导供应链绿色化转型，实现在供应链场景中工厂、物流、终端各环节的标准化、智能化、绿色化和协同化运作。

2022年1月，国家发展改革委印发了《促进绿色消费实施方案》，针对全面促进绿色用品消费，指出"大力推广智能家电，通过优化开关时间、错峰启停，减少非必要耗能"；针对推动产供销全链条衔接畅通，指出"推动电子商务、商贸流通等绿色创新和转型，带动上游供应商和服务商生产领域绿色化改造"；针对加快发展绿色物流配送，指出"引导电商企业、快递企业优先选购使用获得绿色认证的快递包装产品，促进快递包装绿色转型"。这些政策均与公司目前实施的供应链绿色转型密切相关。

（二）主要举措

1. 执行国标《绿色商场》推动经营门店节能降耗

该标准以解决专业店在运营过程中降低单位建筑面积耗能为目标，主要推广应用的标准包括：建立能耗分项计量系统、制订年度节能计划、门店能源效率指标以及实施绿色供应链、绿色物流、绿色包装和资源循环利用与环境保护等，探索建立符合流通领域节能减排特点的统计评价指标体系，引导行业绿色发展。自2020年标准实施以来，孩子王数字化门店的不断迭代，通过标准的导入，建立经营实体的能源管理系统和节能工具，组建"智能用电小组"，优化照明节能方案，采用高光效灯具，全系产品支持无线智能调光控制，灯具照度及功率可根据人流自动调整，比普通LED节能18.4%；上线电子价签节约用纸；在门店智能大屏实现业务场景宣传节约物料；推广门店使用可降解包装、上线信息化工具等。截至2023年，门店整体能耗降低近20%。

2. 推动绿色物流与智慧物流的融合式发展

2019年，公司正式实施国家服务业标准化试点项目，项目以仓储智能化、周转标准化、物流环保化为目标，提高公司绿色物流水平（见图1）。在智能化方面，成功应用仓储管理系统（WMS）、订单管理系统（OMS）、物流管理系统（TMS）、AGV物流人系统、PDA电子二维码系统；在周转标准化和物流环保化应用方面，全仓采用标准化托盘和周转箱、引导使用"新能源厢式货车"、绿色循环带、可降解包装袋等。

图1 绿色物流主要实施方法

随着公司销售规模稳步提升，为支撑日益增长的高效供应链配送需求，公司组建了华东、华中、西南、华北、华南物流中心，使全国大部分地区覆盖在孩子王线上线下商城的物流配送网络之下，2019年，占地150亩的华东智慧物流产业园正式投产使用；2022年，西南智慧物流产业园正式投产使用；2023年，华北智慧物流产业园破土动工，为发挥母婴童共享物流的作用，公司将在满足自身物流需要的同时，试点部分城市开放仓储物流资源，发挥共享作用，共同降低社会供应链成本，推行物流标准化、绿色化。

3. 全链条信息化衔接提升供应链绿色转型

在供应链数字化平台上，结合公司物流标准化应用和信息化研发实力，改版升级后的"供应商协同平台"正式上线运营。平台基本上实现了与近万家上游厂商的主数据统一和数据交互方式统一，达到了数据从生产、订单、物流、仓储、配送、交易的全过程数字化管理，极大提升了产业数字化水平，目前平台已打造成集"开放库存、订单跟踪、物流规划、商品溯源、结算管理、税务在线"等功能为一体的供应链协同服务平台，并以投资近10亿人民币的孩子王南京空港智慧物流园

（见图2）、孩子王西南智慧物流园为实施主体，借助物流机器人、自动分拣线以及相关软件，利用条码、托盘、周转箱等标准化物流单元，不仅极大提高效率，也提升了供应链绿色化水平。

图2　智慧物流产业园建设案例

三、典型经验

（一）以智慧物流中心及供应链标准化应用提升绿色供应链水平

为更好地满足庞大客户群体的配送需求，孩子王规划自建五大智慧物流产业园区，打造智慧物流生态布局，形成了"聚集效应＋短链物流"，助力生态全面融合。与此同时，孩子王还自研五大系统可实现全时在线、全链路可视，以及协同仓共享、全生态融合。目前，孩子王是母婴童行业中唯一拥有覆盖全国的一体化、协同化、数字化3级仓网体系的企业。在物流建设的过程中，积极响应国家绿色低碳转型号召，为有效推动节能减碳行动落地，优化物流产业链，通过强大的数字化能力，开展智能化仓储物流建设、搭建全国首张母婴物流地网，并在仓储、设备、器械方面导入环保要素，推动绿色物流与智慧物流的融合式发展。

（二）响应双碳政策，践行绿色物流概念

在坚守低碳环保，协同治理上，坚定绿色环保运营的理念不动摇，积极响应减污降碳的环境政策，采取绿色物流、绿色办公，绿色包装等环保措施，助力社会绿色转型。

在绿色物流方面，践行"集约资源、绿色运输、绿色仓储、绿色包装"的绿色物流理念，通过搭建高效物流地网、自建智慧物流园区、上线智慧物流系统、采用循环包装和器具、使用回收纸箱发货、降低线上订单包裹以及引导第三方承运商应用新能源汽车、带托运输等方式，助力行业绿色物流。

四、取得成效

（一）绿色商场推动社会零售商节能降耗

自 2019 年实施绿色商场创建以来，通过成立"智能用电"专项小组、采用智能照明系统、上线电子价签、减少纸质海报宣传、推广门店使用可降解包装等措施，2023 年 12 家试点门店节能率达到 29.7%，实现节约用电总量 54.15 万度。

（二）绿色循环包装助力绿色转型

通过提升包装效率、二次包装利以及使用周转箱，2023 年孩子王全国物流产业园区累计缠绕膜减少 0.52 吨、回收二手纸箱 75 吨、二手纸箱利用率 15%。

（三）响应双碳政策，优化办公照明节能方案

积极响应国家双碳政策，致力于优化照明节能方案，公司通过采用高光效灯具，比普通 LED 节能 18.4%，全系产品支持无线智能调光控制，实现二次节能 32.2%，综合节能率大于 40%。

案例55 凌云集团：打造社区电商新模式引领绿色消费新风尚

一、基本情况

拍立送是泰安凌云商社集团旗下"扎根社区电商，引导绿色消费"的"一小时到家"App购物平台，为县域内576个社区提供生鲜蔬果、日用百货、民生物资等商品配送，快递代办、维修保障、家政养老等社区服务。手机线上下单、线下门店统一配送，满足新时代、新群体全方位、多元化社区消费需求。疫情期间，其线上下单、线下无接触配送模式，在精准保障民生物资供应和维护市场稳定方面发挥了重要作用。

凌云集团依托拍立送平台，借助大数据技术，整合一产农业种植、二产生产加工、三产服务零售，以社区电商为切入点，促进社区消费向农业种植订单化、生产加工定制化延伸。通过近几年的实践，实现了订单种植高效率、定制生产零库存、集中配送低成本，推动了县域内"传统零售+线上互联+产业融合"的发展升级。

二、主要做法

搭建"拍立送一小时"到家电商服务平台，打通线上线下消费渠道衔接不畅的堵点，实现线下实体与网上商城的有效融合，为顾客提供同质同价、便捷全面、安全高效的绿色消费服务。

（一）搭建平台，绿色消费"极速达"

顾客通过拍立送App或微信小程序登录平台购物，系统根据用户地址自动定位，自动区分城区、乡镇位置，实现"城区3公里内一小时极速送达、乡镇上午下单下午送达"服务。拍立送快速高效的配送模式打破了时间与空间限制，满足了顾客的实时购物需求，将优质的购物体验送到群众"家门口"。

（二）社区团购，民生抗疫"显担当"

在县域内各社区成立团购平台，组织团购活动，处理订单并负责配送服务（见图1）。通过批量购买，从供应商处获取数量折扣，既让社区居民享受到优惠价格，同时也获得了稳定的销售渠道。尤其是疫情期间，企业担起政府平抑物价职能，所有蔬菜平价销售，保障蔬菜水果、肉蛋米奶、油渔粮食等民生物资的供应，维护了市场的稳定。

图1　社区电商平台系统图

（三）数字领先，技术服务"新突破"

2022年以来，为持续激发消费潜能，宁阳县政府在拍立送电商平台投放消费券，资金流及税收实现了本地留存。凌云集团充分发挥拍立送电商平台优势，依托腾讯云相关专业工具进行方案和接口验证测试，积极推进服务配置升级更新，开通腾讯云存储资源，对接不同收银系统的验证逻辑，进行数据匹配校验，针对不同商家专项定制消费券核销方案，拍立送也成为泰安市唯一一个消费券发放核销的本土企业自建平台（见图2）。

（四）扫码购物，绿色消费"新体验"

围绕提升实体门店购物环境和消费体验，在拍立送平台开发线下扫码购物功能，顾客购物结账时只需扫码即可在线支付买单，手机端自动生成电子小票，减少

图 2　拍立送 App 政府消费券核销界面

纸张的浪费和对环境的污染，同时也提升了顾客体验。通过线上线下的有机结合，线上平台与实体门店实现同品、同质、同价、统一营销、统一会员、统一供应链，推动企业运营实现在线化、区块链化。

（五）直播赋能，激发产业"新活力"

近年来，以京东、淘宝为代表的传统电商增速逐年放缓，抖音、快手等直播带货发展势头强劲，约占线上零售总额的 1/4，拍立送也顺应大势，在平台上增加直播模块。开展拍立送平台直播助农增收活动，推动乡村特色农产品搭上电商"快车"。2010 年起，每年为宁阳葛石万亩苹果园进行直播，带货百万斤。

三、典型经验

（一）整合社区数字资源，实现物资精准配送

与华为集团数字经济赋能中心联合成立研发中心，打通数据接口，整合大数据资源，搭建拍立送可视化驾驶舱，实现后台共享，采用先进数据算法，实时反映企业运行状态，将采集数据形象化、直观化、具体化。疫情封控期间，民生物资紧

张，拍立送将社区住户信息提前输入后台数据库，接到订单后，通过可视化驾驶舱实时监测，拍立送配送中心将商品统一配送到各社区党群服务中心，由社群志愿者分别送至各社区住户；对重复下单的异常 IP 进行限购，整合订单，精准配送，从而保障了社区所有住户的应急物资供应，实现了"疫情期间不出门，生活物资送到家"。

（二）　创新发展商贸流通，建设电子商务园区

针对电商对实体店带来的冲击，探索经济欠发达地区小微企业的电商联盟发展道路。投资 1 亿元建设山东迪联物流园区，完成 4 万平方米鲁西南最大商贸流通物流配送中心的建设和运营。积极扩大对外合作，与浙江小商品城集团成立合资公司，建设山东分仓 B2R 平台，收购英国 Argos 模式的杭州 24 + 1 网上商城，建成拥有独立知识产权的爱尚家拍立送线上平台，壮大体量规模。将物流园区升级为泰山凌云电子商务园区，被山东省商务厅授予山东省电子商务示范基地，取得 8 项软件著作权。

（三）　坚持高品低价目标，精心打造服务品牌

以"诚信大爱、品质永恒"为服务理念，毅然摒弃租金式"二房东"发展方式，把控商品买卖环节，发展直营连锁、品牌定制和区域买断模式，降低采购价格，为老百姓节约每一分钱。推行"一根针"服务、假一赔万，由最初 4000 平方米的小商场，发展成为 2 万平方米的综合商场，服务领域延伸至物流配送、电子商务、汽车贸易、宾馆酒店、家用电器、时尚百货、连锁超市、跨境贸易、绿色农业、中央厨房十大业态。

（四）　充分挖掘数字潜能，推动实现供应侧革新

将近几年社区消费数据进行梳理分析，反馈至上游供应链厂家，促使企业对顾客意向产品进行定制化开发，推动供应侧产品升级。例如，通过拍立送大数据分析，社区住户对面粉需求逐步倾向少而精，专业面包粉、饺子粉、蛋糕粉需求旺盛。根据这一信息，凌云达生面粉厂定向开发了"早天下"小包装叶酸面粉。

（五）　畅通产品供销链条，传播绿色生活观念

建成前店后厂模式的众旺食品厂，为超市提供放心肉。建成凌云绿色农业基地，无公害绿色农产品直供商超。建成泰山凌云冷链中央大厨房，上游链接绿色农产品种植、基地源头采购、冷链加工配送，下游链接爱尚家、拍立送、京东、淘宝

等网络平台及线下实体店，形成绿色生产、源头采购、智能加工、互联销售、冷链配送五大线上联动体系。与全球营养联盟合作，根据消费大数据，研发适应不同群体的个性化新餐品。同时，应用炒菜机器人、生产过程智能监控等新技术，所有车间实行13℃恒温生产，达到 GMP 万级生产标准，获得 5 项 SC 食品认证，着力打造了早天下包子、千百度馒头等品牌。

四、取得成效

（一）绿色供应链扩大产品市场

以拍立送为枢纽的产供销链条，在采购端解决了产品从田间地头到餐桌整个供应链的管理和管控，给顾客带来了高品低价、安全可溯源的商品。泰山凌云冷链中央大厨房对本地98所学校单位、36 个社会化单位进行团餐服务，占市场份额75%。

（二）绿色新零售实现降本增效

拍立送在管理端实现过程透明化、公平化，系统报价、比价客观直接，真正实现成本降低。通过大数据算法对库存的严格管控，实现自动补货，大大降低了门店滞销、高库存等损耗，提升了商品的流通效率，实现了资源的有效利用。2023 年1～11月销售额同比增长 14.7%，库存成本由去年的 6500 万元降低到 2800 万元。

（三）数据新整合赋能企业管理

拍立送可视化管理驾驶舱充分发挥数字化能力，不仅为企业提供数据治理与分析、营销、服务、供应链等企业核心经营领域的数字解决方案，也为企业提供全流程的数字驾驶舱搭建和设计服务，通过实现无纸化办公流程，仅此一项，为企业节约管理成本 65 万元。

（四）消费新模式创造更多价值

2022 年初，拍立送线上发放消费券100 万元，仅元旦3 天，就拉动消费3600万元；拍立送平台任何一笔消费均可追溯，最大限度保障消费者权益。2022 年，凌云集团销售额达 5.4 亿元，同比增长 8%，其中，汽车消费创造了4 月份单月1.08 亿元的销售纪录。

案例56　拾起卖：打造绿色循环综合利用体系建设

一、基本情况

天津拾起卖循环产业供应链管理有限公司是一家由拥有二十余年再生资源回收、加工、配送行业经验的投资机构、专业的经营团队和互联网技术团队组建而成的再生资源互联网科技型企业，并已成功打造多个标准化绿色分拣中心。

拾起卖积极响应国家提出的推行"互联网＋回收"模式，多年来一直致力于将新技术应用于传统行业，通过生活区、商业区等区域的线上线下回收模式落地，推动废旧物资循环利用领域流通标准化和连锁经营、商业特许经营、物流、电子商务等现代化流通方式的发展。实现再生资源回收利用的数字化、信息化、智能化、行业化、标准化。

绿色循环综合利用体系包括将大数据应用于规划环节网络，将互联网、物联网技术应用于回收系统管理，将"点站场""大收场"等平台管理模式应用于再生资源行业运营规范及财税合规等，助力"无废城市"建设。

二、主要做法

（一）深入研究行业背景，实地调研做实施准备

通过实地调研了解到，目前可回收物产废群体分社区端、商业端和工业端，且在不同的产废群体内部，可回收物的收运模式不同。在社区及商业端，可回收物收运前端的主体包含两个部分，一部分是三轮车，另一部分是货车，并且分两条链路最终进入打包站，且三轮车交货价与货车交货价一致，在本区域内有较稳定的进货渠道。在工业端，可回收物收运前端的主体主要为第三方公司，区内产废端企业每年通过公开招标的方式与区域外第三方回收公司签订合同，并把企业的可回收物交于其进行处理处置，大量高价值的可回收物流向区外，缺失监管数据且造成税收外流。

（二）"点、站、场"创新回收体系模式简述

（1）交投点：在居民居住区、企业组织、公共机构、商场和超市等活动聚集区域内设立的专门进行可回收物投放、收集、交易、初级分类和临时存储的场所。每个场所可配置 1～2 个新能源标准化三轮车提供上门收投。

（2）移动回收站：将交投点的可回收物进行集中、转运，送至分拣中心的绿色标准化新能源厢式货车。

（3）分拣中心场：对回收体系聚集的可回收物进行分选、打包、储存等专业化和规模化初加工，为利用企业提供再生原料的场所。

（三）"点站场"三级回收模式规划布局

绿色循环综合利用体系建设的总体目标是集信息化、标准化、规范化为一身的，可管理、可追溯、能互动、有趣味的新型绿色循环生态。为此，在深入研究国家相关政策的同时，以详尽调研和数据统计为抓手，利用大数据手段形成热点分布图，进而使规划效果实现从前端到后端的全链条把控。再通过"点站场"模式和"大收场"平台，由点及面的将回收过程和行业数据进行统筹管理（见图1），从而有效解决行业的散乱污、无序、财税不规范、处置不规范等问题，在行业内形成良好的示范效应。而且该体系是以科学方式管理，模块化体系和定制化方案为指导思想，具有很强的推广性。

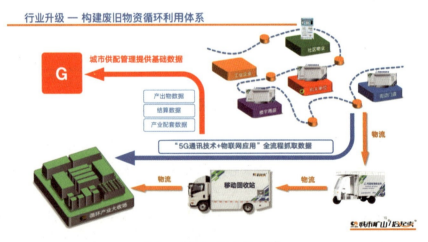

图 1 "点站场"模式流程

以下为"点站场"三级回收模式主要做法。

（1）基于天津市关于"点、站、场"的整体规划，市内六区无分拣中心，也就是"场"，所以拾起卖将分拣中心建设在环城四区的北辰和东丽，以便提供"场"能力的覆盖。

（2）"点"的铺设，以南开区为重点，通过对居住区分布，商业区分布等进行调研，规划点位数量和分布位置，联合合作方易物享及街道、社区共同推动社区内垃圾分类"两网融合"站点的建设和社区外商业区周边"移动回收站"临时停靠点的布局，同时以垃圾分类智能投放设备和"点新"等线上平台为抓手，辅以线下运营、宣传教育、督导体系等，形成可回收物前端闭环可溯的数据化管理体系。

（3）作为"点"和"场"的中间枢纽，对"移动回收站"进行了物联网改造，采用了"定时与即时相结合，固定与移动相结合"的运营模式，既有班车模式的定时定点对交投点内可回收物进行集中回收、初级分类，又有订单式针对随时发生的预约回收，回收人员均通过专业培训，确保集中转运过程中无分散、无遗漏。且车辆上的定位系统，可以将车辆运营情况实时传送至系统平台，既能实现及时有效的监督监管和又能确保可溯的服务留痕。

（4）基于行业从业人员多、分布散等特性，采用线上管理，极大地提高了行业体系化管理水平。不仅从环节衔接的层面提高了信息沟通的效率和信息的可追溯性，同时为行业标准的快速传播和普及提供了便利。再辅以财税合规的服务手段，让行业从业者在享受便利的同时，财税合规，实现了个人、行业、国家的多方面共赢。

（四）所解决的主要问题

1. 提供完整的数据化保障，解决可回收物的数据统计问题

基于目前的可回收物体系建设的基础上，通过回收整编现有的三轮车、大货车，引进具有资质的分拣中心经营者入驻分拣中心，打造一套线上—线下系统，线上集成物质流、信息流、资金流、票据流等数据，线下建设点站场可回收物收运体系，实现垃圾分类全流程数据可视化和流向可监控，保证生活垃圾源头信息、运输过程以及分拣加工全过程的数据完整性。

2. 合力解决市场经营呈现的"小散乱"

此前，从事可回收物收运的主体基本上都是市场机制调解下自发形成并发展起来的，经营行为具有临时性、随意性，且在对可回收物进行回收过程中，带来了周边环境的脏乱差等状况，整体的经营的现状不符合城市的整体定位，既影响市容环境，也不利于城市的综合管理。有关部门加强对非正规企业的检查力度，规范再生

资源行业发展秩序。联合多个部门加强日常对可回收物回收市场的监督和检查力度，对不符合环境卫生、安全管理标准的商贩或企业，交由专业运营单位规范化整合整编，努力促进行业形象与现代化城市定位相协调。

3. 建设"绿色分拣中心"解决缺少分拣、加工后端处置实施的问题

区域内缺少可回收物分拣、加工的后端处置实施（打包站和分拣中心），通过盘活城市废旧厂房、闲置仓库等闲散空置土地为再生资源回收加工设施（分拣中心）提供土地保障，在环城四区建设绿色分拣中心，并将其作为城市配套的基础设施用地，纳入城市用地规划。

4. 有效解决行业财税不合规问题

行业财税合规，是一直难以解决的问题，纯线下的交易模式，难以实现再生资源行业非标的产品体系和大量 C 端客户群体素质、收入水平、认知水平等差异的系统化管理。基于现阶段互联网技术的飞速发展和普及，以及国家相关政策的扶持，拾起卖"大收场"平台的财税管理体系得以完善和有效应用。

三、典型经验

（1）"点站场"体系中，前端"点新"平台以大数据调研分析为基础的网络布局，实施有效，方便居民、商业体、企业废旧物资处置，促进"垃圾源头减量，废品分类回收"，助力"两网融合"，推动实现"双碳"目标，具有前瞻性和模式先进性并获得国内多个奖项（见图 2、图 3）。

图 2 "点新"2023 年回收行业最具投资合作价值共享创业创富平台称号奖牌

图 3　"点新"平台 2023 年最佳商业模式创新平台称号奖牌

（2）建立了符合国家"固废法"的管理要求的管理体系，助力行业规范化转型，通过信息化管理管控技术，打通从产废、交投到回收、运输、处置的全链路回收闭环，实现全过程的绿色环保。

（3）建立了符合国家"财税"相关法律法规要求的信息化系统，"五流合一"，做到回收数据的收集、分析，并与国家相关系统对接，方便政府回收链路信息化全程可控。

（4）建立了前后端打通的"点站场"综合回收体系及配套管理模式，实现行业升级，数据化回收平台的多场景应用，有效整理整合社会无序化资源，促进回收市场优化升级，使其合规化、可控化、信息化、体系化。

四、取得成效

（1）整合社区＋商圈信息数据，与战略合作方易物享共同打造可回收物收运体系。南开区及周围区内回收箱（易物享）及商圈交投点（拾起卖）共设置 1046个，注册用户 50 万人，月回收量 1300 吨。点站场平台"点新商家回收平台"开发及迭代升级，整体投入已超 300 万人民币，入驻商户 450 个；2023 年以来，市内六区、东丽、北辰的社区、公共机构等单位活动合计 45 场，参与人员超 2.1 万人，包括线上直播等覆盖人数超 10 万人。

（2）实现了在不打破上游现有市场链条的情况下，尽量整合整编三轮车和货车，将其纳入平台运营系统。南开区等区域现已铺设线下网络移动回收点，包括移动回收端47个（交投端11个，回收端36个），全品类回收分拣端8个；覆盖超90个社区，触达约50万居民；回收服务全市公共机构单位3000余家；入驻大收场平台的打包站1000余家。

（3）建成了标准化分拣中心样板，其中北辰基地占地11120平方米、东丽基地占地4500平方米，同时承担低值（全品类）可回收物的回收处置工作年处理能力50万吨。

第十部分　拓宽闲置资源共享利用和二手交易渠道

案例57　纸壳侠："互联网＋资源回收"废旧家电回收处理体系

一、基本情况

孟州市纸壳侠再生资源有限公司是2021年河南省发展改革委批复的首批省级废旧家电回收处理体系建设试点单位（见图1）。试点建设期间，公司创新"互联网＋回收"模式，针对城乡实际差异，采取在城区开展移动式回收、布局形象门店，在乡镇政府所在地设置固定回收点，与农村商超、邮政代收点合作设立回收终

图1　孟州市纸壳侠再生资源有限公司企业概况

端的方式，实现孟州市域内回收网络全覆盖。共打造城区形象门店 6 个、乡镇固定回收点 12 个、合作代收点 36 个，实现"线上一键下单、5 分钟上门收废"，累计回收各类再生资源物品 1 万余吨，其中废旧家电及电子产品 3 万余台，实现销售收入 1500 余万元，2021 年以来累计提供就业岗位 300 余个。公司采用的"城乡分类布局"回收方式在国家发展改革委网站宣传推广。

二、主要做法

（一）依托平台拓展业务

自成功获批河南省废旧家电回收处理体系试点以来，孟州市纸壳侠再生资源有限公司依托纸壳侠回收线上平台和线下站点，不断探索畅通家电生产、流通、消费上下游链条的可行路径。一是针对城市乡村差异化问题，在城区和乡村分别设立了 3 处回收试点，初步建立废旧家电回收体系。二是通过"互联网＋回收"平台，依托线上平台、"移动式"站点、固定站点和代收点等，回收途径进一步完善。三是以连锁经营、联营创新模式，与家用电器零售商建立长期合作关系，通过"互联网＋回收"平台线上宣传和线下社区、乡村服务站点实地开展"废旧家电换新""家电下乡""易货"等业务，进一步提升居民家电升级换代速度，降低旧家电安全隐患。截至目前，已建立联系的家电生产企业 5 家，已建立关系的家用电器零售商 10 家。

（二）规范化培养专业队伍

公司培养了一支专业化、规范化的回收队伍，培训一线专业回收员 50 余人，拥有回收车辆 30 余辆、2 辆 4.2 米专业运输车。人员录用程序规范，回收操作技能全面，能够按章合规回收物品，服务态度和服务意识强。已成立专业的技术研发技改团队、市场营销小组、投诉举报核查小组等，负责平台创新技改、市场渠道探索、投诉举报处理等工作，为企业经营监管和健康发展保驾护航。截至目前，纸壳侠公司回收网络已覆盖孟州市全境，涉及回收人员 100 余人。

（三）创新公司经营模式

公司充分发挥回收站点多、人员专业、车辆齐全、场地先进及信息系统便捷等优势，不断提升业务规模。一是业务可通过平台系统的一键下单功能，实现城区居民自助服务；二是加强与行政事业单位的合作，同时建立合作关系，签订合作协议40份，实现了城区内行政事业单位定点回收；三是加强与街道社区的合作，与20个社区签订了合作协议，实现社区定点代收，达到一定回收规模。

（四）积极宣传环保理念

积极宣传环保理念，以低碳环保为目标，回收车辆车身印刷"垃圾分类我先行""绿色回收＋低碳环保"等生态环保宣传标语，员工下乡宣讲垃圾分类等活动，在业务开展过程中，得到群众的一致认可。

三、典型经验

（一）研发"互联网＋回收"线上平台

孟州市纸壳侠再生资源有限公司为进一步健全覆盖城乡的再生资源回收体系，方便群众交售废旧家电等再生资源，投资200万元，打造"互联网＋再生资源回收"微信小程序平台。平台以便民快捷和增值服务为根本，全面提升功能服务水平。在满足群众正常下单需求外，开发了一键对讲、信息发送、"回收小哥"实时定位等功能，还增加了"社区团购"、便民信息发布、家政服务等增值服务，同时完善了积分商城兑换业务，初步建设成智能、高效、可追溯、线上线下融合的智慧平台，形成了居民生活服务"一公里服务圈"模式，服务群众、方便群众，也提升了公司的服务质效。

（二）布局"移动点＋固定点"线下门店

根据城市乡村存在差异化的实际情况，孟州市纸壳侠再生资源有限公司以孟州城区为家电收储网络的核心区域，大力开拓农村业务市场份额。一是设置"移动式"回收点。手机点一点，废品公司就可上门收。实行"1＋1＋1"工作模式，1台车辆、1名"回收小哥"和1部手机。共购置30辆机动车，分别将车辆安排在城区的不同区域，同时由1名"回收小哥"作为负责人，并配备1部手机，具体负责该区域的废旧家电回收工作。同时，制定全品类积分兑换制度，按照10公斤1积分的原则，给群众兑换洗衣液、扫把等礼品。二是线下门店全覆盖。积极与街道居委会、社区物业等沟通对接，以街道、社区为分界线，在重点街道、重点社区分别设立回收点，采取"线上＋线下"同步推进的方式，开展上门集中回收服务。

截至目前，已打造大定办、会昌办、河雍办、河阳办 4 个城区形象门店，辐射城区全部居民。同时，定期向辖区群众发放垃圾袋、香皂等礼品以及垃圾分类宣传礼品，增强群众垃圾分类意识。三是谋划农村回收站点。在乡镇政府所在地，寻找合作对象，建立固定回收点。积极与各乡镇、各村的商超、邮政代收点等合作，将其拓展为代收点。截至目前，已完成 2 个农村形象回收站点。四是发挥价格引导作用。通过纸壳侠回收平台定期公示废旧家电回收价格，提升价格透明度，带动消费者参与的积极性。

四、取得成效

（一）构建全域回收体系

本公司重点加强与政府部门、企事业单位及社区的合作，截至目前，已完成与 40 余个机关事业单位签订合作协议，实现政府部门全覆盖全品类回收；本公司积极寻找合作伙伴，将原先在各个小区内的收废"游击队"进行整编，按照标准化、现代化、规格化的方法进行规范管理，已初步形成 50 余人的团队，做到"发展在线收废，建设绿色社区"，实现"三公里内，在线收废，随叫随到，贴身服务"，逐步改变传统回收"小、散、差"的状况；本公司已与孟州市内 5 家再生资源回收公司签订战略框架协议，尽量差异化经营，避免同类企业恶性竞争，提高利润率。同质化时做到信息共享、价格一致、共同发展，与其他企业共同制定孟州市再生资源回收价格浮动体系。同时，积极与差异化再生资源企业合作，最大限度地整合孟州市内再生资源。

（二）探索绿色发展标准化实践

纸壳侠公司在提升废旧电器回收能力的基础上，针对便民服务站形成的网点布局，优化回收路线，实现专人、专车回收废旧家电，强化回收物资全过程规范管理，实现"一站式下单、一站式查询、一站式溯源"，同时系统注册时要求实名认证注册、实名下单，保证信息的真实有效可溯源，确保废旧回收物资的安全性和可靠性。

（三）提升社会公众认可度

纸壳侠公司在原有回收网络的基础上，不断加强市场覆盖区域的网络体系建设。在政府部门统一指导下，统筹回收焦作区域内废弃电器电子产品、废旧电器回收工作。在各个站点及分拣中心，实行分类存放、分类处置，避免二次污染，实现清洁环保绿色发展。同时，积极参与垃圾分类智能体系建设，为废旧电器回收工作添上科技的翅膀，不断提升社会公众对再生资源回收、废旧电器回收的认可度与支持度（见图2）。

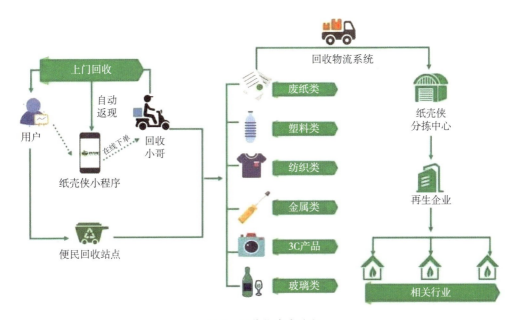

图2 回收物资全流程

（四）线下线上融合发展经济

结合消费促进工作，积极开展以旧换新活动，对接孟州市电器行业协会和八方、国美等家电销售企业以及各大商超、家电维修店等，积极开展以旧换新活动，共涉及10余个家电品种，以补贴、礼品等形式，提高老百姓更换废旧家电的积极性。公司已与2家家电销售企业、8家商超、10家家电维修店建立合作关系。

案例 58 虎哥环境：生活垃圾回收体系引领低碳生活新风尚

一、基本情况

浙江虎哥废物管理有限公司（以下简称"虎哥"）成立于 2015 年 7 月，通过探索"前端收集一站式、循环利用一条链、智慧监管一张网"的垃圾分类和再生资源回收利用的新模式，建立了集垃圾分类、收集、运输、分拣、回收、再利用于一体的闭环式全产业链。近年来"虎哥"模式荣获中国城市治理创新案例、长三角城市治理最佳实践案例、浙江省改革创新最佳实践案例、浙江省改革开放四十周年民生获得感示范工程等荣誉称号，并列入生态环境部及浙江省全域"无废城市"建设先进适用技术名录，是商务部、发改委重点联系的再生资源回收企业，获浙江省生活垃圾再生资源回收龙头骨干企业、浙江省绿色低碳转型典型案例、数字技术赋能绿色转型十大科技创新成果等荣誉。

针对循环经济体系建设中消费领域再生资源回收存在的突出问题，"虎哥"模式破解了居民垃圾分类回收参与难的问题，建立了全流程数字化监管网络，为居民碳账户建立提供了抓手。

二、主要做法

（一）实施背景

党的十八大以来，在习近平生态文明思想的指引下，各地政府围绕"循环经济体系"建设、"无废城市"建设、"双碳目标"落实等一系列具体工作，开展了城市生活垃圾分类和再生资源回收模式的探索。从实践情况看，主要面临三方面问题：一是居民消费端的再生资源回收体系建设，是各个城市面临的共同难点。据统计，2022 年杭州市生活垃圾产生量已经达到 1.27 万吨/日，约 35% 的生活垃圾属于可回收的再生资源，分布在 400 余万户家庭和各类消费场所，实现"应收尽收"

的难度巨大。二是再生资源回收的链条不完整。传统再生资源回收企业"挑三拣四"，规模较小，对于"市场失灵"的低价值物回收不闻不问，造成大量的资源浪费。三是政府监管缺少发力点和抓手。再生资源回收涉及商务、城管、环保、发改等多个政府主管部门，参与运营的市场主体繁多，回收标准难以统一，建立全过程碳减排核算体系难度大。"虎哥"在城市现有的环卫清运体系基础上，建立垃圾分类利用体系，最终形成"分类利用体系"与"环卫分类清运体系"的"两网融合"模式（见图1）。

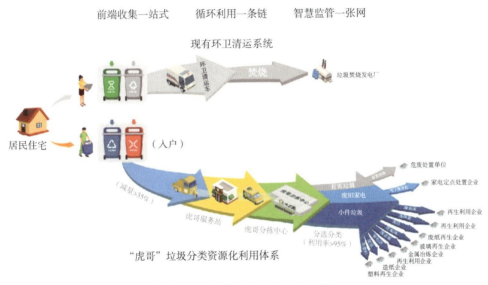

图1　"虎哥模式"的产业链展示图

（二）具体做法

1. 前端收集一站式，完善废旧物资回收网络

按照2000户居民设置一个服务站点，每个站点配置3名宣传人员和2名回收人员，向居民提供垃圾分类宣传和上门回收服务，余杭区现已建立了185个"虎哥服务站"。为进一步提高居民交投废旧物资便利化水平，向每户居民发放可回收物支架和专用回收袋，将所有可回收物（纸张、玻璃、金属、塑料、纺织物、电器及各类低价值物）兜底"应收尽收"。居民通过呼叫上门回收，获得碳减排积分，可以提现或用于指定线上线下商店兑换商品。有害垃圾由居民投入专用垃圾袋，与可回收物协同收集。

2. 循环利用一条链，健全废旧物资循环利用体系

建立一条完整的"收集—运输—分拣—利用"的废旧物资循环利用体系。"虎

哥"投入了100辆再生资源回收专用运输车，并建立了一座面积3万平方米的末端分拣中心。前端收集的可回收物运输至企业分拣中心，精细分类9大类40余个小类，作为原料供给有资质的再生企业资源化利用，提升再生资源加工利用水平，促进再生资源产业集聚发展。

3. 智慧监管一张网，促进废旧物资行业数字化管理

将废旧物资回收利用全过程数字化、标准化，按照系统工程的观念统筹全产业链的减污降碳潜力，是废旧物资回收行业转型升级的重要方向。"虎哥"通过构建实时在线的数据监控废旧物资的溯源信息、收运信息、处置利用信息、碳减排信息监管平台，建立全过程碳减排量透明化台账，上线"一键回收"数智低碳应用系统，开发居民生活垃圾可回收物碳减排核算方法及行业碳减排量监管评价体系，在余杭区建立了52.5万个"居民碳账户"，并扩面推广至全省。浙江省"居民碳账户"共192.2万个，"居民碳账户"已接入浙江省碳普惠平台，相关方法已通过省级备案，正在国家主管部门备案。

三、典型经验

（一）以数字化驱动行业标准化，实现再生资源回收产业快速发展

再生资源回收行业长期处于"低小散"的核心原因是价值低、标准化程度低。"虎哥模式"的实践案例表明，建立全流程形象统一、价格统一、"收、运、选"标准统一的运营标准体系，以数字化赋能做到3标准落实提升运作效率，通过全域覆盖、全品类回收实现规模化回收、集约化利用，大幅提高再生资源的利用效率，实现包括废玻璃、杂塑料在内的低价值物资源化率达95%以上。同时，数字化又解决了回收企业和政府监管的难题，通过数字化平台监管可轻松完成全体系复制，覆盖一个城市仅需3个月，"虎哥模式"已相继在衢州、温州、绍兴、湖州等地得到验证。

（二）以规模化驱动市场积极性，实现再生资源回收产业高质量发展

在生活垃圾分类回收利用体系推广过程中要注重形成规模效益，以一个区或县为单位进行覆盖，容易形成规模效应，企业更加容易获取盈利，从而激发市场积极性，地方政府利于统一监管，减少财政负担。随着"虎哥模式"规模不断扩大，3年内，余杭区政府购买服务的成本下降了约30%。

（三）以综合账重构产业定位，提高再生资源回收行业的社会价值

高标准再生资源回收体系建设，是一个城市生态文明建设必备的基础功能之一。2022年，"虎哥"在余杭区回收利用9万余吨生活垃圾，减污降碳效果显著。通过统一服务标准，提高回收行业从业者的职业认同感和自豪感，为全区提供就业岗位800余个。同时，"虎哥"通过垃圾回收利用建立的"共富商城"，已向浙江省内居民发放"环保金"超过3.15亿元，引导购买山区26县和川西68县的农副产品，创新了"民帮民"的共同富裕模式。"虎哥模式"表明，再生资源回收行业不再是传统的废旧品买卖，具有显著的经济、环境和社会效益。

四、取得成效

"虎哥"已在浙江省5个地市的9个区县推广复制，2023年总营收超5.2亿，税收3658万元，总资产近3.2亿元，资产负债率58.72%。

（一）助力无废城市、数字城市建设

通过全域覆盖的垃圾投放和回收精准数字化管理，实现了把固体废物"收起来、用起来、管起来"，为"无废城市"建设提供了"一站式、一条链、一张网"经验。通过大数据监管平台，将居民、商家、企事业单位的生活垃圾产生和碳减排情况，实时共享给各地智慧城市大脑，进一步助力数字城市建设和精细化管理。"虎哥"已全面覆盖杭州市、湖州市、衢州市、绍兴市及温州市近106万户城镇居民，居民碳账户达到了192.2万个，日均废旧物资回收减量超600吨，实现回收垃圾资源化利用率95%以上，无害化率100%。

（二）促进就业和社会治理、打造共同富裕示范

"虎哥"进入社区开展垃圾分类工作的同时，也成了社区治理的重要载体，为社区治理提供全新的社区居民交互渠道，提升居民认同感和归属感，让居民从美好生活的"环境共同体"，上升为美好生活的"精神共同体"。服务人员当地用工，为全区提供就业岗位800余个，通过改变了传统"低小散"回收人员形象，增强从业人员的职业认同感和自豪感，以产业带动共同富裕。

（三） 提升资源利用率、协同减污降碳

"虎哥"统筹产业链上、中、下游关键节点，杜绝了跑冒滴漏，做到了应用尽用，减少了直接焚烧带来的炉渣、飞灰等二次污染问题，避免了碳排放问题。高效率的资源化利用，既减少环境污染，又能显著增加碳减排效益，按照浙江省 2500 万户居民全量估算，每年可挖掘碳减排 303 万吨二氧化碳，相当于每年节省 57.9 亿度电，碳市场交易潜力巨大。

案例 59　蓝景科技：数字赋能开启海洋领域绿色消费新空间

一、基本情况

蓝景科技作为立足浙江台州黄岩引领全球海洋数字领域的高新技术企业、专精特新企业、"地球卫士奖"获奖单位，与北京大学校本级共建"数字化转型应用"联合实验室，不断探索升级商业模式，助力绿色消费，实现循环经济，成功打造了海洋塑料废弃物回收与高值利用"蓝色循环"新模式。该模式创新运用物联网、区块链等数字新技术，推动绿色科技与产业链融合，有效调动民众参与回收、企业协同制造，以数字技术赋能海洋塑料在再生市场高值利用，让海洋塑料废弃物变废为宝、循环再生；并通过价值再分配反哺渔民群众以推动模式持续运转，实现海洋治理、资源循环、产业发展与绿色消费融合发展。

该模式自 2020 年在浙江实施以来，累计回收海洋废弃物 11724 吨，其中 2399 吨塑料废弃物纳入循环经济体系，通过物联网＋区块链追溯技术提高消费者对绿色消费产品的信任，海洋塑料得以高值进入纺织服装、日化包装、电子电器等领域全球市场。新模式的推广，将持续有效减少海洋环境中的塑料污染，降低原生塑料生产需求，节约资源、减少碳足迹，推动塑料产业绿色低碳转型，为绿色消费发展提供技术创新支持。

二、主要做法

据行业调研数据，全球每年消费塑料袋 1 万亿个、塑料瓶约 2000 亿个，每年约上千万吨塑料垃圾进入海洋，引发的白色污染具有环境破坏周期长、治理难度高和回收利用难等特点。如何破解这一世界性难题是当代实现绿色消费发展的重大课题。蓝景科技深入海洋废弃物治理领域实践多年，站在循环经济和绿色消费视角，联合威立雅等再生头部企业，在浙江省生态环境厅、台州市人民政府支持与推动下，联通国内产业与国际市场，创造性提出具有内驱力、可持续、可复制的海洋塑料废弃物回收再利用综合解决方案——蓝色循环，构建了"立体化垃圾收集—高值化资源利用—国际化认证增值"的资源循环利用体系，形成了"政府引领、企业主体、产业协同、公众联动"的推进机制，其主要做法包括以下几方面。

（一）建立数字化闭环治理平台，剑指海洋垃圾回收"顽疾"

一是全海域立体收集。动员渔民渔船、沿海低收入民众、边滩环卫、海上环卫加入"蓝色循环"（见图1），让他们利用空闲时间、船舶空闲运力以及项目所提供各类物联设备，对入海闸口与边滩垃圾、海漂垃圾、船舶污染物与海底垃圾实施陆源防控、入海河口（溪闸）拦截、岸滩及海域保洁、船舶垃圾回收；并利用其自家小院、码头小店的空闲场地设立回收点"小蓝之家"，对垃圾进行分拣清理、压缩打包。二是全流程高效运转。项目以物联网技术将收集人员、设备、场地连接到数字化治理平台，平台根据各类海洋塑料废弃物实时位置、体态、重量等数据，利用智能算法合理规划最佳运输路线，提高约70%运输和处置环节效率，海洋废弃物经"海洋云仓"①减容减量处理后，转至处置单位或再生工厂，使其得到无害化处置或再生利用。三是全过程智慧监管。项目以数字化手段贯通产业链，链接收集端、运输端、处置再生端，对整个海洋塑料废弃物流转环节进行实时管理、监督、预警，疏通各环节的堵点。

图1 "蓝色循环"解决方案总图

---

① "海洋云仓"是建设在海港码头对分散的海洋船舶污染物进行集中回收处置的智能装备，填补了该领域装备全球市场空白，是浙江省首台（套）产品、人工智能优秀产品，是数字平台连接渔民、渔船的关键设施。

（二）构筑海洋塑料（碳）高值交易绿色体系，打通规模利用和高值利用"门路"

一是实现塑料废弃物全流程数字化溯源。创新应用区块链①"去中心化认证"和可视化方式，实现海洋塑料"产生—收集—运输—处置/加工制造—交易升值"全过程可视化溯源，以保证数据真实、准确、不可篡改，并可实时查看海洋塑料废弃物在各环节的真实信息。二是推动国际化认证完成高值交易。经"蓝色循环"回收的塑料废弃物，按标准化集中再生塑料粒子，基于区块链全流程溯源，经国际权威机构德国 TÜV 莱茵对海洋塑料来源真实性认证后，可为国际知名消费品牌提供符合其 ESG 碳减排需求的海洋再生塑料原料，相比传统再生塑料原料提升价值。三是开发塑料信用进一步高值利用。根据国际组织瑞士再保险环境研究机构（VERRA）的"塑料计划"标准，将"蓝色循环"海洋塑料回收与再生量开发成可交易的塑料信用，在国际碳减排市场上交易，为再生塑料提供额外增值空间。

构建可持续的产业增值分配体系，打造绿色消费激励"样板"。一是实现溢价二次分配。联合国内产业链企业和品牌商、认证机构、环保组织等组建"蓝色循环"公益组织，提取海洋塑料高值利用溢价的20%，设立"蓝色共富基金"，重点反哺一线收集人员，为低收入群体提供基本保障。二是提供惠渔专项。开发渔业信用服务体系②，以"安全"和"环保"为主要考核因子，为参与收集的渔船赋分，评分高的渔船可以在采购柴油等必需品时得到折扣优惠，并享受优惠利率的贷款，以此调动渔船参与积极性。三是促进公益互助。组织空瓶置换水、"海好有你"等公益活动。公众可到指定的线下活动点将收集的海洋废塑料瓶置换成矿泉水，引导公众形成文明健康绿色消费的生活方式；鼓励企事业单位与渔船开展海洋垃圾收集公益结对，促进海洋捕捞作业打捞的废弃物和废渔网、废鱼筐等垃圾回收。

---

① 本项目可视化追溯技术所应用的区块链系蓝景科技自主研发的"彩泓链"，境内首个应用废弃物追溯存证的区块链，于2020年通过中央网信办备案（第四批）。

② 渔业信用评价体系是本项目在台州市椒江区创新渔业管服一体化改革重要成果之一，为全国首创。该体系依托项目平台采用"存信用分数、评信用等级、享涉渔服务"的模式，为不同信用等级渔民提供差异化服务，以促进行业自治健康发展。

三、典型经验

（一）构建多方共治的海洋生态治理模式，引导社会环保行为，促进绿色消费观念形成

"蓝色循环"模式重塑了海洋塑料废弃物治理体系，改变了以往政府出资治理模式，健全了资源循环利用体系。在新模式中，政府从治理者变成服务者与监管者，以更高效的方式管理资源；渔民从污染者变成生态保护者，他们参与生态保护工作，并获得实际经济收益；弱势收集者变为产业受益者，成为循环经济反哺的重点群体，获得了更多的支持；社会公众既是海洋塑料的消费者，又是海洋环保行为的参与者，在海洋生态治理领域营造绿色消费新观念。

（二）建立基于数字技术的海洋塑料价值转化模式，为公众提供更多可靠的环保选择，推动绿色消费和低碳生活方式的普及

创新应用"物联网＋区块链"技术，实现海洋塑料"从海到货架"全流程数据留痕溯源、实时可视，保证塑料来源海洋的真实性，打通国际市场绿色壁垒，使得海洋垃圾转变为有价值的资源，降低新塑料的生产需求，减少塑料制品的碳足迹，为绿色消费和低碳生活方式的推广提供积极作用。此外，通过了解塑料制品的真实来源以及它们的再利用过程，为消费者提供更多可靠的环保选择，使得其更容易做出可持续和环保的购买决策，普及绿色消费低碳生活方式。

（三）构建以可持续为核心产业收益再分配体系，回馈各参与环节，助力绿色消费习惯，激发公众支持环保动力

通过利益共享、价值再分配重塑价值链，将溢价反哺给各参与环节，激发更广泛的社会参与和公众认同感，鼓励他们积极参与环保行动，共同创造绿色消费的未来；在再分配中，重点倾向前端，通过支持渔民福利改善，确保低收入群体的生活，照顾弱势群体，促进海洋废塑料源头收集动力，使项目可持续。

四、取得成效

"蓝色循环"新模式已拓展至全省 12 个沿海县（市、区），先后获得 2022 年

浙江省数字化改革"最佳应用"、浙江高质量建设共同富裕示范区首批"最佳实践"、浙江省数字赋能促进新业态新模式典型平台等荣誉；其做法被国家发改委、生态环境部作为全国典型案例，受到央视、人民网、中国新闻网等权威媒体报道，获得联合国环境规划署（UNEP）、法国驻华大使馆等国外机构宣传推介，并入列《浙江省减污降碳协同创新区建设实施方案》；于2023年获联合国环保荣誉"地球卫士奖"。该模式推广与应用成效具体表现在以下几方面。

（一）注入"数字科技"能量，减污降碳的同时，赋能海洋塑料废弃物收集、运输、再生利用等实体环节，实现降本增效

项目完成台州全市建设，已拓展至舟山市、宁波市、温州市共12个沿海县（市、区）。截至2023年12月底，项目在30个港口码头建设海洋云仓65套，利用码头小店等设立垃圾回收点"小蓝之家"15个，吸纳海上环卫收集船12艘，发动了全省10217艘渔船与商船、1365名当地沿海低收入群众加入"蓝色循环"，构建全方位的回收网络。实践期间，公众参与6.22万次，共回收海洋垃圾和船舶污染物11724吨，其中海洋塑料垃圾2399吨（含废塑料瓶超过1943万个），推动第一、第二类水质近岸海域面积同比增加37.2%。在整个过程中，海洋云仓源头减容减量及平台的统筹运输，大幅降低运输和处置环节的碳排放30%以上。

（二）通过全生命周期溯源认证，打通海洋塑料（信用）交易渠道，开创了一条高质量绿色消费产业化通道

当前蓝景科技联合认证权威机构德国TÜV莱茵、塑料再生巨头法国威立雅、237家国内产业链企业与20多家国际消费品牌达成海洋塑料认证—加工—销售交易，再生的10余种型号高品质海洋塑料，以平均高于传统再生塑料130%的价格应用于全球纺织服装、日化包装、汽车配饰、电子电器等行业得到高值应用。此外，与浙江浙能碳资产管理有限公司、瑞士维多（中国）能源有限公司联合开发的塑料信用核证项目一期已启动，预计带来1.2亿元/年减塑减碳收益，额外为每吨海洋塑料升值约15%。未来全国推广后，项目将创造一个年产值近百亿元的海洋塑料高值利用市场，为消费者提供更多的绿色消费选择。

（三）重点倾向社会弱势群体，为产业的社会效益加分，激励他们参与，为绿色消费发展贡献力量

项目通过"蓝色共富基金"已让参与收集的群众平均增收约 20%[①]，为首批 217 名沿海低收入收集人员缴纳基本社会保险；通过渔业信用评价体系，累计为渔民发放绿色金融低息贷款约 1.36 亿元；通过公益活动，为公众免费置换矿泉水超过 16.7 万瓶，并吸引 16 家企事业单位与 149 艘渔船结对，助渔环保，让企业 ESG 治理惠及沿海的低收入群众、渔民，让他们能从"捡塑"活动中获得实实在在的好处，激发他们参与热情，贡献自己力量。

---

① 海洋环境的各类污染物和垃圾回收难、成本高，"蓝色循环"在台州探索实践中，得益于高值利用体系，项目以远高于市场价激励沿海群众渔民参与收集，例如市场收 3 分钱 1 个的空矿泉水瓶，项目最低给 2 毛钱。

第四篇

绿色消费发展典型案例：
公共机构篇

案例60 政协河北省委员会：节能降碳全方位建设节约型机关

一、基本情况

政协河北省委员会（以下简称"河北省政协"），位于河北省石家庄市，占地面积11700平方米，总建筑面积21234平方米。近年来，河北省政协坚持以习近平生态文明思想为指导，牢固树立和践行绿水青山就是金山银山的发展理念，深入贯彻落实习近平总书记视察河北时提出的"在推进全面绿色转型中实现新突破"的重要要求，以争创节约型机关、节约型公共机构示范单位、节水型单位为契机，大力推进生态优先、节约集约、绿色低碳发展，实施规范化、精细化、人性化管理，最大限度地推动能源资源节约利用，推进节约型机关建设取得新成效。

二、主要做法

（一）完善制度机制

河北省政协高度重视节约型机关创建，专门成立节能工作领导小组，制定节能工作方案，统筹协调落实节能工作要求，先后完善了《节约型机关建设实施意见》《节约型机关创建方案》《节水节电管理制度》等19项节能相关管理制度，同时根据机关建筑类型和用能特点建立中央空调、给水泵房、电梯、配电室、机械车库、食堂等主要用能设备的运行操作规程和管理规定，以健全完备的制度体系引领和指导推进各项节能工作。

（二）加大改造力度

积极落实节能降碳工作要求，以节能增效为目标，先后实施一系列节能改造项目，积极推动资源利用方式转变。

1. 建设光伏建筑一体化项目

项目涉及机关主办公楼等 9 栋建筑屋顶和 8 个墙面，设置光伏组件面积 5212 平方米（见图 1），总容量 564 千瓦，年发电量约为 52 万度，达到机关年用电量 25% 以上。所发电力主要用于日常办公用电，多余电量送入国家电网，实现太阳能综合利用的效益最大化，成为机关节能工作的一张"绿色名片"，走在全省公共机构前列。

图 1　光伏发电

2. 实施智能照明灯具改造

将楼内办公区域光源全部改为 LED 照明，实现高效照明光源使用率 100%；将办公楼、北楼、南楼楼道照明全部改为热感应控制，地下室、机械车库照明全部改为声光控制，实现"人到灯亮，人走灯灭"（见图 2）；楼外照明全部改为太阳能路灯，替换传统灯具。

图2 智能照明

3. 实现水电分项计量

在机关办公楼、南楼、武警宿舍、中央空调、机械车库、IT机房等重点区域累计加装21块电表、15块水表，实现分户、分区、分项计量和监测，对能源、资源消耗情况实行全过程、动态化管理，定期进行数据分析，及时发现问题，有针对性地提出意见建议和解决方案。

4. 大力推进节约用水

加强老旧管网改造，对机关院内所有采暖、给排水老旧管线进行了更新改造，解决因管道老化造成的跑冒滴漏问题。利用办公楼南侧与绿化带之间位置，安装玻璃钢雨水回收设施，并连接绿化带中的喷灌、滴灌管路，收集雨水资源用于浇灌院内绿植，加强非常规水源利用。目前，机关日常供水采用变频恒压供水系统，公共区域节水型器具使用率达100%。

5. 更新热水供应系统

机关新增空气源热泵热水机组，在太阳能加热水设施基础上，采用绿色无污染的冷煤，利用空气源热泵热水机吸取空气中的热量，通过压缩机做功，产生50度以上的生活热水，实现能源梯级作用，大大提升加热效率。

（三）倡导绿色办公

严格执行国家强制或优先采购节能环保产品规定，认真对照《节能产品政府采购品目清单》《环境标志产品政府采购品目清单》采购产品，推广使用循环再生办公用品，目前机关在用的打印机、电脑、空调等均为节能环保产品。充分利用机关办公自动化系统传阅和处理文件信息，建成无纸化会议系统，推进实行文稿、报件网上无纸化传输，逐步通过网络互联实现资源共享，尽量压减纸质文件的数量，大力提倡室内利用自然采光、自然通风，减少打印机、复印机、照明灯、空调等耗能设备的使用。

（四）鼓励绿色出行

设置非机动车停放场所和充电设施，为干部职工绿色出行提供便利条件，鼓励干部职工践行"135"等低碳出行方式，即上下班和办理公务时，在1公里以内选择步行，在3公里以内选择骑自行车，在5公里以内乘坐公共交通工具。

（五）实行垃圾分类

1. 源头减量

制定《省政协机关食堂制止餐饮浪费行为管理规范》等，从源头计划、过程控制、监督评估、宣传教育等方面加强机关食堂管理；组织全体干部职工开展"拒绝餐饮浪费，我承诺！"主题活动；在就餐区域张贴"光盘行动"等节约标识，抵制餐饮浪费；会议室配备公用陶瓷水杯、食堂配备公用消毒餐具，限制使用一次性办公用品，禁止使用不可降解的一次性塑料制品，积极践行生活垃圾源头减量。

2. 分类投放

在办公区域、庭院、垃圾暂存点等区域合理配置分类投放设施，并张贴垃圾分类投放指南，规范干部职工垃圾分类投放行为。积极开展"垃圾分类宣传教育"系列活动，增强干部职工环保意识，减少资源浪费和垃圾产生。

3. 分类运输

与具有处理资质的企业分别签订垃圾清运协议，有害垃圾单独存放、可回收物统一回收，储存量达一定数量定期转运；厨余垃圾和其他垃圾日产日清；设立垃圾分类清运统计台账，及时做好机关垃圾回收清运的登记和自查工作。

（六）加强宣传教育

每年组织开展节能宣传周和低碳活动日的宣传实践活动、能源紧缺体验和绿色低碳出行活动，组织编写了《水，生命之源》宣传册印发全机关，并开展"行为节能做表率，绿色办公我先行"等主题宣传活动。利用机关电子屏幕滚动播放节能降耗宣传内容；在盥洗室、楼道、换热站、配电室等公共部位张贴节约标识，在机关发放节能宣传册；每年有针对性地组织相关工作人员开展节能技术和知识培训，发放培训资料和教材，在机关形成了人人节能、处处节能的良好氛围，全体干部职工节能、节水、环保等意识得到明显提升。

三、典型经验

（一）提高政治站位，筑牢思想基础

近年来，河北省政协深入学习贯彻党的二十大精神和习近平总书记关于节能减排、绿色低碳、生态文明等方面的重要论述，完整、准确、全面贯彻新发展理念，将节约型机关建设作为加强机关自身建设、实现高质量运行发展、更好服务保障政协履职的重要抓手，持续推进节约节能常态化和巩固节约型机关创建成果，为服务保障新时代政协事业发展作出积极贡献。

（二）结合机关实际，制定节能规划

通过开展能源审计，全面掌握机关能源资源管理现状和水平，逐项排查问题和薄弱环节，结合《节约型机关创建行动方案》，制定节能规划，进一步加大节能节水、能源资源计量、可再生能源利用建设和管理力度，切实夯实节能降碳基础，深度挖掘节能节约潜力，不断增强节约型机关建设成效。

（三）加强节能宣传，营造节能氛围

利用多种方式，广泛宣传《公共机构节能条例》和国家有关节能方针政策、法律法规，大力宣传节能成功经验，积极推广节能技术应用。重点抓好每年节能宣传周的各项活动，开展形式多样、丰富多彩的宣传活动，提高干部职工节能意识，培养良好节能习惯。

（四）挖掘节能潜力，实施节能改造

积极落实节约型机关创建工作内容，夯实节能降碳工作基础，实施节能改造，加大节能、节水、能源资源计量、可再生能源利用投入力度，进一步加强既有办公建筑的节能改造和管理。全面开展既有办公建筑的节能改造工作，着力推进照明系

统能效提高工程、制冷与供暖系统节能改造与优化工程，在既有办公建筑大修维修中，采用节能环保材料、设备和产品。

（五）创新工作方法，倡导绿色办公

坚持领导带头，积极推动公共机构无纸化办公，倡导使用再生纸、再生耗材等循环再生办公用品，限制使用一次性办公用品。目前，机关党组会、秘书长办公会等会议使用无纸化会议系统，实现了无纸化会议。同时，加大绿色采购力度，优先采购更多节能、低碳、节水、环保、再生等绿色产品，将能源资源节约管理目标和服务要求纳入物业、餐饮、能源托管等服务采购需求。同时，积极与国网河北电力公司、保定英利光电科技等单位沟通联系，研究谋划节能改造、机关"智慧用电"、能源托管服务，探索实施市场化、社会化管理模式，进一步提升机关节能工作专业化、精细化管理水平。

四、取得成效

截至目前，光伏建筑一体化项目累计发电 338 万度，为国家电网输送电量 6 万度，为机关节省电费 213 万元；相当于节省标准煤 1352 吨，减排二氧化碳 3370 吨，二氧化硫 101 吨，碳粉尘 919 吨，氮氧化物 51 吨；实施智能照明灯具改造后年节约 7 万千瓦时，年节省电费约 3.7 万元，可节约标煤约 8.6 吨，减少二氧化碳排放约 20 吨，平均降低照明能耗 30% 以上。

通过多年的不懈努力，河北省政协机关能源资源消耗明显降低。2022 年比 2021 年能源消耗总量减少 59 吨标煤；水资源消耗量减少 6261 立方米。2019 年，被国管局、国家发展改革委、财政部评为"节约型公共机构示范单位"；2021 年，被国管局、中直管理局、国家发展改革委、财政部评为"节约型机关"；2022 年，案例被国管局评为公共机构能源资源节约十佳示范案例。

案例 61 南江县人民医院：创新节能减排引领低碳发展

一、基本情况

南江县人民医院是三级乙等综合医院，全国综合医院中医药示范单位，第一批国家分娩镇痛试点单位，首批"千县工程"单位，爱婴医院、巴中市急救分中心和全科医师培训基地；是四川大学华西医院、四川省人民医院、成都市第三人民医院的远程医疗合作医院。院区占地面积 84 亩，建筑面积 12.4 万平方米，设置床位1600 张，职工 741 人，设有职能科室 20 个、临床科室 24 个、医技科室 8 个，准核开展 27 个一级科目和 73 个二级科目。有 11 个市级重点专科。2022 年服务门、急诊 513054 人次，服务住院患者 34058 人次，住院手术 9122 人次。近年来，南江县人民医院积极创新节能方式，深挖降碳潜力，不断提高能源资源利用效率，推动形成勤俭节约、节能环保、绿色低碳、文明健康的新风尚。

二、主要做法

近几年来，南江县人民医院坚持走"优质、高效、低碳"之路，对全院水、电、油、气分区域进行科学管理，在节能减排方面取得一定的效果，2020 年被四川省机关事务管理局、四川省发展改革委、四川省财政厅、四川省住建厅授予省级"节约型公共机构示范单位"。

（一）建设直饮水系统，方便安全的供水方式节约了运行成本

针对医院人员密集且无法确认人员分布，原配水方式存在能耗高、效率低、安全隐患大的状况，医院投资 60 余万元建设直饮水系统，安装 800G 反渗透纯水机 6台，200G 反渗透纯水机 3 台，75G 反渗透一体式直饮机 17 台，200G 反渗透一体式直饮机 19 台，壁挂式管线机 102 台，立式管线机 14 台，解决医患饮水安全，降低了医院饮水成本。

（二）病区供电组合控制，舒适明亮的医养环境防止了用电浪费

2020 年 5 月医院新建成 26 层 44000 平方米的住院楼投入使用，针对楼层高、人流量大等特点，医院从用电控制上科学设计：一是将电梯分类管理的同时按楼层设置电梯可到达楼层。4 部主要医用电梯实行单层停靠、双层停靠、15 层以下停靠和 16 层以上停靠，科学分流，既方便患者及其亲属更快到达指定楼层，又减少电梯空运转或重复运转频次，从而减少电能消耗。二是将按建筑使用条件和天然采光状况采取分区、分组、定时与自控相结合的控制措施进行管理。病区照明实行分三组控制，在光线严重缺乏时段才将所有照明设施打开，在夜间休息和其他时段仅需打开一组 LED 灯便可满足照明需要。楼栋内除设置完善的值班照明、疏散照明、应急照明系统外，主要营造健康、舒适和温馨的生活环境，在满足人们视觉上的美感要求，确保人们生理和心理舒适的同时，达到节约电能、提高照明环境质量的目的。

（三）实行合同能源管理，充分利用产能的情况下降低了能耗

医院于 2019 年 8 月与江西昌南建设集团合作，将中央空调燃料改造为管道天然气，进行合同能源管理，由昌南建设集团投入 254 万元购买中央空调并开展医院供暖、供冷以及热水供应服务，医院按照实际用能面积支付中央空调运营维护费。公司严格按照医院书面通知的时间开关空调设备，根据用能需要管理开机功率，及时关机或调小风机能耗，充分利用现有机器产能，实现功率输出最大化。

三、典型经验

（一）健全制度机制，强化管理节能

坚持把健全机制作为推进医院绿色发展的重要路径，建立完善节能减排组织管理体系，落实一名副院长分管节能工作，组建专门班子加强用能监管；建立能耗监测平台，推进智慧赋能，加强重点用能设备的监测；建立行政周值班巡查制度，把节能责任落实到每个人；建立节能技术投入和改造机制，每年安排专项资金用于推广运用节能新技术、新工艺、新产品（设备）和新材料，使医院节能减排工作紧跟发展步伐。

（二）压实节能责任，强化行为节能

坚持把行为节能作为推进医院绿色发展的重要路径手段，充分利用院内宣传栏、电子显示屏、职工会议等开展节能知识的培训，引导员工，带动家属，影响患者主动节约能源资源；高点谋划、统筹整合医院总务科、项目办、设备科、财务科、运管科等职能科室职能，明确节能降碳的职责，推动节约型示范单位创建，引领职工主动践行节能，落实节能制度；充分征求、大胆采用职工的节能降耗、降低成本等合理化建议，节能降碳从自己做起，从细处做起，从人人做起，养成节约能源资源的良好习惯。

（三）引入节能设备，强化技术节能

坚持把技术节能作为推进医院绿色发展的重要保证，加强节能培训，提高医院用能人员节能意识，养成节约能源的习惯，形成节约文明的良好氛围；医院建立了设备采购节能论证制度，凡引进新技术、新设备、新产品都必须采购节能目录产品，从根源上实现用能设备节能；强化用能设施设备使用规范操作规程，最大限度地提高能源资源利用效率。

四、取得成效

（一）节能效益

通过一系列节能措施，医院的节能降耗工作取得了丰硕的成果。在医院业务用房增加、用能设备和门、急诊量和病员入住率不断增加的情况下，医院能耗持续下降，2022 年度用水 13.52 万立方米，用电 583.364 万千瓦时，消耗汽油 1.428 万升，柴油 2.075 万升。与 2021 年同比分别下降 3.3%、2.9%、3.4%、3.1%。

（二）经济效益

医院投资建设直饮水系统，通过即时净化后供应，对比于普通桶装水，年运行费用节约 30 余万元；中央空调服务外包，充分利用产能的情况下降低单位能耗。医院将未使用楼层、未使用空调区域剔除，仅按实际用能面积支付费用，年节约能耗支出近 100 万元。

（三）社会效益

医院积极开展各类节约节能示范单位创建，先后被国家机关事务管理局授予"2021—2022 年度公共机构能源资源节约全国十佳示范案例"、四川省节约型公共机构示范单位、巴中市公共机构节水型单位，另外，医院还被列入市卫健系统节能降碳绿色发展的示范单位，近年来先后接待 13 家省内外县级人民医院到医院参观学习节能降碳工作经验，发挥了公共机构的示范引领作用。

案例62　日照市机关事务中心："互联网+"废物利用新模式

一、基本情况

日照市机关事务服务中心为市政府直属正处级参公事业单位，承担着市级机关事务服务保障、公共机构节能管理和后勤服务等工作。近年来，日照市机关事务服务中心将废旧物品循环利用作为公共机构节能的重要一环，以"政府推动、社会参与、企业经营、市场运作"为原则，引入"互联网+"技术，研发应用"公共机构废旧商品回收管理平台"及微信小程序，积极推动公共机构垃圾分类和资源回收"两网融合"，健全多部门协同管理，较好构建起"1+2+N"公共机构废旧物品循环利用模式，总体回收利用率达到90%以上。相关案例被评为全国公共机构能源资源节约十佳示范案例、山东省公共机构能源资源节约最佳示范案例、山东省机关事务数字化创新应用大赛优秀奖和2022年度新型智慧城市扩面打榜上榜优秀案例，经验做法在山东全省推广。

二、主要做法

（一）开发"公共机构废旧商品回收管理平台"

长期以来，公共机构废旧商品回收存在信息不对称、过程不透明、缺乏有效监管等难题。2022年2月，日照市机关事务服务中心联合数字日照公司，开发日照市"公共机构废旧商品回收管理平台"（见图1）和微信小程序，实现废旧商品回收处置全流程信息化。一是推动供需对接高效化。平台共设预约回收管理、车辆监管和大数据统计分析三个模块，并配套开发微信小程序供公共机构和回收企业使用。公共机构通过微信小程序快速预约下单和选择回收企业，回收企业通过微信小程序在线接单，迅速安排收运员，使供需双方能够快速获得信息匹配，促使废旧商品回收由线下向线上线下结合转型升级，减少了回收环节，降低了回收成本，提升了回收效率。二是推动回收过程透明化。废旧商品通过平台回收处置，避免双方私下交易，纠正了以往企业回收过程中的不规范行为，而且处置收益在平台记录，统一上缴财政，也有效解决了收益流向不明的问题。三是推动监督管理精准化。公共机构节能主管部门可以通过平台掌握本级公共机构废旧商品回收数量、收益情况和处置流向，监督各类废旧商品得以资源化利用和无害化处理，实现全程有效监管。通过"平台"交易后，各公共机构交付的废旧商品种类、数量、流向均在平台上记录，全部通过备案企业规范处置，有效解决公共机构废旧商品统计分析的难题。

图1　"日照市公共机构废旧商品回收管理平台"主页面

（二）深入推进垃圾分类和资源回收"两网融合"

加强再生资源回收网络与垃圾分类回收网络对接，推动垃圾分类和回收一体化。一是完善政策体系。出台《关于建立公共机构废旧商品回收体系的通知》《关于在公共机构全面推行生活垃圾分类的通知》《日照市公共机构生活垃圾分类工作评价标准》等文件，推进垃圾分类与废旧商品回收工作紧密融合，提高公共机构垃圾分类资源化、无害化处理水平。二是打造"两网融合"示范点。引进社会资金在部分集中办公区、学校安装智能回收箱20个，实现对生活垃圾的智能分类回收，成为公共机构资源循环利用的有效补充。干部职工可以将日常办公生活中产生的快递盒、饮料瓶等随手可见的"小垃圾"变成能够兑换商品的奖励积分。截至2023年底，仅市直机关办公区2个智能回收箱，就累计投放达1600余次，回收废纸、废塑料约3吨，共产生绿色低碳积分8万余分，已消费4.6万积分（见图2）。三是加强宣传教育。联合市直机关工委、文明办和城市管理等部门开展"垃圾分类·机关先行"暨全国城市生活垃圾分类宣传周活动线上线下启动仪式，联合日照日报社开展"绿色低碳　机关先行"有奖征文和"绿色低碳　节约节俭"主题摄影作品线上征集活动，组织生活垃圾分类和机关食堂反食品浪费线上答题宣传活动，在全市中小学播放《日出先照　争"分"多"妙"》垃圾分类宣传片，充分营造良好宣传氛围。

图2　市直机关办公区智能回收箱

（三）健全多部门协同管理机制

加强部门协同配合，合力推动公共机构积极开展废旧物品回收工作，构建各负其责、统筹推进的工作格局。一是建立联席会议工作制度。与发改、商务、财政、保密等部门单位构建联席会议工作制度，定期组织召开公共机构废旧商品回收工作会议，解决废旧商品回收工作推进中的难题。联合印发《关于进一步规范市直公共机构废旧商品回收工作的通知》，明确要求各类废旧商品全部通过信息化平台依法依规处置。二是建立联合审查备案机制。严格回收企业标准要求，会同财政、商务和保密等部门印发《关于重新公布市级公共机构废旧商品回收企业名单的通知》，坚决淘汰不规范和不符合资质条件的回收企业，确保公共机构可回收物得到资源化、无害化处置。联合财政、商务等部门加强备案登记管理，近3年来备案处置废旧电子产品、办公家具100多批次，有效实现了资源节约和循环利用。三是健全完善督查考核机制。将废旧物品循环利用工作纳入全市节约型机关、节约型公共机构示范单位创建和公共机构生活垃圾分类工作等评价范畴，作为考核评选的重要内容之一。严格督导检查，去年以来，联合市发改、商务、城市管理、生态环境等部门开展了 5 次垃圾分类和废旧物品循环利用工作督导检查。

三、典型经验

日照市"互联网＋"废旧物品循环利用的探索实践，为推动资源节约和循环利用、促进公共机构绿色消费发展，提供了一些有效的经验。

（一）要善用数字化手段

随着互联网技术的不断成熟发展，互联网与各行各业融合变得日益紧密。日照市充分利用互联网、大数据等现代化信息手段，打造"互联网＋"废旧物品循环利用模式，实现废旧商品回收处置全流程信息化监管和垃圾分类智能回收。实践证明，这一模式有助于提升工作效率和监管力度，推动资源循环利用工作创新发展，在全国范围内具有一定的普适性，具备可复制推广的价值。

（二）要用好"市场之手"

日照市在公共机构废旧商品回收过程中，不是简单地通过行政手段，对公共机构废旧商品回收大包大揽，而是坚持市场化原则，厘清地方政府调控边界，实现了用市场的办法解决市场的问题。推动资源节约和循环利用、促进公共机构绿色消费发展，需要通过改革发挥市场作用的地方还很多，要善于驾驭政府和市场关系，切实把市场和政府的优势充分发挥出来。

（三）要强化系统思维

资源循环利用是一项系统工程，涉及社会各个领域、各个环节，只有通过整个社会各个层面的系统性协调，才能实现整体的资源循环利用。日照市正是以废旧物品循环利用作为切入点和突破口，强化各部门协力合作和全社会广泛参与，较好地调动了政府、企业、社会等各方力量，让节能减排、绿色消费成为一种社会新风尚。

四、取得成效

日照市建立了以"互联网＋"为核心的公共机构废旧物品循环利用体系，开启了"互联网＋回收"的新模式，不仅有效解决了公共机构废旧商品回收存在的信息不对称、过程不透明、缺乏有效监管等难题，而且实现了资源节约和循环利用，经济和社会效益初显。

（一）绿色消费意识明显提升

日照市通过健全和规范公共机构废旧物品循环利用体系，加强资源节约和循环利用宣传教育，公共机构干部职工节能、环保消费意识得到了明显提升，协同办公、无纸化办公全面推行，年减少各类耗材支出 800 多万元，集中采购、绿色采购占比超过 90%，在全社会绿色消费中发挥了示范带头作用，充分营造了绿色消费的良好氛围。

（二）有效节约财政资金

通过"日照市公共机构废旧商品回收管理平台"，各公共机构将长期闲置废旧物品规范处置，收益上缴当地财政，让废旧物品"变废为宝"。平台上线一年来，市直部门注册使用率达 100%，逐步扩展到 7 个区县和功能区，服务干部职工已达到 5 万人。平台已完成订单 960 个，回收资金约 45 万元。采用公开竞拍方式处置中央空调机组、电梯、水泵等大宗废旧物品，上缴财政资金 53 万元。

（三）深入推进资源循环利用

实施公共机构垃圾分类和资源回收"两网融合"以来，全市公共机构废旧物品总体回收利用率达到 90% 以上。其中，废旧电气电子产品等报废资产回收利用率达到 100%，危险废弃物回收率达到 100%，废纸、废塑料及其他废旧物品的回收利用率达到 90% 以上，对保护生态环境和促进经济社会可持续发展发挥了重要作用，实现了垃圾源头减量及最大限度的资源化利用，推进了全市资源循环利用工作，助力实现碳达峰碳中和目标。